铁骑与征服

元代风云100年

文聘元 著

浙江工商大学出版社
ZHEJIANG GONGSHANG UNIVERSITY PRESS

·杭州·

图书在版编目（CIP）数据

铁骑与征服：元代风云100年 / 文聘元著. -- 杭州：浙江工商大学出版社, 2025.9. -- ISBN 978-7-5178-6522-3

Ⅰ. K247.09

中国国家版本馆CIP数据核字第2025BE9777号

铁骑与征服：元代风云100年
TIEQI YU ZHENGFU：YUANDAI FENGYUN 100 NIAN

文聘元 著

策划编辑	陈丽霞　唐　红
责任编辑	熊静文
责任校对	李远东
封面设计	尚书堂
责任印制	屈　皓
出版发行	浙江工商大学出版社 （杭州市教工路198号　邮政编码310012） （E-mail：zjgsupress@163.com） （网址：http://www.zjgsupress.com） 电话：0571-88904980，88831806（传真）
排　　版	大千时代（杭州）文化传媒有限公司
印　　刷	杭州钱江彩色印务有限公司
开　　本	710 mm×1000 mm　1/16
印　　张	19.75
字　　数	245千
版印次	2025年9月第1版　2025年9月第1次印刷
书　　号	ISBN 978-7-5178-6522-3
定　　价	78.00元

版权所有　侵权必究

如发现印装质量问题，影响阅读，请和营销发行中心联系调换

联系电话　0571-88904970

目 录 Contents

第一章	蒙古起源	001
第二章	成吉思汗	009
第三章	传奇之国	017
第四章	征服欧洲	026
第五章	征服西亚	037
第六章	汉将传奇	045
第七章	西夏覆亡	052
第八章	毁灭金国	058
第九章	耶律楚材	073
第十章	蒙宋开战	083
第十一章	太宗攻宋	088
第十二章	吐蕃大理	094
第十三章	神秘之死	104
第十四章	蒙古元朝	111
第十五章	恭帝归降	122
第十六章	南宋之亡	134
第十七章	中国元朝	143
第十八章	恭顺藩属	155

第十九章　神风败元	161
第二十章　三战越南	169
第二十一章　降服缅甸	181
第二十二章　万里远征	185
第二十三章　完美太子	193
第二十四章　成武二宗	200
第二十五章　短寿仁君	208
第二十六章　英宗泰定	215
第二十七章　匆匆四帝	222
第二十八章　顺帝身世	227
第二十九章　早期起义	236
第三十章　石人造反	241
第三十一章　福通败亡	249
第三十二章　士诚自杀	258
第三十三章　因帅成帝	267
第三十四章　天亡友谅	275
第三十五章　元璋崛起	284
第三十六章　建立大明	294
第三十七章　彻底灭亡	302

第一章

蒙古起源

> 时间：从远古到1190年
> 地点：北方　蒙古大草原
> 人物：阿兰果火　孛端义儿　莫拿伦　海都　也速该　铁木真　孛儿帖
> 事件：阿兰果火神奇的怀孕　莫拿伦和纳真杀小孩　铁木真名字的来由　铁木真娶妻

蒙古是一个非常古老的民族，有着十分悠久的历史。

古老的血脉

最早的蒙古人可能生活在距今八十万年前的东北亚一带，讲的是原始蒙古语。

进入文明社会后，蒙古人最早是以东胡的名义进入中国史书典籍的，比如《山海经》中就有记载："东胡在大泽东，夷人在东胡东。"①

进入东周之后，由于诸侯日益壮大，王室衰微，中国就此开启了春秋战国时代，连同为华夏族的汉人都不再服从周王室，其他民族部落更是如此。这些少数民族部落不但不服从周王室，还与中原的诸侯国摩擦不断，其中就包括东胡。特别是居于北方的赵国，与东胡人进行了多番大战，并在名将李牧的统领下多次取胜。《史记》载："灭襜褴，破东胡，降林胡。"②

东胡后来被统一而强大的匈奴击败，特别是在冒顿单于期间，匈奴完全吞并了东胡。但也有部分东胡人独立出来，他们离开中亚大草原，逃到今天中国东北一带的崇山峻岭之中，后来演化成乌桓与鲜卑人。

三国时期，乌桓人被曹操征服，消失在历史的长河中。但鲜卑人很强大，西晋八王之乱时司马越的军中就有许多鲜卑士兵，他们曾攻入长安，大肆烧杀抢掠，杀得长安尸山血海。

这时候的鲜卑人分成许多部，有慕容部、拓跋部、乞伏部、秃发部、宇文部等，其中拓跋部还有一个别支叫柔然。他们生活在今天的蒙古高原一带，过着游牧生活。

据说柔然人的始祖叫木骨闾，他附属于鲜卑人的拓跋部，是鲜卑人的牧奴，在今天的蒙古国一带为鲜卑人游牧。

后来，这一带出现了一个新的部族——突厥。

突厥人和更古老的匈奴人关系密切。史书上有这样的记载："突厥者，盖匈奴之别种，姓阿史那氏。"③

突厥人正是崛起于柔然人所居的蒙古大草原，他们打败了柔然人，

---

① 山海经[M]. 北京：中华书局，2016，海内西经.
② 司马迁. 史记[M]. 北京：中华书局，2016，廉颇蔺相如列传.
③ 令狐德棻，等. 周书[M]. 北京：中华书局，1971，列传第四十二.

成为蒙古草原的新霸主。

被突厥人打败后,柔然人被迫离开蒙古大草原,此后往南北两个方向迁徙,分为多支。其中,往南的一支迁到了辽河的上游,后来发展成为契丹人;往北的一支则迁到了外兴安岭和贝加尔湖一带,当时这里生活着其他民族,如靺鞨和室韦,柔然和这些民族融合在一起,并消失在这些民族中,但这些民族中也有了柔然的血脉,因此柔然人也成为这些民族的先祖之一。

靺鞨后来发展成一个强大的民族,这就是建立了金国的女真。史书说:"金之先,出靺鞨氏。"①

上面还提到一个民族叫室韦。室韦人可能是蒙古人最直接的起源,所以蔡东藩说:"蒙古源流,本为唐朝时候的室韦分部,向居中国北方,打猎为生,自成部落。"②

室韦是原始蒙古族的一支,和柔然一样源于东胡,但他们没有往南迁徙,一直生活在大兴安岭与黑龙江一带,是靺鞨人的邻居,也是生活在这一带的众多原始蒙古人的部族之一。他们一直附属于北方各个强大的部落,如匈奴、突厥、鲜卑等。

室韦一直不怎么强大,分裂成许多不同的部落,如隋朝时期分为五部,唐朝时期更分成九部,其中有一部叫蒙兀室韦,生活在额尔古纳河与今天属于俄罗斯的石勒喀河一带,这两条河汇合在一起就是黑龙江。

蒙兀室韦又分成许多不同的部落,其中一个部落叫尼伦。

"尼伦"是蒙古语,译成汉语就是"出身纯洁"。

这里要提到另一个部落——迭列斤。"迭列斤"的意思就是"出身

---

① 脱脱,等.金史[M].北京:中华书局,1975,本纪第一.
② 蔡东藩.元史演义[M].北京:金盾出版社,2012,第一回.

一般",它又包括许多不同的部落,有的部落还出过不少蒙古名人,如速不台、木华黎、赤老温等。

蒙古人的夏娃

有一个传说,尼伦和迭列斤实际上都起源于同一个女人——阿兰果火。

阿兰果火是一个神奇又神秘的女人,她被记载于《元史》的开篇:

太祖皇帝名铁木真,姓奇渥温氏,蒙古部人。太祖的十世祖叫孛端义儿,他的母亲叫阿兰果火。她嫁给了脱奔咩哩犍,生了两个儿子,长子叫博寒葛答黑,次子叫博合睹撒里直。后来丈夫去世,阿兰果火成了寡妇。有天晚上她正在帐篷中睡觉,梦见一道白光从天窗中钻了进来,化为一个金色神人,他走向卧榻,把阿兰果火惊醒了。不久她就怀孕了,后来生了一个儿子,就是孛端义儿。孛端义儿相貌奇特,平时沉默寡言,家人们都说他是个傻子,只有阿兰果火对大家说:"这个孩子一点也不傻,他后世的子孙中会出现大贵人的。"阿兰果火死后,哥哥们分家产,竟然一点也不给孛端义儿,孛端义儿说:"贫贱富贵都是命中注定的,财富又算得了什么呢!"他一个人骑着一匹青白色的马,到了一个叫八里屯阿懒的地方生活,但初来乍到没有吃的。这时候刚巧有一只苍鹰抓到了一只野兽来吃,孛端义儿用绳子设了个机关抓住了它,它很快就对孛端义儿驯服亲近起来,他于是把鹰放在胳膊上,用它捕猎兔子野鸟来吃,只要吃完了就总会有新的猎物,好像老天都在帮他。[①]

从这里可以看出来,阿兰果火是成吉思汗的先祖,她嫁给了一个叫脱奔咩哩犍的人,生下了两个儿子,据说这两个儿子就是迭列斤蒙古人

---

① 宋濂. 元史 [M]. 北京:中华书局,1976,卷一.

的祖先，由于他们只是凡人后代，所以"出身一般"。她梦见神人后生的孩子孛端义儿就是成吉思汗的十世祖，他的后代发展成为尼伦部落，因为是神人受孕而生的，当然"出身纯洁"。

但无论如何，迭列斤和尼伦的母亲都是同一个，因此迭列斤蒙古人和尼伦蒙古人合在一起就是全体蒙古人，而阿兰果火则是所有蒙古人的祖先，就像西方文明中的夏娃、中国神话中的女娲一样。

这是《元史》中的说法。还有其他说法，例如有传说阿兰果火在丈夫死后生了不是一个而是三个儿子，他们的后代构成了尼伦部落。但不管阿兰果火丧夫后生了一个还是三个儿子，成吉思汗的祖先都是确定的，就是她最小的儿子孛端义儿。

还有一个词——黄金家族，也与尼伦有关。黄金家族有三个不同的含义：一指整个尼伦部落，即阿兰果火在丈夫死后所生儿子的所有后代，这是广义的黄金家族；二指成吉思汗的直系后代，这是狭义的黄金家族，或者可以理解为最正统、最高贵的黄金家族；三仅指成吉思汗的第四子拖雷的直系后裔。

这里还要特别提一下乞颜。乞颜是尼伦蒙古下面的一个部落，它是尼伦蒙古中身份最高贵的，因为成吉思汗就属于这个部落。

由此可以知道蒙古人的含义了，这里其实有广义与狭义的区分：狭义的蒙古人指的是迭列斤和尼伦两部落的蒙古人，他们都是传说中阿兰果火的后代；广义的蒙古人就复杂了，蒙兀室韦甚至室韦人都可以称为蒙古人，毕竟他们有共同的血缘。

《元史》记载，孛端义儿生了一个儿子，他的儿子又生了一个儿子，叫咩捻笃敦。咩捻笃敦的妻子叫莫拿伦，她生了七个儿子后丈夫死了，她成了寡妇。

莫拿伦性格刚烈又急躁。当时邻近的押剌伊而部落有一群小孩子去挖地里的草根来吃，这本来不是什么大事，但莫拿伦坐着车子外出时撞见了，说那地是她儿子的。接着，她赶着马车就朝孩子们冲去，撞倒了他们，车轮从他们身上碾过，有的甚至被碾死了。[①] 押剌伊而人大怒，就把莫拿伦的马全抢走了。

莫拿伦的六个儿子听说后就去追，结果全被杀掉了。不但如此，押剌伊而人趁势又杀了莫拿伦和她的家人，她的长孙海都由于还是个吃奶的小婴儿，被乳母藏在柴堆里，幸免于难。

她的第七个也是最小的儿子纳真，当时入赘到别人家得以幸免。纳真听说这事后，怒不可遏，决定回去报仇。纳真登上一座山，四面张望，静悄悄的，没有看见大人，就杀了所有孩子，然后赶着马儿，手臂上架着鹰，回去了。[②]

海都长大后，由于是长孙，被纳真和其部族立为君长，成为乞颜部的首领。

海都英勇善战，不久就征服了押剌伊而人，他所统领的蒙古部落也越来越强大。后来他在水草丰满的河边定居下来，还在河上建了一座桥梁，这在当时还很落后的部落社会里是一大创举，由此也奠定了蒙古人日后更加强盛的基础。因此，海都是成吉思汗先辈中真正的拓荒者。

此后，海都的子孙一直是部落首领，由于治理得宜，部落日益强盛。到了第六代首领也速该时，他不断地吞并其他部落，势力进一步壮大。

也速该是蒙古历史上的又一个核心人物，他有一个了不起的儿子，叫铁木真，就是著名的成吉思汗。

[①] 宋濂. 元史 [M]. 北京：中华书局，1976，卷一.
[②] 宋濂. 元史 [M]. 北京：中华书局，1976，卷一.

成吉思汗的诞生

铁木真这个名字是怎么来的呢？史书记载：

当初烈祖（也速该）征讨塔塔儿部，抓住了他们的首领铁木真。这时他妻子（宣懿太后）月伦刚好生下了儿子，孩子手中握着一块凝结了的血，就像红色的石头。烈祖感到很惊异，因此就用刚抓住的铁木真来给孩子命名，希望他将来拥有铁木真一样的武功。[①]

这是 1162 年的事。之所以如此，是因为当时蒙古人相信可以继承被俘虏者的名字然后把他杀掉，若是这时刚好有孩子出生，这个孩子就可以继承被杀者的勇气与力量。

铁木真很小的时候父亲就去世了。此后母亲带着他和五个弟弟、一个妹妹以及部分族人到了肯特山，从此在那里生活。铁木真也在这里长大，十五岁时与属于弘吉剌部的孛儿帖结婚。

弘吉剌部也是蒙古人，但不是血统高贵的尼伦蒙古人，而是迭列斤蒙古人。这里以盛产美女闻名，蒙古各部落的首领特别喜欢娶弘吉剌（又作翁吉剌惕）部的美女为妻。例如《蒙古秘史》中就有一段话，是铁木真的岳父特薛禅对也速该说的：我们翁吉剌惕人自古以来，靠外孙女的容貌，靠姑娘的姿色，而不争夺国土。我们把美貌的姑娘，献给你们做合罕的，坐在合罕的大车上，驾着黑骆驼而去，坐上后妃之位。[②]

《蒙古秘史》虽然是记载蒙古人历史的重要材料，但实际上更像一部文学作品，是由没有文字时代的蒙古人口口相传而来的，类似古希腊的史诗《伊利亚特》和《奥德赛》，虽然有一定的历史根据，但并非真

---

① 宋濂. 元史 [M]. 北京：中华书局，1976，卷一.
② 佚名. 蒙古秘史 [M]. 特·官布扎布，译. 呼和浩特：内蒙古人民出版社，2020，第 64 节.

正的历史著作，只能提供有限的参考。

铁木真先后娶了几十个妻子，孛儿帖是正妻。她为铁木真生了四个儿子和五个女儿，四个儿子分别是术赤、察合台、窝阔台、拖雷，都是元朝历史上大名鼎鼎的人物。其中，术赤的身份比较特别，虽然他是长子，但孛儿帖和铁木真结婚后曾被篾儿乞族掳走，等铁木真将她救回时她已有身孕，于是传说术赤可能是哪个篾儿乞人的孩子。"术赤"二字在蒙古语中是"客人"的意思。不过由于孛儿帖被篾儿乞人掳走的时间不超过九个月，因此术赤也可能是铁木真的儿子。古代没有DNA亲子鉴定技术，这事就成了永远的谜团。

铁木真娶孛儿帖时已经拥有相当强大的实力，与相邻部落尤其是害死他父亲的塔塔儿人经常作战并取胜，以他为首领的乞颜部也日益强大起来。

1190年爆发了一场规模较大的战争，就是十三翼之战。

这场大战标志着成吉思汗的正式崛起。欲知详情，且听下回分解。

第二章

成吉思汗

> 时间：1190年　1202年　1203年　1204年　1206年
> 地点：答兰版朱思　阙奕坛　帖麦该川　建忒该
> 人物：铁木真　搠只　秃台察儿　札木合　泰赤乌　汪罕　哲别　太阳罕　塔塔统阿
> 事件：十三翼之战　阙奕坛之战　汪罕恩将仇报　喝浑水盟誓　哈阑真沙陀—折折运都山之战

上面说到，1190年爆发了十三翼之战，它标志着铁木真的正式崛起。

十三翼之战

引发战争的是铁木真部落里的搠只。搠只率部生活在萨里河一带，和秃台察儿统领的部落是邻居，但两人不和，经常互相攻击。

有一次秃台察儿抢了搠只的马。搠只哪肯罢休，带着手下先藏在秃台察儿的马群中，趁他不注意一箭射杀了他。

秃台察儿属于一个强大的尼伦蒙古部落，首领叫札木合。当时发生了这样的事：

札木合大怒，于是与泰赤乌诸部联合，率军三万前来挑战。铁木真当时驻军在答兰版朱思的原野上，听说这事后，广泛召集各部落的兵马，将他们分成十三翼。不久札木合来了，铁木真与他展开大战，打败并赶走了他。[①]

三万人马在当时人口稀少的蒙古诸部算是一支非常庞大的军队。

上面是《元史》中的说法，但《蒙古秘史》中关于十三翼之战的描述却大不一样：

成吉思汗正在古连勒古山的时候，亦乞列思部的木勒客脱塔黑、孛罗勒歹两人前来告变。成吉思汗获悉之后，便把他的十三圈子部众组编成三万骑，出发迎战札木合。

两军交战于答阑巴勒主惕。在那里，成吉思汗被札木合进迫，退到斡难河的哲列捏峡谷。札木合说："我们迫使他们躲避到斡难河的哲列捏峡谷里去了！"

回去时，他把赤那思氏的子弟们活活煮死在七十口大锅里，又砍下捏兀歹察合安兀阿的脑袋，系在马尾上拖回去。[②]

这里不但说铁木真被打败了，还说札木合把俘虏来的铁木真的手下将士活活煮死。

这种说法应该不太可靠。要知道札木合也是尼伦蒙古人，和铁木真部是近亲分支，两个部族之间哪会有这么大的仇恨！不但杀人还要活活煮死。并且蒙古军队虽然杀人如麻，但杀人的手法相当简单，就是砍头。这也是游牧民族的特点，做事讲究快捷，因此札木合不太会做这样的事。

[①] 宋濂. 元史 [M]. 北京：中华书局，1976，卷一.
[②] 佚名. 蒙古秘史 [M]. 特·官布扎布，译. 呼和浩特：内蒙古人民出版社，2020，第129节.

虽然打败了札木合，但铁木真并不是当时最强大的蒙古部族，当时最强大的蒙古部落是泰赤乌统领的，它"地广民众，号为最强"①。

面对这个强大的对手，铁木真没有马上与之为敌，而是采取怀柔政策，善待泰赤乌部的人。例如打猎时，遇到泰赤乌部落的人就故意把猎物往他们那边赶，使他们收获满满。

相对而言，泰赤乌首领对待他的人民却十分苛刻，非但没有给他们好处，反而经常抢占他们的财产，于是许多泰赤乌部的人开始心向铁木真，甚至公然投靠，其中就包括赤老温、哲别等后来的名将。

以上是铁木真的怀柔手段，但他也有强硬的方式。对那些背叛他的部落，他也会毫不留情地打击甚至消灭。例如薛彻与大丑两个部落本来已经臣服于铁木真，但后来背叛了他，结果就是：铁木真率军越过沙漠发起进攻，将薛彻、大丑的部众有的杀了，有的抓了，只有薛彻、大丑带着他们的妻小逃脱了。几个月后，铁木真再次讨伐薛彻、大丑，一直追到一个叫帖烈徒的山口，彻底消灭了他们。②

恩将仇报的汪罕

铁木真对敌人残酷无情，对朋友则是满怀情谊。典型的例子就是汪罕。

汪罕是蒙古克烈部的著名首领，曾经被金国封为王。早年他因为杀戮自己的族人而被叔父攻打，率领百余人逃走，投奔铁木真的父亲也速该。也速该待他很好，派兵打败了汪罕的敌人，并把土地与部众还给了汪罕。汪罕很感激，于是和也速该结为"按答"，就是汉人的结义兄弟。

也速该死后，汪罕的弟弟起来反抗他，并将他打败。汪罕惶惶如丧

---

① 宋濂. 元史 [M]. 北京：中华书局，1976，卷一.
② 宋濂. 元史 [M]. 北京：中华书局，1976，卷一.

家之犬，铁木真听说后，主动派人把汪罕接来，亲自款待慰劳他，还把他安置在自己的部落里，好吃好喝地养着他，甚至因为汪罕曾经与父亲结拜，也尊汪罕为父。

后来汪罕又强大起来，抢到了很多财物，但从来都是自己全留下，一点也不分给铁木真，铁木真也没有在意。汪罕还干过另外一些对不起铁木真的事，铁木真依然没有怪罪他，只是心中默默感到遗憾。

再后来，汪罕又遇到强敌乃蛮，并被打败。铁木真便派出木华黎、赤老温、弟弟哈撒儿等击败乃蛮，还把他们从乃蛮那里抢来的东西送给了汪罕。

乃蛮虽然被打败了，但实力还是很强，后来他们又找到援军，前来攻打铁木真和汪罕。

铁木真先派出骑兵登上旁边的高山侦察敌情，得知乃蛮军快到了，便和汪罕把兵力退到坚固的营寨内，背靠大山进行防守。乃蛮军发起进攻，哪里攻得上去，只得退兵。

不久，铁木真与汪罕联军主动出击，与乃蛮人大战于阙奕坛的原野（位于今内蒙古呼伦贝尔大草原一带）上。

乃蛮人这次使出奇招，派出一个据说能呼风唤雨的神巫，要他作法，他果真祭起了大风大雪。本来这大风大雪是要吹向铁木真的，结果突然转向，吹向乃蛮人。乃蛮人被风雪迷住了眼睛，哪能进攻，只得后退。满沟满涧都是雪，铁木真趁机率军攻来，乃蛮大败。①

这就是1202年冬天的阙奕坛之战。通过这一战，铁木真再次大败蒙古高原势力强大的乃蛮人。

铁木真本来想趁机彻底消灭他们，但突然后院失火，汪罕反叛了。

---

① 宋濂. 元史[M]. 北京：中华书局，1976，卷一.

前面说过，铁木真待汪罕一直很好，汪罕也很感激铁木真，此前当札木合派人去引诱他与铁木真为敌时，他还说："我之所以现在还活着，全是因为铁木真的帮助，现在我胡子都白了，只要能够平平安安地度过余生就可以了，你做什么我不管，但不要来给我找麻烦。"但汪罕耳根子软，后来在儿子的怂恿下竟然反叛铁木真。他甚至想出了一个毒计，要铁木真来商量给儿女们定亲的事，然后趁机杀了他，但铁木真何等机灵，没有上当。

不久两军大战，汪罕军多次被击败，许多部下离开了他，归向铁木真。铁木真派人找到汪罕，说自己曾多次救他，对他有很多恩情，他不但不感恩，反而恩将仇报，说得汪罕哑口无言。但他们父子仍旧不知悔改，自恃兵多将广，坚持与铁木真对抗。于是，铁木真率军与汪罕正式展开了决战。

为了树立信心，铁木真在一条水很浑浊的河边与部下一起喝浑水盟誓。喝浑水就是为了表示，未来局势并不明朗，可能有危险，大家要患难与共，有福同享，有难同当。这盟誓果然有用，不久，"汪罕兵至，帝与战于哈阑真沙陀之地，汪罕大败"[1]。

这时候铁木真对汪罕已经深感失望，决心彻底消灭他。他没有直接派兵追击，而是派了两个会说话的人，要他们对汪罕说只要再次投降，自己就会原谅他。汪罕信以为真，带兵跟着两人去找铁木真，但此时铁木真已经悄悄派军潜伏在他们的必经之路折折运都山，发起突袭。汪罕的败兵无法抵抗，不久就全军覆没。

汪罕不久也被杀了。据说他在死前叹道："我这是被儿子害了，才有今天的大祸，真是后悔莫及啊！"[2]

---

[1] 宋濂. 元史[M]. 北京：中华书局，1976，卷一.
[2] 宋濂. 元史[M]. 北京：中华书局，1976，卷一.

明明是自己有一颗恩将仇报之心，却反而怪罪自己的儿子，汪罕真是死到临头还没有醒悟。

这就是1203年的哈阑真沙陀－折折运都山之战。经过此战，铁木真彻底消灭了汪罕，吞并了强大的蒙古克烈部，也消灭了蒙古内部最强大的敌人，为统一整个蒙古奠定了基础。

乃蛮人的覆灭

这时候铁木真面对的最后也是最强大的敌人就是乃蛮人。

乃蛮人也有蒙古血统，但不算是蒙古人，而是一个突厥－蒙古混合种族，有着相对发达的文明，还会使用畏兀儿文字——当时蒙古人是没有文字的，乃蛮可以说是蒙古草原上最开化的民族。

1204年，铁木真在帖麦该川大会蒙古诸部，商量讨伐乃蛮的事。不少人指出，现在还是春天，马瘦，最好等到秋天马肥了，战力更强时再去。

听了这些人的议论，铁木真的弟弟斡赤斤反驳道："一件事到了该做的时候就要做，越早越好，不应该找什么借口。"另一员大将也说："乃蛮人还在对我们蠢蠢欲动，这是小看我们。他们国大又怎样？只要我们出其不意地攻打他们，一定可以获胜！"

这些话鼓舞了铁木真，他当即决定大举讨伐乃蛮。

不久，铁木真率军到了建忒该山，并以哲别等两将为前锋。乃蛮人的首领太阳罕也率军前来，在沆海山建营。塔塔儿、札木合等部落都派出强兵前来相助，他们的兵力比铁木真多得多。

这时候铁木真军中的一匹瘦马突然受惊，逃进了乃蛮营中。太阳罕见到了，和手下谋划，认为应该趁铁木真军马瘦、战力不强，诱敌深入，这样就可以一举取胜。但他麾下的一个大将说："先王出战的时候，从来都是勇猛精进，只进不退，敌人不但看不到我们乃蛮勇士的背部，连我们的马尾巴都看不见。现在你竟然想佯败引诱敌人来追击，勇士们的背和马尾不都会被敌人看见吗？你是不是怕了，才要这样？如果你怕的话，还不如让你的妃子来统军。"

这是对太阳罕极大的讽刺。他又羞又怒，只得马上率军出战。

很快两军对阵，只见铁木真的军队阵容齐整，威风凛凛。札木合立马怕了，对大家说："乃蛮人说什么铁木真军就像小绵羊一样好欺侮，哪有这样的事！我看这仗不好打，还是不打算了。"于是率军退走了。

这相当于临阵脱逃，极大地挫伤了乃蛮人的士气。不久两军交战，很快分出高下。史书是这样记载的："帝与乃蛮军大战至晡，禽（擒）杀太阳罕。诸部军一时皆溃，夜走绝险，坠崖死者不可胜计。明日，余众悉降。"[1]

经此一战，铁木真抓住并杀掉了太阳罕，消灭了乃蛮人的主力。到1206年，乃蛮人几乎全都被铁木真征服，不少乃蛮战士被收编进蒙军，成为后来蒙古进一步征伐的主力战队之一。

在这些为蒙古人效力的乃蛮人中，有一位对铁木真和所有蒙古人都十分重要，他就是塔塔统阿。

塔塔统阿是太阳罕的国师，聪明颖悟，口才也很好，特别精通畏兀儿文。除了帮太阳罕出谋划策，他还负责管理太阳罕的钱粮与金印。塔塔统阿尽忠职守，即使在被蒙古人俘虏之后，他也保持着自己的气节，并且不顾性命地保全了太阳罕的印信。

铁木真知道这事后，很欣赏他，于是任命他当自己的掌玺官，并且管理整个黄金家族的财富，权力比在太阳罕那里时更大。塔塔统阿也没有辜负铁木真的信任，兢兢业业地做好了这些事。

---

[1] 宋濂. 元史 [M]. 北京：中华书局，1976，卷一.

不止于此，塔塔统阿还为全体蒙古人做了一件大好事，就是教蒙古人用畏兀儿文字书写蒙古语。

此前蒙古人是有语言没有文字的，只能说不会写，正是因为塔塔统阿他们才学会了写字。直到现在，通用的蒙古文主体仍是塔塔统阿所创制的畏兀儿字母蒙古语。

征服乃蛮人意味着铁木真已经统一了整个蒙古大草原。

1206年，铁木真正式登基："元年丙寅，帝大会诸王群臣，建九游白旗，即皇帝位于斡难河之源。诸王群臣共上尊号曰成吉思皇帝。"[1]

成吉思皇帝就是成吉思汗。此后，整个蒙古大草原第一次完全归属于一个政权之下，这是连中国的汉唐盛世都没有做到的。

---

[1] 宋濂. 元史 [M]. 北京：中华书局，1976，卷一.

第三章

传奇之国

时间：1122年　1125年　1132年　1137年　1141年　1143年　1211年　1218年

地点：可敦城　撒马尔罕　忽儿珊

人物：耶律大石　耶律淳　天祚帝　萧德妃　马赫穆德　桑贾尔苏丹　耶律夷列　天禧帝　屈出律

事件：耶律大石远走西域　征服中亚　卡特万之战　屈出律篡夺西辽

　　统一蒙古并不是成吉思汗或者蒙古人征战的结束，而是新的开始。

　　此后的蒙古征战不但是中国，也是世界历史上规模最大的征战。由于内容十分复杂，持续时间很长——直到成吉思汗去世都没有结束，因此下面将不再以成吉思汗为中心，而是依据战争本身的内容去述说这些战事。

　　对于蒙古人而言，他们之所以能够彪炳史册，一个重要原因就是他们发动的战争与征服，也因为如此，当我们讲述蒙古的历史时，这是要重点讲述的内容。

在此后的蒙古征战中,重要的有四场,分别是西征、灭西夏、灭金、灭宋。

我们首先来说第一场——蒙古西征。

蒙古西征开始于1219年的征服花剌子模之战。

说到花剌子模,必须提一下另一个国家,这个国家与中国密切相关,它就是西辽。

神秘的西辽

西辽,从名字看就可以知道它与辽国有关,是契丹族在西北建立的政权。

西辽在中国历史上也许不那么重要,但在世界历史上是相当重要且颇为神秘的。

之所以对于中国历史来说不那么重要,是因为它的主要领土远在中国新疆和中亚地区,对中原的历史鲜有影响。之所以对于世界历史来说重要,是因为它一度是整个中亚的霸主,特别是和当时统治包括小亚细亚半岛在内的整个西亚的塞尔柱帝国发生了一场著名的战争——卡特万之战,并大败塞尔柱人。

塞尔柱人当时正是欧洲基督教的主要敌人。所谓敌人的敌人就是朋友,因此西辽大败塞尔柱人对欧洲基督教徒来说是大有好处的,对西方基督教世界产生了重要影响。

正因为西辽对中原历史影响不大,因此中国史书中对此语焉不详,很难从中窥其全貌。民国时期出版的《西辽史》译者梁园东在"叙言"中有这样一段话:

中国的历史，有许多部分是黑暗的，至少是以现在的观念看是黑暗的，假若欲把这些黑暗的部分董理清楚，那就非经过一番大大的整理不可……

我现在即举一个极普通的事来说，即如西辽——西辽是由中国支出去的一个国家，是个国家，并非一件琐屑小事可比，但是他怎样从中国支出去，怎样到了西方，怎样建立起国家，以及他的内部如何、何时灭亡、怎么灭亡等等，若要详细了解，就非遍检群书不可。①

这里强调了西辽是"从中国支出去的"，即它是中国的分支国家，因此其历史也应当属于中国历史，中国的史书应当对其有详细的记载，但事实上不是这样。

中国人在距中原的遥远之地建立了一个强大的国家，影响了整个世界，我们的史书却没有详细记载甚至少有提及，这诚然是一种遗憾。所以下面笔者要来弥补一下这个遗憾。

耶律大石立志复辽

西辽的建立者是耶律大石。

《辽史》有不少关于耶律大石的记载："耶律大石者，世号为西辽。大石字重德，太祖八代孙也。通辽、汉字，善骑射。"② 这里记载了耶律大石的基本信息，他建立了西辽国，是建立辽国的耶律阿保机的直系后代，并且懂得汉语，还擅长骑马射箭，可谓文武双全。他很早就在辽国为官，曾当过泰州等地的刺史，还当过辽兴军节度使。

耶律大石所处的时代是辽国末期，女真人已经崛起，并且越来越威

---

① 布莱资须纳德. 西辽史[M]. 太原：山西人民出版社，2015，叙言.
② 脱脱，等. 辽史[M]. 北京：中华书局，1974，卷三十.

胁到辽国。到 1122 年，金国攻克辽国的重镇大定府和泽州，辽国末代皇帝天祚帝抵挡不住，一路仓皇逃窜，甚至一时失踪。因此，耶律大石和宰相李处温便另立耶律淳为帝，建立北辽，控制了以燕京为中心的原辽国南部领土。耶律大石由于拥立有功，被任为太师。

此时北宋已和金国签了海上之盟，宋徽宗派童贯等率军攻打辽国，但被耶律大石率军击败。可惜耶律淳没有当皇帝的命，称帝不久就病死了，他的妻子萧德妃执政。北宋听说耶律淳死了，于是再派大军进击，兵力多达数十万，是辽军十倍以上，但仍被耶律大石击败。随后金军大举攻来，击败了北辽军，耶律大石只得率残部和萧德妃一起投奔天祚帝。

天祚帝本来就恨耶律大石另立北辽，见他们自投罗网，很快就杀了萧德妃。当他想杀耶律大石时，耶律大石告诉他："陛下您掌握着全国的资源，不能抵挡敌人，甚至放弃国家，远远逃走，使大辽生民涂炭。即使我立耶律淳为帝，他也是太祖的子孙，总比投降当俘虏好吧？"[①] 他说得很有道理，所以天祚帝宽恕了耶律大石，他很快成为天祚帝的得力大将。

得到了耶律大石这样的人才后，又有不少人前来投奔，天祚帝以为这是老天要帮他，于是又想要主动出兵攻打金国。但耶律大石认为不可，说现在金国已经占领了原来属于辽国的所有汉人之地，势力大增，如果主动求战将极为危险。

天祚帝利令智昏，根本听不进去，于是耶律大石率军出走。

耶律大石走后，天祚帝仍坚持率军攻打金国，很快被击败。1125 年，天祚帝被金军俘虏，辽国灭亡。

至于耶律大石，他一路往西北而去，到达西域。这一带原来就是辽国藩属，此时并没有被金国征服，因此很快就臣服于耶律大石。

---

① 脱脱，等. 辽史 [M]. 北京：中华书局，1974，卷三十.

耶律大石一直到达可敦城，这里原来是唐朝北庭都护府所在地，大致位于今天蒙古国北部的布尔干一带。

耶律大石在这里召集了原来辽国北地的许多首领，有威武、崇德、柴河、奚的、累而毕等十八部，向他们发表了一通慷慨激昂的演说，说明了辽国的兴起与悠久的历史，指控金国作为原来辽国的藩属却以下犯上，攻击辽国朝廷、侵占辽国领土、残害辽国百姓，使辽国皇帝逃亡在外。他对此痛心疾首，他说："我今天为了国家大义而跑到西部，就是想要借助大辽各地藩属，消灭我们的仇敌，光复大辽的江山社稷。"[1]

他这番话相当管用，各位首领纷纷表示支持，向他提供了一万余人的精锐兵力，还有充足的武器与盔甲等。耶律大石于是以可敦为基地，开启了自己的事业。

此时，由于金国已经发动了对北宋的攻击，无暇顾及偏安西域的耶律大石，他在西域站稳了脚跟，但没有就此止步，而是决心开拓疆土。

他知道往东是不行的，因为打不过强大的金国，于是改为往西，进占了今天中亚的大片地区。

建立西辽

到1132年，辽国已经被灭七年之久，耶律大石终于建立了自己的国家，"文武百官册立大石为帝，以甲辰岁二月五日即位，年三十八，号葛儿罕。复上汉尊号曰天佑皇帝，改元延庆"[2]。

耶律大石建立的国家就是西辽。此后耶律大石很快征服了领土相当辽阔的东喀喇汗国，占领了包括今天新疆南部和帕米尔高原一带在内的大片地区。后来又占领了"七河"地区。七河，指流入巴尔喀什湖的七

---

[1] 脱脱，等. 辽史 [M]. 北京：中华书局，1974，卷三十.
[2] 脱脱，等. 辽史 [M]. 北京：中华书局，1974，卷三十.

条主要河流。耶律大石甚至发兵攻打金国,但由于路途太遥远,无功而返。

1137 年,耶律大石率军攻向今天的乌兹别克斯坦和塔吉克斯坦一带,在这里与西喀喇汗国对战,很快打败了西喀喇汗国的大汗马赫穆德率领的大军。马赫穆德逃回首都——中亚名城撒马尔罕。

不久,马赫穆德又与葛逻禄人爆发了纷争。

葛逻禄是古老的突厥人的一支。突厥人分为许多不同的部落,如乌古斯、葛逻禄、钦察、黠戛斯等,他们后来不断发展,演变成许多现代国家和地区的主体民族,如土耳其、乌兹别克斯坦、阿塞拜疆、哈萨克斯坦、土库曼斯坦、吉尔吉斯斯坦等。其中最有名的是土耳其。土耳其人是地道的突厥人,属于乌古斯部落。

葛逻禄人曾经臣服于大唐,唐朝大将高仙芝军中就有不少葛逻禄士兵。在 751 年的怛罗斯战役中,他们突然反戈一击,使唐军大败,如史书所载:"葛罗禄部众叛,与大食夹攻唐军,仙芝大败。"[①] 这里的"大食"就是阿拉伯帝国。

后来葛逻禄人一直生活在家乡,是中亚的古老民族之一。西辽打败西喀喇汗国后,他们趁火打劫,也攻向西喀喇汗国。

西喀喇大汗知道大事不妙,只得赶紧向自己的宗主国塞尔柱帝国求援。

塞尔柱帝国是当时伊斯兰世界最强大的国家,也是由乌古斯突厥人发展而来的,统治着包括今天西亚和土耳其在内的辽阔地区,并在著名的 1071 年曼齐刻尔特战役中大败东罗马帝国。欧洲人发动第一和第二次十字军东征时,也是他们起而抵抗。后来塞尔柱帝国发生分裂,但仍控制着西亚、中亚大片地区。如史书所言:"塞尔柱王自十一世纪中叶以来,

---

① 司马光. 资治通鉴 [M]. 北京:中华书局,2011,卷二百一十六.

已久为中亚各国共主。"①

当西喀喇汗国向塞尔柱帝国求助时，帝国的统治者是桑贾尔苏丹。桑贾尔苏丹早就得知西辽的崛起与强大，深知不好对付，于是不但自己出兵，还以穆斯林与异教徒开战的名义向整个伊斯兰世界发出呼吁，广大的伊斯兰世界纷纷出兵响应，桑贾尔苏丹不久就有了一支十多万人的大军，杀向葛逻禄人。

葛逻禄此前就已经和西辽联合对抗西喀喇汗国，看到塞尔柱帝国军队大举来攻，自知不敌，赶紧向西辽求援。

东西方第二次决战

得到葛逻禄人求援的消息后，一开始耶律大石并不想和强大的塞尔柱帝国直接冲突，于是写了封信给桑贾尔苏丹，请他放过葛逻禄人。但桑贾尔苏丹把这看成是西辽异教徒的软弱，于是不但拒绝了耶律大石的建议，还要求他加入伊斯兰教。

得到这样的回答后，耶律大石大怒，率军攻向桑贾尔苏丹所在的撒马尔罕。不久两军在撒马尔罕之北的卡特万草原相遇，于是发生了史上著名的卡特万之战。

关于战争的详细情形，史书中有这样的记载：

耶律大石到了寻思干，西域各国举兵十万，自称忽儿珊，前来拒战。当两军相隔二里左右时，耶律大石对将士们说："敌军虽多但不懂谋略，我们只要发起攻击，使他们首尾不能相救，就一定能够取胜。"于是派出六院司大王萧斡里剌、招讨副使耶律松山等领兵二千五百攻敌军右翼，枢密副使萧剌阿不、招讨使耶律术薛等领兵二千五百攻敌军左翼，然后

---

① 布莱资须纳德. 西辽史 [M]. 太原：山西人民出版社，2015，第一章.

亲率主力攻向敌人中军。在西辽三军的并力攻击之下，忽儿珊人大败，尸横数十里。①

这里的"寻思干"就是卡特万，"忽儿珊"就是呼罗珊，它是一个历史地理名称，面积广大，包括今天伊朗领土的大部和中亚南部大片地区。

这是1141年的事。卡特万之战是自751年的怛罗斯战役后东方文明与伊斯兰文明的又一次大冲突，并且以东方文明的大胜而告终。

从这个角度来说，耶律大石为东方文明立下了大功，而且此时的辽国早就已经汉化，耶律大石也通汉语，并且接受了传统的中国儒学教育，因此他所代表的东方文明实际上就是中华文明。可以说，他为中华文明在怛罗斯战役中的失败"报了一箭之仇"。

不止于此，由于此时的塞尔柱帝国是西方基督教文明的劲敌，所谓敌人的敌人就是朋友，因此大败塞尔柱人的西辽成了西方基督教世界未曾谋面的朋友。后来卡特万之战的消息传到欧洲，当时欧洲人正在发动第二次十字军东征，对手就是塞尔柱人。于是欧洲就有了一个传说：东方世界有一位神秘的"祭司王约翰"，是基督教的捍卫者。这个"祭司王约翰"就是耶律大石，虽然他可能连基督教的名字都没听过。

卡特万之战后，惨败的桑贾尔苏丹逃跑了，塞尔柱帝国的势力从此退出中亚，西辽成为中亚新霸主，不久耶律大石率军进入撒马尔罕。

撒马尔罕附近就是花剌子模的领土。由于花剌子模也是塞尔柱帝国的附庸，不久耶律大石派兵攻入花剌子模，花剌子模很快战败，臣服于西辽。

此时的西辽已经是领土辽阔、实力范围几乎囊括整个中亚的庞大帝国。

---

① 脱脱，等. 辽史[M]. 北京：中华书局，1974，卷三十.

1143年，耶律大石去世。关于他，史书有这样的总评：

耶律大石有幸借助祖宗的余威在万里之外建立了国家。虽然死后剩下寡母弱子，但仍能继承他的帝业，长达九十年，这也是相当难得了。但耶律大石先后立了耶律淳与耶律雅里为帝，这时候天祚帝依然在世。有君主在却多次另立他人为君。这样做可以吗？相比诸葛亮先为汉献帝发丧，而后才立了刘备为帝，两人之间的差距真是不可同日而语呢。①

这里先表扬了耶律大石，再将他和诸葛亮进行对比，指出诸葛亮比耶律大石境界要高得多。

耶律大石死时儿子耶律夷列还年幼，于是先由皇后执政，1150年还政于耶律夷列，他即位后改年号为"绍兴"，这是一个典型的中国年号。

再后来，到了耶律大石的孙子西辽天禧帝，他昏庸无道又穷兵黩武，国势迅速衰弱。这时候另一个人出现了，就是屈出律。

屈出律是太阳罕的儿子。太阳罕前面说过，他是乃蛮人的大汗，被铁木真击败并杀死。太阳罕死后，他的儿子屈出律没有投降，而是率军逃跑，一直逃到了西辽，被天禧帝收留。天禧帝待屈出律很好，还把公主嫁给了他。但屈出律是个阴谋家，趁机扩大自己的势力，到1211年，他突然袭击了正在打猎的天禧帝，然后自立为帝，窃夺了天禧帝的国家。

由于屈出律是乃蛮人的遗种，1218年成吉思汗派哲别攻打他，他很快被打败并成了俘虏，哲别将之斩杀，西辽也就此灭亡。

---

① 脱脱，等. 辽史[M]. 北京：中华书局，1974，卷三十.

第四章

征服欧洲

时间：1219年　1221年　1235年　1236年　1240年　1241年

地点：花剌子模　撒马尔罕　比里阿耳　梁赞　莫斯科　弗拉基米尔　基辅　克拉科夫　佩斯

人物：摩诃末　速不台　拔都　蒙哥　八赤蛮　拜答儿　亨里克二世　贝拉四世　腓特烈二世

事件：灭亡花剌子模　摧毁比里阿耳　灭亡基辅　莱格尼察战役　蒂萨河之战　攻占佩斯

上面说到1218年哲别攻灭西辽。这可以说是蒙古西征的前哨战，下一战的目标就是花剌子模。

花剌子模的覆灭

前面说过，卡特万之战后，花剌子模被耶律大石派兵打败臣服于西辽，但并没有被灭国。后来西辽由于天禧帝昏庸无道，开始衰落，花剌子模趁机自立，还占领了撒马尔罕并定为首都。

成吉思汗第一次西征时面对的就是这个花剌子模。

当时花剌子模已是中亚强国，主要领土在今天的阿姆河与咸海一带，现在乌兹别克斯坦、哈萨克斯坦、土库曼斯坦的领土都属于这个国家。而且，由于它控制了从中国、西域往欧洲一带的陆路商道，因此获得了巨额收入，十分富有。

蒙古的第一次西征其实规模相当小，战况也不激烈。《元史》中只有简单的记载："夏六月，西域杀使者，帝率师亲征，取讹答剌城，擒其酋哈只儿只兰秃。"[①]

这是1219年的事，这里的"西域"指的就是花剌子模。另据《蒙古秘史》，这年夏天，成吉思汗派出一支约五百人的商队想前往西方经商，行经花剌子模境内的讹答剌，商队中的十多人被当地土官抓了起来，被认为搞间谍活动。后来成吉思汗派使者到了花剌子模，要求他们释放商队成员，但当时花剌子模王阿拉乌丁·摩诃末不仅没有答应，还把使者杀了。成吉思汗大怒，率军讨伐花剌子模，从而爆发了第一次西征。

花剌子模人根本不是蒙军的对手，蒙古骑兵很快攻克了花剌子模的首都撒马尔罕。据说成吉思汗发现摩诃末逃跑后，派哲别和速不台去追。摩诃末一路如丧家之犬，始终不能摆脱追捕，后来逃到了里海的一个小岛上。成吉思汗得知后说："让摩诃末试试金子能不能吃。"于是就把摩诃末困在小岛上，最后把他活活饿死了。

到了1221年，花剌子模被蒙军彻底征服了，蒙古的第一次西征也就此结束。

此外还有一本书比较详细地描写了成吉思汗的这次西征，特别是攻

---

① 宋濂. 元史 [M]. 北京：中华书局，1976，卷一.

打撒马尔罕的经过，它就是金庸《射雕英雄传》的第三十六回"大军西征"和第三十七回"从天而降"。其中有这样的话：

原来蒙古大军分路进军，节节获胜，再西进数百里，即是花剌子模的名城撒马尔罕。成吉思汗哨探获悉，此城是花剌子模的新都，结集重兵十余万守御，城精粮足，城防完固，城墙之坚厚更是号称天下无双，料得急切难拔，是以传令四路军马会师齐攻。次晨郭靖挥军沿那密河南行。军行十日，已抵撒马尔罕城下。城中见郭靖兵少，全军开关出战。却被郭靖布下风扬、云垂两阵，半日之间，杀伤了敌人五千余名。花剌子模军气为之夺，败回城中。第三日成吉思汗大军，以及术赤、察合台两军先后到达。十余万人四下环攻，哪知撒马尔罕城墙坚厚，守御严密，蒙军连攻数日，伤了不少将士，始终不下。

最后是郭靖想出了一个从天而降的法子才终于攻克了城池。当然这纯粹是文学的杜撰，事实上并没有郭靖，撒马尔罕城也没有那么难攻克。

讲完蒙古的第一次西征后，再来讲第二次西征。

摧毁伏尔加河的明珠

第二次西征最早开始于1235年，这时候成吉思汗已经去世，窝阔台继位。窝阔台继承了成吉思汗的西征战略，决定将整个帝国的兵力分成两大部分：一部分由他亲自统领，继续进攻南宋；另一部分则向西攻城略地，这就是第二次西征的由来。

第二次西征有一个特点，就是除了速不台这位老将，统军的大将都是各宗室的长子、嗣子、长孙。其中主要包括术赤长子斡儿答及次子拔都、窝阔台长子贵由、拖雷长子蒙哥、察合台长孙不里。其中斡儿答虽然是术赤的长子，但他知道自己的能力远不及弟弟拔都，因此自愿把长子的权力与嗣子之位让给拔都，而拔都对兄长也十分敬爱，兄弟们十分团结，术赤家族拥有强大的实力，不亚于成吉思汗的其他三子家族。

参与西征的其他长子以及大汗窝阔台都认可拔都的能力，因此窝阔台委任拔都为整个西征军的统帅。但由于拔都太年轻，只有二十多岁，因此实际上主要的战场指挥官是速不台。

1236年，西征军做好准备后正式出发，前锋部队由拖雷长子蒙哥和窝阔台长子贵由统领。他们越过早已经征服的花剌子模，一路西进，经过几个月的长途行军，到达了第一个目的地——当时著名的大城比里阿耳。

比里阿耳位于伏尔加河中游，最早是由保加尔人建立的。保加尔人就是今天保加利亚人的祖先，是一个以突厥人为主体的混血民族，他们在伏尔加河中下游建立了伏尔加保加利亚国家，比里阿耳就是当时最大的城市。

面对强大的蒙军，伏尔加保加利亚人很快就被击败。虽然比里阿耳当时以城池坚固闻名，但此时蒙古人已经掌握了高超的攻城之法，在他们的猛攻之下比里阿耳很快失守。

征服钦察人

此后蒙古大军顺伏尔加河而下，来到了钦察人的地盘。

钦察人是比较地道的突厥人，分为两部。其中一部看到了比里阿耳和伏尔加保加利亚人的遭遇，哪敢反抗，早在蒙古大军抵达之前就主动献上降书。而以八赤蛮为首的另一部拒绝投降，躲在伏尔加河畔的森林里和蒙军展开了游击战式的打法。但这没有什么用，他们很快被蒙军打败，八赤蛮只得率残部逃跑，蒙哥率军在后紧追不舍。后来八赤蛮逃到一个海岛上，蒙哥也一直追到海边。突然一阵大风刮来，竟然把海水都吹走了，人因此可以走过去。蒙哥立即借此机会冲上海岛，打败钦察人，还抓住了八赤蛮。

蒙哥命令八赤蛮下跪，但八赤蛮拒绝，他说："我是一国之王，哪里会用下跪来苟且求生？而且我又不是骆驼，为什么要向人下跪呢？"骆驼因为高大，当人要骑它时就会跪下来。八赤蛮认为只有骆驼才会向人下跪，人是不要向其他人下跪的，这也是他们民族的风俗。八赤蛮这样抗命，蒙哥本来可以杀了他，但并没有。八赤蛮因此心怀感激，便说："我逃到海里还被你们抓住了，这也是天意，但海水快要涨了，你们应当赶快离开，才能安全。"蒙哥信了这话，赶忙带着八赤蛮一起离开海岛，果然海水涨了起来。试想要是蒙哥杀了八赤蛮，自然不会马上撤军，就会被困在海岛上，后果难料。所以正是蒙哥的宽宏大度救了自己。

这事在《元史》中也有记载："尝攻钦察部，其酋八赤蛮逃于海岛。帝闻，亟进师，至其地，适大风刮海水去，其浅可渡。帝喜曰：'此天开道与我也。'遂进屠其众，擒八赤蛮。"[1]

这样一来，八赤蛮自然对蒙哥和蒙古人心悦诚服，于是所有钦察人全都归附了蒙古。蒙古人对他们也相当宽大，把他们当成自家人。拔都后来还把自己的根据地建在钦察，钦察汗国的名称就是这么来的，实际上它应该叫拔都汗国才比较准确。

征服钦察人后，蒙古人占领了伏尔加河的中游和下游，再从这里往西就是俄罗斯，于是俄罗斯就成了他们下一个要征服的目标。

征服俄罗斯

俄罗斯是一个面积辽阔的大国，要征服它并不容易。蒙古人很清楚这一点，因此西征军的统帅们还专门举行了一次大会讨论怎样进攻俄

---

[1] 宋濂. 元史 [M]. 北京：中华书局，1976，卷六十三.

罗斯。

　　这时候已经是1237年秋天，大家决定等到冬天河流结冰之后再进军。这样做有两个好处：一是蒙古人不怕冷，再严寒的天气也不会影响他们的战斗力；二是俄罗斯一带河流众多，冬天结冰后骑兵可以随时发起迅猛的进攻。总之，冬天可以使蒙古骑兵最大限度地发挥优势。

　　到了1237年底，蒙古人准备发动进攻。

　　这时候的俄罗斯还没有统一建国，而是分成许多公国，如梁赞大公国、弗拉基米尔－苏兹达尔大公国、诺夫哥罗德公国等。其中最重要的是基辅大公国，它是莫斯科大公国建立前最强大的俄罗斯国家，后来的俄罗斯、乌克兰、白俄罗斯都是从它发展而来的，所以这三个国家可以说是同出一脉，有着特殊的历史渊源。

　　进攻俄罗斯的主将是蒙哥。他在发起进攻前派出使者，要求俄罗斯人投降。他的要求也不高，就是所有俄罗斯人无论贫富贵贱都要把十分之一的财产献给蒙古人，并且每年还要交纳贡赋。俄罗斯人作为一个大民族哪能就这么投降，当然拒绝。于是蒙古人很快发起了进攻，第一个目标就是大城梁赞。结果证明，俄罗斯大大低估了蒙古人的战斗力。蒙古军队不仅骑兵厉害，攻城同样厉害，几天之后便攻克了梁赞。关于此战，《元史》也有记载，蒙哥"复与诸王拔都征斡罗思部，至也烈赞城，躬自搏战，破之"[①]。

　　这里的"斡罗思"就是俄罗斯，"也烈赞城"就是梁赞。

　　梁赞往西北不远就是莫斯科，蒙军乘胜向它发起进攻，不久就攻克了莫斯科。由于它战前没有投降，蒙古人就和对待此前的许多城市一样摧毁了它。

---

① 宋濂. 元史[M]. 北京：中华书局，1976，卷三.

这时候已经到了 1238 年初，占领莫斯科后蒙古人在全俄罗斯占据了很大优势，包括心理优势。此后他们继续进军，包围了另一座大城弗拉基米尔，蒙哥亲自率军猛攻，几天后就将其攻克。到 3 月初，弗拉基米尔 - 苏兹达尔大公国的尤里二世大公试图在锡特河地区阻挡蒙军，结果证明他的军队根本不是蒙古骑兵的对手，很快全军覆没。

由于春天已经结束，天气开始变热，再热一点俄罗斯将到处是泥泞地，很不利于骑兵的机动作战，于是蒙军转而向南推进，几星期后到达顿河下游进行休整，静待下一个冬天的来临。

到了 1239 年冬天，蒙军再次发起进攻，这次的目标主要是南部的阿速（位于今天的亚速海沿岸），攻克的时候已经是 1240 年初。

此后蒙军又在高加索一带击败了切尔克斯人，还杀掉了他们的国王，洗劫了整个克里米亚半岛，征服了今天的乌克兰南部。

由于天气转暖，蒙军又开始休整，到冬天再进攻，下一个目标是当时全俄罗斯最主要的城市基辅。

一开始蒙古人派出使者要基辅大公投降，但他不仅没有投降，还杀了使者。蒙古人大怒，向基辅发起了凶猛的进攻。这时候的蒙军对于攻城已经得心应手，只用几天便攻克基辅，随即展开了疯狂的大屠杀，结果就像当时在场的弗拉基米尔主教所言：我们父兄的鲜血，像水一样溅满大地……我们的财富尽失，我们为异教徒劳动，我们的土地成了异族的财产。

这是 1240 年底的事。摧毁基辅后，蒙军继续往西进军。看到蒙军如此强大，俄罗斯的其他城市和诸侯大部分都很快投降了，蒙古人顺利征服了几乎整个俄罗斯。

这时已是 1241 年初，还有几个月河流才会解冻，于是蒙军继续往西进军，下一个目标是匈牙利和波兰。

征服匈牙利和波兰

这时候贵由和蒙哥已被大汗窝阔台召回，蒙军由拔都和速不台统领杀入匈牙利，速不台的儿子、蒙军的另一名将兀良合台和察合台的儿子拜答儿则率军攻打波兰。

波兰当时还不是统一的国家，主要分裂成小波兰、大波兰、西里西亚等五个公国。西里西亚公爵亨里克二世已经着手统一波兰并且取得了一些战绩，但蒙古人的入侵改变了一切。

拜答儿率军到了波兰当时最主要的大城克拉科夫，但蒙军没有马上进攻，甚至装出一副疲惫之师的样子。波军看到后以为有机可乘，立即从城中冲了出来。蒙军转身就逃，天真的波军压根儿不知道这是诡计，全速追击，结果掉进了大队蒙军预先设下的包围圈，几乎被全歼。

亨里克二世大为恐惧，他以对付异教徒的名义征集军队，得到波兰各地和条顿等三大骑士团以及摩拉维亚、波希米亚等国的积极支援，组建了一支约三万人的联军。

不久，两军在今天波兰西南部的莱格尼察展开大战。

战斗开始，两军前锋交手，蒙古人采取老法子，佯装打不过，败退。波军的前锋部队是由德意志的巴伐利亚矿工民兵组成的，并非职业军队，当然不懂蒙军的诡计。当蒙军退却时，他们马上追了过去，本来还勉强有阵势的联军顿时散乱。蒙古人一看他们这么快就队形散乱，也不等把他们引诱进包围圈，就转身反攻过来，向这些矿工射出了如雨般的利箭。这些蒙古人的箭比当时欧洲人的箭射得更远，杀伤力更强。一阵箭雨过后，大批联军士兵被杀。蒙古人接下去就是一顿砍杀，联军前锋被杀得一个不剩。

当联军前锋被围剿时，统帅亨里克二世派出两支重装骑兵，也就是中世纪的骑士，战斗力相当强，一度打退了蒙古人。蒙古人退却时似乎队形散乱了，联军相信他们这次是真的败了，又"乘胜追击"，亨里克二世把所有兵力都投入战斗。

联军追击不久，只见两边密密麻麻的蒙古骑兵冲了出来，于是联军再次陷入蒙军的包围圈。结果联军全军覆没，连亨里克二世都被蒙古人当阵斩杀。

这场莱格尼察战役以欧洲联军的惨败结束。

这是1241年4月初的事。

当莱格尼察战役正在激烈进行时，由拔都和速不台指挥的蒙军主力已经攻入匈牙利，不久逼近匈牙利的大城佩斯。

这时候的匈牙利国王是贝拉四世，他拥有一支约八万人的大军，兵力远多于蒙军。蒙军再次采取老法子，佯装打不过就跑，贝拉四世同样上当了，一直率军追到附近的蒂萨河畔。由于天色晚了，他就在河的西岸扎营，并派了一小支部队守卫附近的桥梁。等到了晚上，拔都突然率军向桥梁发起冲击，据说采用了火箭和可以在相当远的距离发射石弹的大炮——这也可能是世界上最早在战场上使用的加农炮。匈牙利人措手不及，又被这种先进武器吓得魂飞魄散，桥梁很快被蒙军夺取。

与此同时，速不台率另一支部队在附近浅水处涉水而过，冲到匈牙利军的后面。这样一来，两支蒙军一前一后包围了匈牙利军。

结果不难想象，在强大又迅猛的蒙古骑兵的砍杀之下，这支匈牙利大军全军覆没，贝拉四世只得仓皇逃走。

这就是蒂萨河之战，几乎与莱格尼察战役发生在同一时间。

此后，蒙军乘势攻占佩斯，又进行了屠城，还放火烧城，几乎把佩斯这座当时匈牙利最大最繁华的城市夷为平地。

但蒙军并没有就此止步，而是继续前进，沿着多瑙河一路打过去，沿途所有城市几乎都是不战而克。到1241年6月，他们已经到达奥地利的首都——也是欧洲最大城市之一——维也纳的近郊。但蒙军并没有直接进攻维也纳，而是先派出一支兵马继续追击逃跑的贝拉四世，主力则离开维也纳，回到了已经被他们征服的匈牙利。

此后，拔都向神圣罗马帝国皇帝腓特烈二世发出一封劝降信，要他投降。作为欧洲最强大的君主之一，统治着德意志和意大利大片地区的腓特烈二世当然不会听从，但他也深知在战场上硬拼是打不过蒙古人的，因此特别指示手下的诸侯们避免与蒙军打野战，而是要加固并且坚守每座城市、每个堡垒和据点，还要在其中囤积充足的武器与粮食，做好与蒙古人长期对抗的准备。简而言之，就是用坚壁清野的方法来对付蒙古人。

这个方法是合理的，也是当时欧洲人对付蒙古大军时能够采取的最好甚至唯一有效的办法，因为直接对抗、打野战他们根本不是蒙古人的对手。

腓特烈二世的指示得到了很好的遵守，从德意志到意大利，所有城堡都得以加固，静待蒙古人的进攻。不止于此，此时其他欧洲强国，如英格兰和法兰西也知道了蒙古人的可怕，知道只要蒙古人攻下奥地利与德意志，下一个目标必然就是法兰西甚至英格兰，因此当时的英格兰国王亨利三世、法兰西国王路易九世等都联合起来，准备全力帮助神圣罗马帝国迎战蒙古大军。

这时蒙古人不仅征服了今天的乌克兰与俄罗斯，还征服了几乎整个波兰和匈牙利以及德意志的部分地区，也就是整个欧洲东部。可以说这时候的蒙古已经成了欧洲的霸主，占领了欧洲最庞大的土地与最多的人口，与欧洲其他国家对战时也是每战必胜，因此即便全欧洲联合起来他们也不怕。他们准备继续进攻，灭亡神圣罗马帝国，然后是英格兰和法兰西，甚至整个欧洲。

钦察汗国的建立

正所谓人算不如天算。1241 年 12 月,蒙古大汗窝阔台突然去世,据说是因为酗酒。

根据蒙古的传统,大汗死后最重要的事情就是要选出新大汗,这时候所有宗室重要人员尤其是王子一定要参加,因此拔都不得不迅速率军东撤,回到蒙古本土。

拔都回国后的情形后面再说,大致就是在他的推动与强烈支持下,拖雷的儿子蒙哥继承了大汗之位。他自己则回到已经被他征服的钦察,并于 1242 年在那里建立了国家。由于拔都是术赤的儿子,因此汗国一开始被称为术赤汗国;又由于主要领地在钦察,人民的主体也是钦察人,因此一般被称为钦察汗国;另外,由于蒙古人习惯生活在帐篷里,大汗的帐篷金光闪闪,豪华非常,因此又被称为金帐汗国。

钦察汗国是蒙古第二次西征的主要成果,这个汗国此后一直由拔都后代统治,领土包括俄罗斯在内的东欧以及中亚的辽阔地区,持续存在了两百余年,直到 1500 年左右才灭亡。

第二次西征如果从蒙军正式出发的 1236 年算起,持续了约五年。五年中不到十万的蒙军横扫东欧,占领了几乎整个中亚和东欧。一路上蒙古大军是战必胜、攻必克,显示了强大的军事实力。

第五章

征服西亚

时间：1253年　1256年　1258年　1264年

地点：木剌夷　梅门迭思　巴格达　叙利亚　阿勒坡

人物：旭烈兀　怯的不花　郭侃　兀乃克丁库沙　哈里发

事件：灭绝木剌夷人　巴格达屠城　灭亡阿拉伯帝国　征服叙利亚
　　　阿音札鲁特战役

第二次西征结束后，蒙古大军又发起第三次西征。

由于这次西征是由旭烈兀发起的，所以又叫旭烈兀西征。

旭烈兀是拖雷十一个儿子中的第六个，但他的母亲是拖雷的正妻唆鲁禾帖尼，她为拖雷生了四个嫡子，从大到小分别是蒙哥、忽必烈、旭烈兀、阿里不哥，每一个都是大有作为之人。

蒙哥继任大汗之后，继续奉行成吉思汗和窝阔台的路线——征服他国。

这时候蒙古往西已经征战到了遥远的欧洲，而且拔都在那里建立了钦察汗国，自然不用再打。往东是大海，往南是一直在打的南宋。往北直到北冰洋都应该算作蒙古的领土了。余下比较方便攻打的就是西偏南方向的国家，从这里越过已经被征服的花剌子模就是辽阔的西亚，主要有位于今天伊朗的木剌夷国，还有阿拉伯帝国的阿拔斯王朝、叙利亚的阿尤布王朝等。这些地方就成了蒙古接下来想要征服的目标。

1251 年，刚继任大汗不久的蒙哥就命令旭烈兀准备西征。1253 年，蒙古大军正式出征。关于此次出征，《元史》上有简单的记载："夏六月，命诸王旭烈兀及兀良合台等帅师征西域哈里发八哈塔等国。"[1]

八哈塔就是阿拔斯，它是历史悠久的阿拉伯帝国的第二个王朝，750 年取代倭马亚王朝，第二年就在怛罗斯战役中打败了高仙芝统领的唐军。四百年之后这个王朝依然存在，不过真正的统治者已经不是哈里发了，哈里发成了塞尔柱帝国的傀儡。1141 年塞尔柱帝国国君桑贾尔率军在卡特万之战中大败于西辽皇帝耶律大石，帝国迅速衰落，于是阿拔斯王朝和哈里发又得以崛起，实际统治了今天伊拉克和伊朗的许多地区，其首都巴格达也成了当时伊斯兰世界最繁荣的城市。

屠灭暗杀之国

在攻打阿拔斯王朝之前，旭烈兀要先打木剌夷国。

木剌夷国实际上不是一个真正的国家，而是伊斯兰的一个教派，意思就是"舍正路者"，也就是歪门邪道。这是其他伊斯兰教派给他们取的名字，由此可见，他们在伊斯兰教里也是异端。

木剌夷人十分骁勇，随着实力越来越强，他们大批移居到波斯，夺取了这里的许多城堡，还建筑了不少坚固的城堡。这些城堡就成了木剌

---

[1] 宋濂. 元史[M]. 北京：中华书局，1976，卷三.

夷人的统治中心与战略要地。

木剌夷人的一个主要特点是擅长暗杀，而且不择手段。《新元史》中记载了他们是如何培养暗杀者的：

木剌夷人从十二岁的儿童开始培养，直到二十岁，选择那些胆子大的，白天给他们讲天堂福地可以尽情享乐的美好生活，再把他们灌醉，趁他们昏迷时把他们送到一个地方，他们醒了后就可以在那里纵情享乐、为所欲为，等他们又醉了后再送出来。等他们醒后，问起此前所遇到的情形，就告诉他们说那是穆罕默德所说的天堂福地。接着命令他们去杀死某某人，告诉他们事成之后就可以去那样的天堂。如果不成功被杀死，他们的灵魂就可以升天，享受同样的快乐。这样的结果就是人人都跃跃欲试，而且不顾性命。他们有的装扮成商人，有的装扮成奴仆，千里迢迢去完成自己的使命。[①]

由上可见，木剌夷人的国家实际上就是一个杀手组织，这应该是史上规模最大的专业杀手组织。由于他们培养的杀手早就被洗脑，对组织说的一切都深信不疑，加上本来就胆子大，而且经过专门训练，因此这些杀手就成了最专业且毫不怕死的"勇士"。他们为了杀掉目标可以冒充商人甚至是人家的奴仆，即使目标远在千里之外，他们也会想方设法完成任务。

这让木剌夷国威名远震，因为要是哪个国家的君主得罪了他们，他们就会不择手段地派出一拨又一拨杀手，直到杀死对方为止。正因如此，许多地方的首领都害怕他们，甚至被迫臣服于他们，他们也正是以此建立了自己的国家，这就是木剌夷国的来历。

蒙哥早就听说过这些木剌夷人凶悍。史书说蒙哥就是因为他们这样

---

① 柯劭忞. 新元史[M]. 上海：上海古籍出版社，2018，卷二百五十六.

无道才下令征讨他们:"宪宗二年,以木剌夷凶悍无道,命旭烈兀率诸将讨之。"①

旭烈兀出征前,先派大将怯的不花为先锋攻入木剌夷国,另外派了撒里率军出征印度。

不久,撒里就率军"涉印度斯单界,大掠而还"②。这里的印度斯单又叫印度斯坦,就像今天的哈萨克斯坦一样,当时就是这么称呼印度的。这也是蒙军第一次进攻印度。虽然印度人很容易征服,但并非蒙古人的重点。此后旭烈兀亲自率军,向木剌夷国发起攻击。

到了木剌夷国后,蒙军前锋在怯的不花的率领下攻克了一些城堡。但由于这里地势险峻,易守难攻,并不是蒙军主力骑兵擅长的作战地形,和第二次西征时行经的东欧平原大不一样,因此进展一开始不太顺利。

这时候一个汉人站了出来,就是郭侃。

在郭侃的统领之下,蒙军顺利推进,攻克了许多城堡。1255年,木剌夷国发生内乱,首领阿拉哀丁被刺杀,他的儿子兀乃克丁库沙继位,但坊间传说就是兀乃克丁库沙派人暗杀了父亲,以夺取王位。

此后蒙军的进展更加顺利,第二年已经攻到了木剌夷国的首都梅门迭思。

这时候已经是冬天,有将领提出冬天粮草难以为继,最好等来年春天再打。但旭烈兀决定继续前进,他派使者给城中送出了最后通牒,要求他们五天之内投降,否则城破之后就会屠城。城中派人来说兀乃克丁库沙不在,他们不敢擅自投降。旭烈兀哪里会信,下令制造攻城的冲车,准备发起进攻。经过三天激战,城中人尝到了蒙军的厉害,知道难以守住,于是兀乃克丁库沙带着全家和众臣投降。

---

① 柯劭忞. 新元史 [M]. 上海:上海古籍出版社, 2018, 卷一百八.
② 柯劭忞. 新元史 [M]. 上海:上海古籍出版社, 2018, 卷一百八.

旭烈兀先好言安慰了兀乃克丁库沙一番，保证不会杀他，然后要他下令各地停止抵抗。但旭烈兀并没有信守诺言。其实，早在出征木剌夷国之前，憎恨木剌夷人的蒙哥就下达了命令要"尽杀木剌夷人"。因此在平定木剌夷国后，旭烈兀下令：无论男女老幼，全都杀掉。①

木剌夷国从此消失。这是 1256 年的事。

阿拉伯帝国的覆亡

灭了木剌夷国后，蒙军下一个目标就是阿拔斯王朝。

旭烈兀一开始仍先礼后兵，派人给哈里发送了书信，要他投降。遭到拒绝后，旭烈兀命郭侃率军发起攻击。他一路势如破竹，很快到达巴格达附近。其间旭烈兀又数次要哈里发投降，但都被拒绝，这也决定了巴格达与哈里发的命运。

蒙军不久就兵分三路包围了巴格达城。哈里发这才慌了，派长子到蒙军中请见旭烈兀，表示愿意投降。旭烈兀拒绝接见，后来蒙军在郭侃的统领下向巴格达发起进攻，并很快攻进了市区。具体情形后文再说。

哈里发看到大势已去，于是带着城中大批贵人，包括王族、伊斯兰高级教士、贵族等出城投降，并向旭烈兀献上了大量金银财宝。但这哪能满足旭烈兀的胃口？哈里发和巴格达最后的命运是这样的：

旭烈兀下令夺取所有被隐藏的财物，获得了巨量的黄金珠玉，阿拔斯王朝五百多年积累的财富全归了旭烈兀。蒙古人用毛毯包裹着哈里发，把他放在大街上用马踩死，然后纵兵屠杀抢掠，被杀的人多达八十余万。②

这是 1258 年初的事。

---

① 柯劭忞. 新元史 [M]. 上海：上海古籍出版社，2018，卷一百八.
② 柯劭忞. 新元史 [M]. 上海：上海古籍出版社，2018，卷一百八.

再来说旭烈兀。攻克巴格达后，阿拔斯王朝其他地方都望风而降。旭烈兀就此顺利灭掉了阿拔斯王朝，也彻底灭掉了历史悠久的阿拉伯帝国。

阿拉伯帝国是人类历史上存在最持久的帝国之一，从632年立国，到1258年被旭烈兀灭亡，长达六百余年。如果把西周和东周看成两个朝代，那么它比中国历史上任何朝代都要长久。

灭了阿拔斯王朝之后，旭烈兀兵分三路，攻向叙利亚。

征服叙利亚

这时候叙利亚的统治者是纳昔儿，它名义上还有一个宗主国，就是统治埃及的阿尤布王朝。

当时纳昔儿已经得知巴格达的惨状，十分恐惧，赶紧与埃及人联合起来，共抗蒙古大军。但他们仍不是蒙军的对手，屡战屡败，许多城市被轻松攻克。不久蒙军抵达重镇阿勒坡，将之包围起来。"旭烈兀谕阿列娑守将降，不从，攻七日克之，杀戮五日，隳其城。"[1]

不久大马士革守军投降，蒙古人就此征服了叙利亚。

这是1259年4月的事。旭烈兀的下一个目标就是埃及。

这时候埃及名义上的统治者是阿尤布王朝，实际上控制国家的是被称为马木留克的奴隶骑兵军团。可以相信，如果由旭烈兀率领的蒙古大军继续进攻埃及，埃及马木留克王朝的奴隶兵团很可能也会以灭亡告终，就如同阿拔斯王朝或者叙利亚一样。

但和当初窝阔台的情形一样，天又有不测风云。这年8月，蒙哥去世。

---

[1] 柯劭忞. 新元史[M]. 上海：上海古籍出版社，2018，卷二百五十六.

如史书所言："闻宪宗大渐，乃班师，以怯的不花留镇西里亚。"[1]

这里的"西里亚"就是叙利亚。不难看出，老天这次如同上一次蒙古西征时救了欧洲人甚至整个基督教世界一样，救了埃及人甚至整个伊斯兰世界。因为从前面的战斗中可以清楚地看到，蒙古大军灭阿拔斯王朝和叙利亚时基本上没有经过什么激烈的大战，而是相当轻松地取得了胜利。由此可见，蒙古大军的战力远非当时的伊斯兰世界军队可以相比，就如同当时欧洲的军队无法与蒙军相比一样。

如上所言，旭烈兀撤退时并没有放弃叙利亚，而是派他的前锋大将怯的不花留驻在这里，代他坐镇。

马木留克的胜利

怯的不花并没有坐等旭烈兀回来，他主动向当时由埃及控制的巴勒斯坦发起进攻。

埃及马木留克兵在巴尔拜的统率下北上迎战。蒙古与埃及两军于1260年9月在巴勒斯坦北部展开大战，这就是著名的阿音札鲁特战役。结果马木留克兵大胜，怯的不花战死。

这场战役被认为拯救了伊斯兰与基督教两大文明。因为倘若失败，蒙古人就能够继续前进，到达北非，可以想象那是什么样的后果。

不过，马木留克兵之所以能够取胜，并不全赖于他们的勇敢善战，在这方面他们并不比蒙古人强，而是因为旭烈兀已经率领蒙古大军的主力回去了，只留下少数部队，据说只有五千人左右，因此马木留克兵占据了数量上的绝对优势，才能取得胜利。

第三次蒙古西征最后的结果是，1264年大汗忽必烈"遣使者册封旭

---

[1] 柯劭忞. 新元史[M]. 上海：上海古籍出版社，2018，卷二百五十六.

烈兀为伊而汗，自阿母河至西里亚"①，也就是忽必烈把旭烈兀征服的辽阔土地全封给了他，旭烈兀在这里建立了伊儿汗国。

伊儿汗国是蒙古的三大汗国之一，另外两个分别是拔都建立的钦察汗国和成吉思汗封给察合台后人的察合台汗国——它的领土主要就是原来的西辽。

此外还有一个窝阔台汗国，但由于窝阔台的后人与钦察汗国及元朝大汗不和，1309 年就被瓜分而消失了。

---

① 柯劭忞. 新元史 [M]. 上海：上海古籍出版社，2018，卷一百八.

第六章

汉将传奇

时间：1256年　1258年　1259年
地点：巴格达　叙利亚　石罗子　宾铁
人物：郭侃　高鸣　史天泽　纣答儿　住石
事件：史天泽收养汉人　郭侃征服木刺夷　郭侃摧毁巴格达

前面已经说了蒙古的第三次西征，但在旭烈兀西征的过程中，有两个人要特别提出来说一下，因为他们都是汉人，且在旭烈兀的这次西征中立下了大功。

高鸣与史天泽

第一个是高鸣。

关于高鸣为旭烈兀西征所做的贡献，《元史》说得很清楚：

高鸣，字雄飞，真定人，从小就以文学才能知名……旭烈兀准备出征西域时,听说了高鸣的才名,就多次派使者请他来,高鸣于是出山,为旭烈兀提出了二十多条西征策略,旭烈兀称赞有加。①

后来高鸣成为忽必烈的汉人重臣之一,甚至成了唐太宗手下魏征那样的人物,特别敢于直谏,官至礼部尚书。

为旭烈兀西征做出大贡献的第二个汉人是郭侃。

与高鸣为旭烈兀西征出谋划策不一样,郭侃则是在战场上为旭烈兀冲锋陷阵,立下了汗马功劳。

在说郭侃之前有必要提一下另一位汉臣,就是史天泽。

史天泽和其他大部分元朝汉臣汉将相似,都是既对元朝忠心耿耿,又没有忘记自己是汉人。关于史天泽,《元史》有专门的记载,其中两段值得引用。

第一段是记载他被任命为丞相的那一天。丞相是一人之下、万人之上的朝中大官,此前那些当了丞相的在拜相之日都会门庭若市,前来拍马屁的人络绎不绝,但史天泽拜相的情景是这样子的:

拜相那天,史天泽门前静悄悄的,有人劝他要利用权力在这天张扬炫耀一下,史天泽就引用唐朝时韦澳对周墀所说的话:"我只希望宰相没有权力。官爵、俸禄、刑罚、赏赐都是天子才有的权力,我要权力干什么?"史天泽以这样的话回应了劝他的人,那人既惭愧又心服。当时是金朝末年,许多名士流离失所,没了家园,史天泽全收留下来,并且把他们当客人一样看待,后来这些人中的许多成了达官贵人……他出将入相长达五十年,皇上从不怀疑他,手下也无人抱怨他,当时人们都将他与郭子仪、曹彬相比。②

---

① 宋濂. 元史 [M]. 北京:中华书局,1976,卷一百六十.
② 宋濂. 元史 [M]. 北京:中华书局,1976,卷一百五十五.

唐朝的郭子仪和北宋的曹彬都是不但有大功于社稷而且忠心不二之人，史天泽也被看成那样的人。他临死时的情形更凸显了他有一颗仁慈之心。史书载：

皇上又派了史天泽的儿子与御医去看他，并赐了药。史天泽就请他们转告对皇上的遗奏："我快要死了，死没有什么大不了，只求当天兵渡江攻宋的时候，不要抢掠杀害。"遗言中只讲了这个，没有其他内容。[①]

史天泽到死时都记着自己是个汉人，希望蒙军以后攻打南宋的时候不要杀戮抢劫汉人，这是何等爱护自己的同胞啊，值得永远铭记！

说完史天泽，再来重点说郭侃。

郭侃消灭木剌夷

前面说过，史天泽收留照料了金国许多汉人，郭侃就是其中之一。

当年史天泽见到了还很年少的郭侃，惊叹于他过人的天资，就把他收养在家中，给予他最好的教育。郭侃没有辜负史天泽的厚望，他智勇双全，是天生良将。年轻时他就带兵与金军作战，曾以少数兵马大破四万金兵，并且逼迫金军统帅投降，因功被封为千户。

当旭烈兀西征时，他率部跟从。一到西征战场上，郭侃就显示了卓越的军事才能。

前面说过，西征的第一个对象就是木剌夷国，而郭侃在其中扮演了重要角色。史书有这样的记载："至木乃兮。其国堑道，置毒水中，侃破其兵五万，下一百二十八城，斩其将忽都答而兀朱算滩。算滩，华言王也。"[②]

---

① 宋濂. 元史 [M]. 北京：中华书局，1976，卷一百五十五.
② 宋濂. 元史 [M]. 北京：中华书局，1976，卷一百四十九.

这里的"华言",指中国话或者说汉语,"木乃兮"就是木剌夷。在灭木剌夷的过程中,郭侃立下了最大的功劳。

这是1256年的事。灭木剌夷之后,下一步就是进攻阿拔斯王朝。《元史》也记载了郭侃的功劳。例如,郭侃率军到了乞都卜,乞都卜位于今天伊朗德黑兰东北部的达姆甘一带,建于悬崖绝壁之上,只能通过高悬着的绳梯上下,城中还有精兵驻守。郭侃先环绕绝壁筑了另一座城,并在城上架了大炮,守城者哪里见识过这种先进武器,马上投降。

看到郭侃如此英勇善战,旭烈兀更加重用他,经常派他主攻坚城,还派他去当说客劝降。郭侃不辱使命,许多城市不是在他的劝告之下投降就是被他攻克。

这和郭侃善于用兵、打仗讲究知己知彼有关。例如,有一次攻兀里儿城,他料到敌人会出城迎战,于是预先在敌人的必经之路上设下伏兵,敌军一出城就被他包围,全军覆没。

郭侃摧毁巴格达

郭侃如此厉害,令阿拔斯人感到害怕,许多"算滩"一见他统兵来攻,马上投降。所以他很顺利地攻到了巴格达并将其攻克,这在史书上有清楚的记载:

阿拔斯王朝是西方大国,领土宽达八千里,父子相传为王达四十二代,拥有大军数十万。郭侃率军到后,大败敌军七万,先屠了巴格达的西城,又攻破了东城。东城的宫殿庙宇都是用沉香木和檀香木建起来的,郭侃军一把火全烧了,百里之外都闻得到香味。郭侃军还得到了七十二弦的琵琶、五尺高的珊瑚灯等。巴格达东西两城之间还有条大河,郭侃预先造了座浮桥以防止城中人逃跑。攻破城池后,合里法算滩登上了船,看见河中被浮桥堵住了,只得把自己绑了,到郭侃军前请降。后来敌军大将纣答儿逃走了，郭侃追了过去，一直追到天黑，其他诸将想要放弃，就地扎营，但郭侃不听，又追了十多里才停下来。当夜下了暴雨，先前诸将想要扎营的地方水深数尺。第二天郭侃就抓获了纣答儿，当场将他斩杀。郭侃先后攻克了三百多座城市。①

这里的"合里法算滩"就是阿拉伯帝国的最后一任哈里发，名叫穆斯台绥木。这一段把郭侃攻克巴格达的具体情形说得很清楚。

这是1258年的事。上文还说到，此后郭侃继续在阿拔斯王朝的土地上攻城略地，前后攻克了三百多座城。可以说整个阿拔斯王朝或者说阿拉伯帝国就像木剌夷国一样，实际上是被郭侃灭掉的。

换言之，旭烈兀虽然是第三次西征的统帅，但实际统军打仗的主要是郭侃。

郭侃征服天房

灭了阿拔斯王朝之后，郭侃并没有停止进攻：

郭侃又西行三千里，到了天房。天房守将住石来信，请求投降。手下诸将都相信了住石的话，认为敌人很容易对付，不用再做防备，但郭侃说："轻视敌人就是找死，行军打仗本来就是兵不厌诈，如果中了他们的诡计，那就太丢人了！"因此仍做了充分的准备，严阵以待。住石果然很快就向蒙军发起进攻，郭侃与之大战，很快大败敌军，巴儿算滩也投降了。郭侃攻克一百八十五座城。接着又西行四十里，到了密昔儿。这时候天已经黑了，蒙军开始休息，郭侃突然把战士们赶了起来，只留下几个生了病的，又西行十多里才停下来，接着下发命令，要大家口中含一支箭。敌人不知道蒙军已经离开，晚上前来偷袭，结果只杀了几个

---

① 宋濂. 元史[M]. 北京：中华书局，1976，卷一百四十九．

病卒，可乃算滩大惊道："东天将军真是神人啊！"于是投降。①

口中含一支箭就是所谓"衔枚"，这样士兵就不能说话，不会被敌人察觉。

这里提到了"天房"。天房位于阿拉伯半岛上的伊斯兰教第一圣地——麦加，这是一座立方体形状的建筑物。根据伊斯兰教的传说，它是人类始祖亚当亲自兴建的，还是天堂之中天使崇拜真主之处在大地上的复制品，因此是人类崇拜真主最尊贵的地方。

郭侃的神机妙算、未卜先知，令阿拉伯人惊讶不已，所以他也被敌人的王即"算滩"视作天上来的活神仙，被称为"东天将军"。"东"是因为他来自东方的中国，"天将军"指他的本领通天，没有人是他的对手。"东天将军"与唐太宗的"天可汗"一样，可以说是古代其他民族的人给予中国人最崇高的称呼了。

接下去郭侃继续进军：

戊午，旭烈兀命郭侃西渡大海，征服富浪。郭侃告诉富浪王抵抗与不抵抗的不同结果，当然是一祸一福。富浪的兀都算滩说："我昨天梦见了一个神人，就是将军您啊。"当即投降。郭侃率军回师后，又往西南而去。到了石罗子，敌人前来抵挡，郭侃亲自出马，冲向敌阵，一下子就击败了对手。于是，这里的王换斯干阿答毕算滩也投降了。又到了宾铁，郭侃出了一支奇兵偷袭并大败敌人，这里的王加叶算滩也投降了。己未时又破了兀林的四万大军，这里的王阿必丁算滩大为恐惧，也来投降，献上了一百二十座城。郭侃又往西南，到了乞里弯，这里的王忽都马丁算滩也来投降。至此，郭侃平定了整个西域。郭侃派人把捷报送往钓鱼山，这时候宪宗去世，于是他回到了邓州。②

---

① 宋濂．元史[M]．北京：中华书局，1976，卷一百四十九．
② 宋濂．元史[M]．北京：中华书局，1976，卷一百四十九．

这里的"西域"可不是我们平常所说的西域，而是指包括今天阿富汗、伊朗、伊拉克、阿拉伯半岛、地中海东部在内的辽阔地区。有些地名现在不好确定，如富浪，有些书上说它是法兰克的古译，但这里显然不是，更可能指发音相近的叙利亚。石罗子就是今天伊朗西南部的设拉子。宾铁、阿必丁等地不明，大致是指西亚某地。这些地方都是郭侃征服的。

如果没有发生意外，郭侃很可能进一步征服更多的地方，那么今天整个中东甚至世界的历史可能就是另一番面貌了。

但恰恰这时候发生了意外，这个前面也说过了，就是蒙哥在钓鱼山去世。因为接下去要选新大汗，旭烈兀只得匆匆率军回蒙古，郭侃自然也跟随而去，他的西征之旅就此结束。

这是1259年的事。由上文可见，郭侃在旭烈兀西征中起到了极大的作用，可以说立下了最大的功劳，他不但毁灭了巴格达，还占领了今天的阿拉伯半岛，征服了叙利亚的大片地区，一直打到地中海东岸。他是整个中国历史上西行最远的将领了。

这里还有一些内容似乎与上一章不符，例如前文说是怯的不花征服叙利亚的，这应该是因为郭侃走的不是同一条路线，他们是兵分两路去打叙利亚的。

《元史》最后还记述了郭侃的其他事迹：

郭侃的军队很守纪律，在野外打灶，在露天住宿，即使刮风下雨也不入民宅，所到之处都会兴建学校，奖励农业，因此从官员到百姓都既怕他，又服他。[①]

总而言之，郭侃和唐朝时期率一旅之师几乎灭了印度的王玄策一样，都是军事天才，值得国人铭记。

---

① 宋濂.元史[M].北京：中华书局，1976，卷一百四十九.

第七章

西夏覆亡

> 时间：1125年　1139年　1193年　1205年　1209年　1217年　1227年
> 地点：河西　银州　中兴府
> 人物：夏崇宗　夏仁宗　铁木真　桑昆　夏献宗　亦剌合　夏末帝
> 事件：崇仁之治　铁木真四次伐夏　夏末帝的投降与被杀　成吉思汗之死

讲完蒙古的三次西征，接下去要讲的是后面的三场战争，即蒙古灭亡西夏、金国、南宋。

这一章先说蒙古灭西夏之战。

西夏的百年盛世

西夏虽小，但国人相当好战。

1038年李元昊称帝，建立西夏不久就开始了与宋朝之间的战争，宋夏战争从1040年一直持续到1119年。

宋夏战争结束时，金国已经崛起且日益强大，西夏很快就投入金国的怀抱，1125年还帮金国灭了辽国。后又和金国一起攻打北宋，两年后北宋灭亡。

此后，金国并没有灭亡西夏，而是与西夏友好相处。之所以如此，主要是因为西夏接连出现了两位相当能干的君主，即夏崇宗与夏仁宗。

夏崇宗李乾顺三岁继位，一开始由母亲小梁太后当政，重用外戚，政治腐败，国力衰弱。1099年夏崇宗灭了梁家外戚，亲理朝政，此后励精图治，西夏很快重现强盛。

夏崇宗于1139年去世，儿子李仁孝继位，即夏仁宗。夏仁宗即位后一方面努力治理国家，使内政修明，另一方面尽力与金国交好。他还强调汉化，重用汉臣主持国政，很尊崇孔孟儒学，实行中原式的科举制度，使西夏的文化极为昌盛，甚至超过金国，因此史书谈到夏仁宗时说：

李仁孝励精图治，他担心自己的见识有所不足，因此把中书、枢密院移到了皇宫的门外，以方便有问题随时询问臣子们。这样一来，皇帝再也没有应该知道的事被隐藏，臣下也没有什么事不能上达皇帝，西夏的国家治理之好由此可见一斑！[1]

夏仁宗与父亲夏崇宗两朝并称"崇仁之治"，一直持续到1193年仁宗去世，历时近百年。

这段时间，西夏、金国、南宋三国鼎立，三国之间基本上维持和平状态。

蒙古的崛起改变了这一切。

惹恼了铁木真

当蒙古开始崛起时，与西夏接壤的是克烈部，它的结局前文说过了，1203年的哈阑真沙陀-折折运都山之战，铁木真消灭了汪罕，吞并了克

---

[1] 吴广成. 西夏书事校注 [M]. 胡玉冰，校注. 上海：上海古籍出版社，2021，卷三十六.

烈部，消灭了蒙古内部最强大的敌人，为统一整个蒙古奠定了基础。

汪罕被杀后，他的儿子桑昆率众逃往西夏。西夏人接纳了他们，这就惹恼了铁木真。于是两年之后，1205年，铁木真第一次率军进攻西夏，如史书所载："帝征西夏，拔力吉里寨，经落思城，大掠人民及其橐驼而还。"①

这次铁木真只是小小地惩罚了西夏。第二年他正式称帝，成为成吉思汗后，很快又开始进攻西夏，每次进攻都要占领西夏一些土地。

1209年，成吉思汗发动了更大规模的进攻，亲统大军攻入西夏最重要的经济资源所在地河西。

这时候的西夏皇帝是襄宗李安全。他派出太子率军迎战，但不是成吉思汗大军的对手，很快被击败。此后蒙军继续进军，不断取胜，一直打到西夏首都中兴府，就是原来的兴庆府，1205年更名为中兴府。

蒙军包围了中兴府，发起猛攻。这里有黄河流过，蒙军甚至挖开黄河大堤，引河水灌城，想要一举攻克中兴府。但黄河水何其丰富，不但冲向了中兴府，也冲向了蒙军大营。中兴府有围墙保护，一时不会冲坏，蒙军大营则没有那么牢固，所以反而蒙古人自己损失更大，只得撤军。

经过这一仗，夏襄宗看到自己根本不是蒙古大军的对手，因此"纳女请和"，把自己的美丽女儿献给成吉思汗，还答应从此向蒙古称臣并且追随蒙古伐金。成吉思汗这才暂时放过了西夏。

此后西夏被迫派兵攻打金国。此时金国虽然衰落，但对付西夏军没什么问题，耗损了西夏大量人力物力，使西夏国力迅速下降。

这正是蒙古人的一箭双雕之计，既消耗了西夏又削弱了金国。

到1217年，成吉思汗觉得西夏被消耗得差不多了，于是发动了第四

---

① 宋濂. 元史[M]. 北京：中华书局，1976，卷一.

次进攻，理由是西夏不想派兵跟随成吉思汗西征。

这时候的西夏皇帝是神宗李遵顼，得知蒙军大举攻来，他仓皇逃到灵州，让太子李德旺镇守中兴府。李德旺自知无法对抗强大的蒙军，派使者求和，言辞谦卑。成吉思汗答应了，西夏又获得了短暂的和平，但只是苟且偷生罢了。

1223年，夏神宗传位给李德旺，就是夏献宗。

夏献宗清楚地看到，西夏无法单独抵抗蒙古人，这样下去迟早会被灭掉，唯一的办法是再次和金国联合起来抵抗蒙古。当时蒙古正准备大举西征，夏献宗甚至想在蒙古大军西征、国内空虚时联合金国进攻蒙古人的老巢。但成吉思汗早有准备，派了木华黎的儿子、文武双全的勃鲁镇守蒙古。他一直留意西夏的动向，发现他们有异动，立即发起主动进攻，攻占了西夏的重镇银州，还屠杀了大批银州人，使西夏被迫再次求和。

到了1226年，成吉思汗又找到了打西夏的借口。这次是因为西夏收留了成吉思汗的仇人亦喝翔昆。

亦喝翔昆又叫亦剌合，是克烈部的首领之一，他曾经得到过成吉思汗的帮助，后来又想要谋害成吉思汗，因此成吉思汗很恨他。得知夏献宗竟然收留这样的人，成吉思汗决定亲征西夏。不久，蒙古大军占领了要地黑水城，西夏岌岌可危。

夏献宗眼看要亡国却无可奈何，不久忧惧而死，继位的是夏末帝李睍。

末帝的投降与被杀

夏末帝虽然知道国家难免灭亡，但依然积极抵抗，各地守将也多有抵抗之志。也许是天要亡西夏，末帝继位不久中兴府竟然发生了大地震，损失惨重，不久又发生了瘟疫，加上缺粮少水，大批军民病死饿死，异常悲惨。

蒙古大军趁机向中兴府发动猛攻，末帝知道抵抗也无益，终于投降。这是 1227 年的事。

就在末帝投降前发生了两件大事。第一件事《元史》是这样记载的：

成吉思汗对群臣说："去年冬天，当天空金木水火土五星相聚时，我曾经答应不再杀掠，因为太仓促忘了正式下诏书，现在可以下诏书了，并且公告所有国家，让各国从上到下都知道我的意思。"正是这个月夏末帝就投降了。[①]

成吉思汗发布这样的诏书意图很明显，就是促使西夏赶紧投降。他的确达到了目的，西夏投降了。

第二件事记载在《新元史》上：

西夏主上表请降……皇上答应了他……这时皇上已经病重，秘密地告知左右："我死后不要发丧，等西夏主来了，马上杀掉。"[②]

这表明成吉思汗下定决心要彻底灭亡西夏。果然，不久，西夏末帝就来朝见成吉思汗，结果就是这样的：

西夏主前来朝见，蒙古人借口皇上有病在身，不能相见，命令他就在帐篷外行礼。三天后，诸将遵照皇上的遗命杀了西夏主。西夏亡国。[③]

这是 1227 年的事。从 1038 年李元昊称帝到灭国，西夏前后持续了近两百年，算是一个相当长寿的王朝了。

成吉思汗之死

就在西夏灭亡之时，成吉思汗也去世了。关于成吉思汗，《元史》是这样评价的：

[①] 宋濂. 元史 [M]. 北京：中华书局，1976，卷一.
[②] 柯劭忞. 新元史 [M]. 上海：上海古籍出版社，2018，卷三.
[③] 柯劭忞. 新元史 [M]. 上海：上海古籍出版社，2018，卷三.

皇上城府很深且富有谋略，用兵如神，因此能灭掉四十个国家，还平定了西夏。他奇迹般的功勋、伟大的事迹非常之多，遗憾的是当时他身边没有史官，因此很多都没有记录下来。①

的确如此！事实上不仅是成吉思汗，大部分开国皇帝都差不多，因为当初他们并不是皇帝，自然没有专门的史官，身边人也不会记录他的一言一行，因此他们的许多事迹也就被遗忘了。成吉思汗更是如此，因为他不是汉人，所以即使成为大汗之后也没有设立专门的史官来记录自己的言行事迹。这就使他虽然伟大非凡，但史书上流传下来的事迹并不是很多，这的确是令人遗憾的。

除了灭西夏，成吉思汗临死前还有另一个遗嘱，就是要灭金国，甚至还提出了具体的灭金策略。对此，史书是这样说的：

皇上临死前对周围的人说："金国的精兵在潼关，南面守着祁连山，北边有大河作为边界，很难轻易攻破。如果向宋朝借道，由于宋、金之间是世仇，一定会答应我们。这样一来我们就向唐州、邓州发起进攻，并且直捣大梁。金人看到形势危急，一定会向潼关增兵。但数以万计的军队千里赴援，一定会人困马乏，即便到达也打不了仗，那样一来我们就一定可以打败金国。"刚说完他就去世了。②

成吉思汗提出的这个策略就是中国传统兵法中的"调虎离山、声东击西"之计，当然有其道理。下面就来看蒙古的下一次征战——灭金。

---

① 宋濂. 元史 [M]. 北京：中华书局，1976，卷一.
② 宋濂. 元史 [M]. 北京：中华书局，1976，卷一.

第八章

毁灭金国

时间：1211年　1213年　1215年　1226年　1232年　1233年　1234年
地点：乌沙堡　野狐岭　会河川　密州　中都　汴京　蔡州
人物：成吉思汗　窝阔台　胡沙虎　完颜允济　完颜承裕　木华黎　金宣宗　师安石　拖雷　完颜合达　金哀宗
事件：成吉思汗蔑视金帝　野狐岭之战　会河川之战　蒙古屠城　贞祐之乱　三峰山之战　金国灭亡

蒙古与金国虽然领土相邻，但并不一开始就是敌人。

成吉思汗蔑视金帝

早期蒙古是臣属于金国的，每年要向金国献"岁币"，有时候甚至会帮助金国对付敌人。例如1205年，当时的塔塔儿人在蔑兀真笑里徒的统领下反抗金国，金国皇帝派丞相完颜襄率军讨伐，塔塔儿人不敌，往北逃走。成吉思汗得知后，亲自率军出击，杀了蔑兀真笑里徒。

1206年，成吉思汗正式称帝。这时候金国的皇帝是完颜璟，他很残暴，加上此前成吉思汗的一个亲族被金人杀死，因此成吉思汗才有了进攻金国的想法，但并没有动手。

过了两年，完颜璟去世，继位的是他的叔父——卫王完颜允济。这个人成吉思汗见过，成吉思汗一向看不起他，当听说他竟然继承了金国帝位时，表现得很不屑。史书记载：

当时金主完颜璟去世，完颜允济继位。有诏书到了蒙古，有人对皇上说他应当跪拜接诏。皇上问金使："新帝是哪位呢？"金使说："是卫王。"皇上顿时朝南面吐了口唾沫，说："我以为中原的皇帝是天上神仙才能做的呢，原来这种平庸胆小的家伙也可以做！他值得我拜吗？"当即上马往北方走了。金使回去后将这些告诉完颜允济。完颜允济大怒，准备等皇上再来进贡时，当场就杀了他。皇上得知这个消息，立即断绝了与金国的关系，并且要求诸军严加防备。[①]

这是1208年的事。此后双方成了敌人，开始发生一些小规模的战斗。

三年之后，1211年，双方终于开始大战。

这时候蒙古全国的军队只有十五万，其中蒙古人不过十万。金国则拥有百万之兵，其中对付蒙古的前线部队就有五十万，因此在人数上金军处于绝对优势。但这对成吉思汗来说完全不是问题，他面对金军时就像亚历山大大帝面对波斯帝国军队一样，丝毫不在意对方人多，就像狼不会在意羊多一样。

1211年3月，成吉思汗亲自统率十万兵马，杀向南方，首战在乌沙堡开打。

乌沙堡是金国在北部边境修筑的要塞，主要就是为了防止蒙军南下。

---

① 宋濂. 元史[M]. 北京：中华书局，1976，卷一.

为此金国花费了大量人力物力修筑工事，以为固若金汤，蒙古人不敢进犯，也正因如此没有严加守卫。结果成吉思汗亲统大军如闪电般杀来，在蒙军的狂猛攻击之下，金军很快就守不住，只得撤退。

血战

占领乌沙堡后，成吉思汗稍作休息，然后继续南下，不久兵至野狐岭（位于今天河北西北部张家口市万全区），在这里与金军发生了一场大战。史书有这样的记载：

金军号称四十万，在野狐岭北面布阵。木华黎说："敌众我寡，如果不拼命死战是打不败他们的。"于是亲自率领一批敢死队员，策马横戈，高声大喊着冲入敌阵。皇上指挥各军同时发起猛攻，很快大败金兵……百里之地全是金兵尸体。①

这时候金军的统帅是完颜承裕，他胆小如鼠，开战不久就先逃了。此后逃到了会河川。蒙军很快追了过来，在这里又发生一场大战：

这天晚上，完颜承裕率军南行，元军在后面紧紧追击。第二天到了会河川，金军又大败。完颜承裕只身逃脱，跑到了宣德。元军一些散兵甚至追到了居庸关，中都宣布戒严。有见识的人说这一战就决定了金国必定会灭亡。②

会河川一战规模并不大，但却是决定性的，为什么呢？就是因为它对金国的士气民心都产生了致命的负面影响。看到自己的军队如此不堪一击，丞相如此胆小，金国军民从此不肯也不敢努力抵抗。这样一来，金国的灭亡就不可避免。

---

① 宋濂. 元史 [M]. 北京：中华书局，1976，卷一百十九.
② 脱脱，等. 金史 [M]. 北京：中华书局，1975，列传第三十一.

会河川之战后，蒙军已经到达中都附近，但没有马上大规模进攻中都，而是先休整了一段时间，从1213年秋天开始才兵分三路大举进攻。其中左路军由成吉思汗的弟弟哈撒儿统领，右路军由成吉思汗的三个儿子术赤、察合台、窝阔台统领。中路军是主力，由成吉思汗亲自统率，拖雷和木华黎都在这一路。

当蒙军向北方发起猛攻时，原来早就臣服于金国的契丹人在耶律留哥的统领下于辽东造反，金国派出大军镇压，但屡被耶律留哥打败。耶律留哥还主动归附了成吉思汗，得到成吉思汗的重赏，成吉思汗赐了他黄金虎符，还封他为辽王。

这意味着金国腹背受敌，处境更加困难。

在这次大举进攻中，蒙军攻克了许多城市，占领了大片地区，今天的河南、河北、山东、山西几乎都被蒙古大军踩在铁蹄之下。其中仅成吉思汗的中路军就攻克了近百座城市，并且绝大部分被蒙军攻占的地区都遭到了极大破坏，这是中原大地的一场浩劫。当时金国皇帝宣宗的年号是贞祐，因此这场浩劫被称为"贞祐之乱"。

此次蒙军之所以进展如此顺利，是因为在大举进攻时，金国朝廷发生了内乱，原来的皇帝卫王被胡沙虎杀死，另立了金宣宗。宣宗上台后不久，胡沙虎又被手下杀死。这样混乱的朝廷如何能够抵抗如狼似虎的蒙古大军呢！

但这次成吉思汗三路大军出击并没有灭掉金国，在金宣宗的恳求之下，成吉思汗答应退兵。为此，金宣宗献出了卫王的女儿岐国公主以及大量的黄金布帛，另有童男童女各五百人。

此后金宣宗看到黄河以北已经残破不堪，而且距蒙古太近，随时可能受到进攻，因此将都城迁到了南京，就是原来北宋的都城汴京。

事实证明，金宣宗的决策是对的。不久之后，蒙军就在木华黎的统领下大举攻来，这次进攻的目标是金国的要地北京（今内蒙古东部的宁城县）。北京守将银青率军二十万在城外与蒙军大战，但哪里是蒙军的对手，很快大败，蒙军"斩首八万余级"。①

蒙军包围了北京城，很快城中的粮食就吃完了，本来就不服金国的契丹人趁机打开城门，出城投降。不久银青也被部下杀死，举城投降。

这是1215年的事。大约与此同时，另一路蒙军在成吉思汗的亲统下杀向中都。

这时候镇守中都的是丞相完颜承晖，他是金国朝廷中少有的忠臣，率军拼命抵抗，但再怎么努力也不可能打得过成吉思汗亲统的蒙古大军。不久中都就被攻克，完颜承晖没有投降，而是自杀殉国。

但完颜承晖临死之时做了一件对后来的战局影响颇大的事，就是命师安石带信去汴京找宣宗，要宣宗任用他。

师安石既忠心又能干，很快就得到了宣宗的欣赏，成为朝廷重臣，他向宣宗指出当时的金国应该怎样自处：首先就是要尽力与蒙古人讲和，其次就是要坚守，为此要尽可能多找些有勇有谋之士，并且善待士卒，使他们有为国而战之心。

这样当然是对的，此后宣宗也尽力这样做了，找到了胥鼎等能干之人保卫国家。所以金国虽然危如累卵，但直到宣宗1224年去世时还没有亡国。

金国虽然得以苟延残喘，但灭亡不过是早晚的事。

蒙军攻克北京、中都后，仍然在不停地进攻，1216年攻占了要地潼关。两年后木华黎又率军攻占了重镇太原，1220年他又攻占了陕北保安、鄜州等地，1222年攻占了千年古都长安。这些地方都位于黄河以北，被

---

① 宋濂. 元史[M]. 北京：中华书局，1976，卷一百十九.

称为河朔之地。

1222年金宣宗派出使者向蒙古求和，这时候成吉思汗正在西征，他在回鹘召见了金国使者，对他说："我以前要你的主人把河朔之地让给我，并且封你的主人为河南王，双方就此罢兵，你的主人不从。现在木华黎已经把这些地方全都占领了，你才来求和啊！"[1]

成吉思汗的问话充满讽刺，完全是高高在上的样子，根本不把金国皇帝放在眼里。但从这里可以看出来成吉思汗当时还是给了金国一个安置之法，让金帝先把黄河以北之地献给蒙古，再放弃皇帝尊号，由成吉思汗封为河南王，统治黄河以南之地。简而言之，就是割地称臣，这样一来蒙古自然不会再攻打金国了，这也是蒙古对待许多被征服国家的办法：只要臣服就会得到和平。当时许多国家都这么臣服于蒙古，包括俄罗斯。但这对于金国来说无异于灭国，金帝一向认为自己是中原之主，哪肯臣服于蒙古呢？金帝自然拒绝，于是等待他的就是灭国的命运。

大汗窝阔台

1227年，成吉思汗去世，由他的儿子窝阔台继承汗位。

对于窝阔台，一般人了解不多，但作为蒙古的第二位大汗，他实际上是非常重要的。他的政策奠定了此后蒙古的基本国策，其中包括如何对待中原及汉文化，后来被忽必烈继承，忽必烈才建立了与原来的蒙古帝国大相径庭的元朝。

这是蒙古历史，也是中国历史的一个大转折。这个转折开始于窝阔台，完成于忽必烈。

窝阔台生于1186年，是成吉思汗的第三子，母亲是成吉思汗的正妻

---

[1] 宋濂. 元史[M]. 北京：中华书局，1976，卷一.

孛儿帖。他早年跟着成吉思汗东征西讨，立下了不少功劳，但功劳并不是成吉思汗诸子中最大的，术赤和察合台比他年长，功劳更大，但为什么是窝阔台而不是他的两位哥哥继承大汗之位呢？有两个原因：

首先是血统。窝阔台毫无疑问是成吉思汗的正统血脉，而他的大哥术赤则不一定是，虽然成吉思汗似乎并不介意这一点，但要论继承大汗之位，血统就非常重要。

其次是性格。据说察合台心胸狭窄，脾气急躁，而且对大哥术赤不满，认为他血统不纯，自己才应该是成吉思汗真正的长子。

由此，若是察合台继承了大汗之位，蒙古恐怕马上就会陷入内乱，这是成吉思汗不愿意看到的。这样一来，大汗之位自然就落在了窝阔台头上。

关于窝阔台成为大汗继承人这件事，金庸的名著《射雕英雄传》第三十六回"大军西征"中有一段话说得比较符合史实。成吉思汗在西征的路上，觉得自己已经老了，要定下继承人，于是跟三个儿子说起这个问题。术赤认为自己是长子，理所当然要当大汗，但察合台不服他，说他是"野种"，两人当场扭打了起来。接下去就是这样的情形：

成吉思汗道："两人都放手。术赤是我长子，我向来爱他重他，以后谁也不许再说。"察合台放开了术赤，说道："术赤的本事高强，谁都知道。但他不及三弟窝阔台仁慈，我推举窝阔台。"成吉思汗道："术赤，你怎么说？"术赤见此情形，心知汗位无望，他与三弟向来和好，又知他为人仁爱，日后不会相害，于是道："很好，我也推举窝阔台。"四王子拖雷更无异言。窝阔台推辞不就。成吉思汗道："你不用推让，打仗你不如你大哥二哥，但你待人亲厚，将来做了大汗，诸王诸将不会自相纷争残杀。咱们蒙古人只要自己不打自己，天下无敌，还有什么好担心的？"当日成吉思汗大宴诸将，庆祝新立太子。

成吉思汗去世后，窝阔台就继承了大汗之位。史书是这样描述他继位情形的：秋八月己未，诸王百官大会于怯绿连河曲的雕阿兰之地，以太祖遗诏即皇帝位于库铁乌阿剌里。这时候蒙古才开始制订朝廷礼仪，皇族中的尊长和下属都向窝阔台下拜。并颁布了大札撒（即汉文中的大法令）。[①]

这是1229年的事，这时候成吉思汗已经去世两年多。

之所以如此，是因为蒙古人推举新大汗有一个程序，就是所有王子和重要宗王都要会齐，共同推举，这样被推举人才能正式成为大汗。这种推举的仪式就叫忽里勒台大会，它是蒙古的最高决策机构，蒙古所有的尊贵头衔以及主要的军事行动都要由忽里勒台大会来决定。例如铁木真"成吉思汗"这个封号就是由忽里勒台大会授予的；主要的战争，灭金与西征的发动，也由忽里勒台大会来决定。大汗去世后，新大汗的继位仪式各位重要宗王都要参加，哪怕是在外征战也要立即撤军。当成吉思汗去世时，许多宗王在外征战，例如拔都正在欧洲征战，要回到蒙古本土当然要花费不少时间，因此直到1229年才举行忽里勒台大会，正式推举窝阔台为大汗。

窝阔台继位时做的第一件大事就是继续伐金。

三峰山之战

此后窝阔台不断出兵攻打金国，如1230年亲统大军攻占了凤翔、宝鸡和潼关三个要地，控制了几乎整个西北地区。第二年又亲统大军越过黄河，攻占了白城和郑州等地。

1232年，爆发了三峰山之战。

[①] 宋濂. 元史[M]. 北京：中华书局，1976，卷二.

三峰山之战包括三场战事，分别发生在禹山、三峰山、钧州，蒙军的统帅是拖雷。

拖雷率军南下，一路顺利，到1232年初已经到达汉水，但还没有渡江。这时候金军统帅蒲阿与完颜合达的手下中有人提出建议，要趁敌军半渡而击。这本来是个好主意，但蒲阿盲目自信，予以拒绝，就这样任由并不擅长渡河也不擅长水战的蒙军顺利渡过了汉水。

到了这时候，蒲阿和完颜合达才率军连夜出发，第二天一早到了禹山（位于今天河南中部的禹州）。

禹山地势相当高，金军占领了高处，将骑兵布置在后面，把步兵放在前线。不久，天还没亮，蒙军就到了。他们没有马上进攻，而是分两路散开，如大雁张开翅膀一般，一直绕到了金军的骑兵背后。金军本来准备不出战，以避其锋芒，但蒙军主动发起了进攻，金军只得被迫迎战。这些金兵大多是能战之士，完颜合达也是能战之将，蒙军连着发起了三次冲锋，都被金兵挡住，只得暂时退了回去。不久蒙军发现了蒲阿的统帅旗帜，立刻猛扑过来，想擒贼先擒王，但蒲阿相当镇定，率军死战，蒙军连着冲了三次，都没有成功。

蒙军暂时退走后，完颜合达在高处看见蒙军众将都聚在帅旗下，在那里商议了很久。完颜合达预料到他们下一步的主攻方向，并且做出了安排。于是，一番血战之后，蒙军又是无功而返，还被完颜合达在阵前斩杀了一名千夫长。

如此相持了两三天，眼看拿对手没办法，蒙军只得退兵，沿着南面的来路撤走了。

过了几天，金军的探子去打探消息，突然回来报告蒙军不见了！蒲阿和完颜合达赶紧率军到了蒙军的营中，结果一个人影都没有，好像凭空消失了一样。他们惊疑不已，一连四天都没有采取任何行动。

金军由于多达十余万,粮草消耗巨大,因此决定先到邓州解决粮草的问题。当大军到达一处密林时,突然发现有蒙军冲来,金军仓促迎战,但敌军只是虚晃一枪,他们的主要目标是辎重部队,并且很快就把金军的辎重都抢走了。

由于被敌军夺了辎重,金军将士惊慌失措,乱哄哄地往邓州跑去,到晚上才到达邓州。怕他们夜里迷路,邓州城内敲响了大钟,他们只要往钟鸣处跑就可以。

进了邓州后,金军驻扎下来。不久蒙军赶到,但并没有进攻,其统帅甚至派人进城来要酒,完颜合达还真给了他们二十坛好酒。

这又是蒙军的阴谋,此时他们已经派出一支兵马与北面攻来的另一路大军夹攻汴京。邓州城外的这支军马只是用来迷惑金军的,好不让他们救援汴京。

得到汴京被围的消息,蒲阿和完颜合达只得匆匆离开邓州,这时候他们还有两万骑兵、十三万步兵,蒙军只有三千多骑兵,在后面紧紧尾随。

几天之后,金军到了沙河,发现对岸有几千蒙军。金军冲了过去,蒙军并不应战,而是让金军顺利夺桥渡河。金军过河后,再向蒙军发起攻击,蒙军又退走了,但只要金军一停下来准备吃饭或者扎营,蒙军马上就发起攻击,金军只得匆匆迎击。金军一迎击,蒙军又退走了。如此反复多次,使得金军既不能扎营,又没法吃饭,被折磨得疲惫不堪。

更可怕的是,金军发现蒙军越聚越多,只得且战且走,慢慢靠近钧州。

这时候下起了雨夹雪,又冷又湿,更增添了行军的难度。但金军已经得知汴京的形势,只得拼命往前,赶到了距钧州只有十多里的三峰山。

金军上山后向北望去,发现漫山遍野都是蒙军,恐怕有二三十万之多,而金军已经多天既没有休息,也没吃东西,疲惫至极。虽然如此,还是有一支兵马下山冲向蒙军,但蒙军没有硬拼,又退走了。不久下起大雪来，到处白茫茫一片，对面都看不见人，接下来就是这样的情形：

这时雪已经下了三天，这里有许多麻田，已经犁过四五遍，人马踏上去污泥会一直没过小腿。金军将士们披着盔甲僵立在雪中，枪矛外面包着冰，变得像房梁一样粗。有的军士整整三天没吃东西了。两支蒙军会合在一起，将金军四面包围。他们烧起火来烤牛烤羊吃，轮流休息。趁金军既累又困，蒙军放开往钧州的一条路让他们走，接着以生力军左右夹击。金军顿时崩溃，到处鬼哭狼嚎。不久天气晴朗，阳光照耀，结果金军没有一人逃脱。①

这就是1232年冬天的三峰山之战，它是蒙古灭金过程中的最后一场决定性大战。此战之后，金国的灭亡指日可待了。

三峰山大败金军后，蒙古大军很快就聚集到汴京城下。这里是金国的都城，此城一破，金国就灭亡了。

战斗极为惨烈，蒙古大兵驱赶汉人俘虏及妇女老幼背着柴草填向壕堑，城上箭如雨下，很快壕沟就被填平了。②

这时候金军主要的守城利器不是士兵而是武器。他们有大炮，把一些球形的石头当炮弹，将其装进大炮里轰出去。汴京城里布置了许多这样的大炮，日夜不停地轰击蒙军，给蒙军造成了不小的损失。此外还有一种原始的手榴弹叫"震天雷"，是一个装着火药的铁罐子，上面装有一根引线，火药里面还有一些小铁丸之类。点燃引线后扔出去，爆炸时声音巨大，威力也大，周围半亩之地都会被烧焦，飞溅出去的弹丸可以穿透铁甲。

此外，金兵还有一种"飞火枪"，这应该是人类战争史上最古老的步枪了，它们的发射距离不远，只有十多步，但威力很大，只要靠近就

---

① 脱脱，等.金史[M].北京：中华书局，1975，列传第五十.
② 脱脱，等.金史[M].北京：中华书局，1975，列传第五十一.

会被打得不死即残，因此敌人根本不敢靠近。

对守城有帮助的除了震天雷与飞火枪这样的先进武器外，还有金哀宗。

金哀宗亲率军民全力防御蒙军。有一次他经过城门，看见有一个人受了伤，于是亲自为他上药，并为他送上一杯酒慰劳，还将宫中内府的金子、布匹拿出来赐给守城有功者。这样使汴京军民更加拼命地守城，但也增添了战争的残酷。

眼见强攻不行，蒙军又找到了好办法，就是围困。因为这时候蒙古大军已将汴京团团包围，城中百万人口都要吃饭，等储备的粮食吃完了他们就会活活饿死。

蒙军所料不错，到1232年底，城内粮食吃完了，甚至发生了人吃人的惨状："壬子，京城人相食。"[1]后来守军被迫打开两个城门，让百姓出城找食物，这样一来守城的力量就更薄弱了。

到了1233年2月，金国的汉人重臣白华建议哀宗离开汴京，因为此刻汴京已经处于绝境，内无粮草、外无救兵，唯有离开才能活下去。由于蒙军已经包围了汴京，白华还提了一个建议，告诉蒙古统帅金哀宗离城不是为了搬救兵，只是想得到一两个州的小地方，在那里养老，使金国皇族不致全灭。白华还套用了春秋时纪季入齐成为齐国附庸，因而得以保存宗庙，继续祭祀自己先祖的做法。金哀宗觉得这话在理，于是按照白华说的做了，蒙军也真的放他离开。

金哀宗离开后不久，汴京的汉将崔立就率军攻入宫中，杀了很多不愿意投降的金国官员，并向蒙军投降。蒙军攻入城中后，虽然没有屠城，但进行了大洗劫，昔日繁华的汴京几乎毁于一旦。

---

[1] 脱脱，等.金史[M].北京：中华书局，1975，本纪第十八.

汴京一失，金国的灭亡近在眼前。

金国就此灭亡

离开汴京后，金哀宗开始了一段流亡的旅程，先后到了蒲城、归德、亳州等许多地方，最后到了蔡州（今河南中南部的汝南县）。

这时已经是 1233 年 9 月，蒙军也跟着打到了蔡州。为了彻底堵住金哀宗的退路，他们甚至构筑了一道长垒把并不大的蔡州团团包围起来。金哀宗再也无路可逃，成了瓮中之鳖。

不止于此，这时候蒙古和南宋达成了协议，一起灭金。

即使处于绝境，金哀宗和蔡州城内的军民仍然没有投降，而是拼死抵抗，甚至身体稍壮的女人也出来帮着守城，因此蒙宋联军一时没能攻破城池。

到了这年底，蒙宋联军终于想到了一个计策，蒙军挖开了附近的练江，宋军则挖开了汝水，大量的洪水冲入城中，将西边的部分城墙冲垮，大批蒙军和宋军蜂拥攻入城中。金哀宗明白此时已经到了山穷水尽的地步，于是决定自杀，因为他宁死也不愿意和宋朝的徽宗、钦宗一样被蒙古人抓去凌辱。关于哀宗最后的时光，《金史》有这样的记载：

元军摧毁了西城，皇上对侍臣说："我当王十年，太子十年，皇帝十年，自知并没有做什么大的坏事，死也没有什么可以悔恨的。恨的是大金祖宗传国百年，到我这里就灭绝了，这和自古以来因为荒淫暴虐而亡国的君主看上去是一样的，我只为此在心中介意。"又说："自古没有不灭亡的国家，亡国之君往往被别人囚禁起来，有的还要被献俘，在朝堂之上受到侮辱，或者被关押在荒凉空旷之地。我是肯定不会这样的。

你们看着吧，我已经下定决心了。"①

金哀宗在这里对自己的评价是中肯的，他一生无论当官、当太子还是做皇帝，的确没有做什么大恶事，如果放在和平年代，甚至称得上一位明君。但现在竟然走到了绝路，要成为亡国之君了，而亡国之君一向是荒淫暴虐之人，可他并不是这样的人，而且亡国之君往往备受欺辱，他并不怕死，但以这样的方式去死，他心中无法接受，或许自杀才是最好的结局。

自杀前金哀宗还做了一件事，他因不愿意当亡国之君，死前把帝位传给了皇族成员完颜承麟，就是金末帝，还正式举行仪式传位给他，但仪式还没有结束蒙军就攻了进来。金哀宗、金末帝以及金国最后的情形是这样的：

大军蜂拥而入，与城中敌军展开巷战，敌军抵挡不住。哀宗自缢于幽兰轩。末帝退保子城，听说哀宗去世，带着群臣入内哭丧，还给了他"哀宗"的谥号。葬礼还没有结束，城池就崩溃了，禁卫军们到处放起火来……末帝也被乱兵所杀，金国就此灭亡。②

以上是《金史》中有关金国灭亡情形的描述。此外，《宋史》中对蒙宋联军攻克蔡州以及之后的情形还有更加详细的描述。

蒙古和南宋结盟后，1234年，南宋大将孟珙奉命率军奔赴蔡州，与蒙军联合攻城。

下一个主攻点是柴潭。这是个奇特的水潭，就在蔡州城墙外面，水很深，潭外不远就是汝河，水潭高出地面五六丈。这里不但有水潭，后面的城墙上还有巨大的弓弩，凭高射下，威力惊人。

孟珙先设法放干了池中的水，接着派出早就准备好的大批战士，每

---

① 脱脱，等．金史[M]．北京：中华书局，1975，本纪第十八．
② 脱脱，等．金史[M]．北京：中华书局，1975，本纪第十八．

个人背着大捆干草木柴之类，扔进已经干了的水潭，把它填平。这样一来就消除了这个攻城的主要障碍。

金军为了抵抗宋军攻城，竟然将老人小孩活活丢进锅里熬出油来，然后把这些滚烫的人油从城头浇下，用以杀伤攻城的宋军，还称之为"人油炮"。这样的情形实在太残酷了。孟珙看不下去，于是派了一个道士作为使者进城，成功地劝说金军放弃了这种惨无人道的行为。

蔡州已经是金国最后的根据地，一旦失守就意味着金国的彻底灭亡。许多爱国将士拼命死守，战斗空前激烈甚至残酷。金军虽然暂时守住了城池，但城中早已断粮，甚至发生人吃人的惨事。

蔡州守城战的残酷由此可见一斑！

最后，蒙宋联军还是攻入城中，哀宗将金国重宝放在一个小房间里，周围放上干草，哭着上吊自杀了，死后还被烧成灰烬。

金国就此灭亡。

从1115年完颜阿骨打称帝，建立金国，到1234年灭亡，金国立国百余年，在中国历史上并不算短。

这时候笔者不由得想起了金国国名的由来。《金史》中是这样说的：

皇上道："辽国以宾铁为国号来源，是因为它具有坚固的特性。宾铁虽然坚固，但终究会生锈烂掉，只有金子不会变不会坏。"……于是就定国号为大金。①

完颜阿骨打认为金子是不会变不会坏的，因此给自己的国家取名为金国，但他没有想到任何王朝都有灭亡与消失的一天。

---

① 脱脱，等. 金史[M]. 北京：中华书局，1975，本纪第二.

第九章

耶律楚材

时间：1218年　1237年　1244年
地点：怯绿连河畔　哈拉和林
人物：耶律楚材　成吉思汗　窝阔台　乃马真
事件：成吉思汗召见耶律楚材　耶律楚材拯救了无数汉人　推动蒙古汉化
　　　窝阔台之死

前面讲了窝阔台成为蒙古第二位大汗后灭掉了金国，但窝阔台并不是只会打仗，他还颇善于文治。

在占领金国大片土地后，他看到了这片土地上汉人的勤劳与恭顺，于是接受大臣耶律楚材的建议，决定蒙古也要尊孔崇儒、以儒治国。

这里要好好讲一下耶律楚材。

"这个人是上天赐给我们家的"

耶律楚材这个名字是有来源的。据说耶律楚材出生时，他父亲耶律履已经六十岁。耶律履精通汉文化，尤其是周易，还能预测未来，他算出来这个孩子日后必成大器，并且将要为金国之外的他国服务，因此才给他取名叫耶律楚材。

"楚材"之名来自中国春秋时的典故，"虽楚有材，晋实用之"[1]。即楚国虽然有人才，但实际上给晋国用了，就是今天成语"楚材晋用"的来源，由后事可知他父亲为他取的这个名字很是恰当。

耶律楚材生于1190年，两岁时父亲就去世了，他母亲是汉人，独自将他抚养长大，精心教育。耶律楚材从小精通契丹文、女真文、汉文、蒙古文等多国语言文字，博览汉文尤其是儒家经典，还写得一手好文章，很快声名鹊起。

1218年，此时已是蒙古大军占领金国首都中都的三年后，听说了耶律楚材大名的成吉思汗在怯绿连河畔（今克鲁伦河）召见了他。这时候的耶律楚材身材高大，留着长长的胡子，声音洪亮。成吉思汗一见就十分欣赏，对他说："辽国和金国是世仇，我要灭了金国为你报仇。"但耶律楚材回答道："我的祖父和父亲都在金国为官，我也是金国的臣子，既然如此，我哪里会仇恨自己的君王呢！"

这个回答令成吉思汗十分满意，说明耶律楚材是一个忠心的臣子。于是成吉思汗就把耶律楚材留在身边，还给他取了一个外号"吾图撒合里"，意思是长胡子，而不称他的真名，以显示和耶律楚材特别亲近。

由于成吉思汗十分器重耶律楚材，有一个善于制造弓箭、平时也很得成吉思汗欢心的西夏人常八斤不高兴了，就在成吉思汗面前讽刺耶律楚材："我们国家需要的是武士，要你耶律楚材这样的儒生有什么用？"耶律楚材回答："制造弓箭都必须用弓匠，治理天下哪能不用治天下的

---

[1] 陈戍国，点校. 四书五经 [M]. 长沙：岳麓书社，2023，春秋左传·襄公二十六年.

匠人呢？"① 耶律楚材在这里借着常八斤的话来回答他，道理简单明了，成吉思汗当然懂，于是更加器重耶律楚材。

成吉思汗有一次指着耶律楚材对未来的大汗窝阔台说："这个人是上天赐给我们家的。以后你治理国家时，军政大事都可以交给他处理。"②

救了无数汉人

成吉思汗去世后，窝阔台继任大汗。耶律楚材找到窝阔台的哥哥察合台说："你虽然是哥哥，但同样是臣子，根据礼仪应当向皇上跪拜，只要你跪拜了，其他人就不敢不拜。"③ 察合台一听，感觉很有道理，于是在窝阔台登基大典上，率先向窝阔台行跪拜之礼。

窝阔台一跪拜，果然其他臣子都跪拜了。由此，蒙古也有了汉人朝廷一样的君臣之礼。窝阔台对耶律楚材办的这事特别满意，这也是蒙古汗国从不怎么讲礼仪的草原游牧部落走向汉人式朝廷的一个重要开端。

窝阔台登基后，对耶律楚材可以说是言听计从，耶律楚材也总是利用窝阔台的宠信来做好事。例如，窝阔台刚登基，他就说新皇即位要大赦天下，这是汉人皇帝才有的规矩，此前蒙古是从来没有的，但窝阔台听从了，于是许多人因此获救。

除了主持国政，耶律楚材所做的事中，最重要的有两件：一是保全了无数汉人的生命，使中原之地仍是汉人之地；二是催动了蒙古族的汉化，使蒙古人接受了以儒家思想为主体的汉人法统。

先说第一点。

成吉思汗初为大汗时，虽然手下有不少汉臣汉将，主要是从金国归

---

① 宋濂. 元史 [M]. 北京：中华书局，1976，卷一百四十六.
② 宋濂. 元史 [M]. 北京：中华书局，1976，卷一百四十六.
③ 宋濂. 元史 [M]. 北京：中华书局，1976，卷一百四十六.

降来的，但总的来说，汉人作为被征服的对象，其文化在蒙古影响有限，窝阔台登基后甚至发生了这样的事：

皇上近臣别迭等说："汉人对国家没什么用处，可以把汉人杀光，用他们的土地来放牛牧羊。"耶律楚材道："陛下您正要南征，这是要有足够军需物质的，只要我们正常地收取中原的地税、商税，还有从盐、酒、铁冶、山泽等方面得到的利益，每年可收白银五十万两、锦缎八万匹、粟米四十多万石，足以供给军需，怎么可以说汉人没用呢？"皇上道："你试着为我这样做一下。"耶律楚材经上奏后，立了燕京等地共十路的征收课税使，长官和副长官全都用汉人儒士，如陈时可、赵昉等，都是为人宽厚仁慈的老者。耶律楚材又建议在全天下选择官员，各种副职僚属都用原来金辽各省部的汉人旧官。到秋天，皇上去了云中，十路都把各自收取的粮草造册以及金子锦帛等放置在大堂中，皇上笑着对耶律楚材说："你没有离开我身边，却能使国家用度充足，南宋的臣子们还有比得上你的吗？"耶律楚材回答道："那里的人都比我更有德有才，我没有什么才能，因此才留在了燕地，为陛下效劳。"皇上很喜欢他的谦逊，赐给他美酒，当天就任命他为中书令，朝中诸事无论大小都先告诉他才处理。①

可以想象一下，倘若窝阔台不是听了耶律楚材的话，而是接受了别迭的建议，那么中原汉人将面临多大的浩劫！但耶律楚材阻止了这种局面的发生，不但救了无数汉人，也保存了中原的汉文化。

还有，此前蒙军虽然对立即投降的城池会宽大处理，但只要守城者稍有抵抗，哪怕只朝蒙军射了几箭，扔了几块石头，都算是拒不投降，一旦攻克就要屠城。到了汴京时，汴京也努力防守，蒙军死伤很多，于

---

① 宋濂. 元史[M]. 北京：中华书局，1976，卷一百四十六.

是统军攻城的大将速不台专门派使者来说要屠城。耶律楚材一听，立即上了一道奏章，讲了一个道理：说将士们在外攻城略地几十年，为的不就是土地和人民吗？如果把人都杀了，那要土地干什么呢？而且汴京可是金国的都城，一定聚集了很多能人异士，要是全杀了，即使占领汴京也一无所获。

窝阔台一听有理，就制止了速不台的屠城计划。当时金国许多地方的人都跑到汴京避难，里面的人口多达一百五十万，要是屠城，那该是何等可怕的惨状！从这个角度来说，耶律楚材真是救了百余万人的性命！

使蒙古人接受汉文化

耶律楚材做的第二件大事，就是使蒙古人接受了以儒家思想为主体的汉人法统。对此，史书有这样的记载：

楚材又派人进入汴京，访求孔子后裔，找到了五十一代孙孔元措，于是经奏明皇帝，袭封他为衍圣公，拨给他山林土地以建立孔庙。又命太常寺招收懂礼乐的儒生，还招来了名儒梁陟、王万庆、赵著等，让他们翻译讲解九经，并且到东宫为太子讲学。又引领各位大臣的子孙，为他们讲解儒家经典，使他们知晓圣人之道。还在燕京设立了专业的编修所，在平阳设立了经籍所，蒙古从此兴起了文治。[①]

总之，正是在耶律楚材的大力倡导下，蒙古兴起了一股儒家的文治之风。

不仅如此，占领中原后，耶律楚材还在汉地举办正式的科举考试，考试的内容和此前的唐朝、宋朝是一样的，就是儒家的四书五经以及诗词文章之类。他还规定，只要是儒士，哪怕是被蒙古人俘虏而沦为奴隶的，

---

① 宋濂．元史[M]．北京：中华书局，1976，卷一百四十六．

主人也要允许他们参加科举考试，如果把他们藏起来不让考试，发现后主人要被处死。这是何等严厉！而且只要通过了考试，就可以免除奴隶的身份，摇身一变成为朝廷命官。

这是 1237 年的事。通过这些可以知道，在忽必烈正式改蒙古国号、建立继承中原汉人法统的元朝之前，窝阔台时代已经有此端倪。

在这一过程中，起最大作用的就是耶律楚材。

正是经由耶律楚材的努力，蒙古的国势蒸蒸日上，变得更加强大，同时中原大地很快从战乱中恢复过来，一派欣欣向荣。正因如此，大汗窝阔台对他更是无比器重。

据说有一年春天，窝阔台大会蒙古诸王，他亲手捧着酒杯，赐给耶律楚材一杯酒，说："我以前之所以要把政事委托给你，是因为先帝成吉思汗的命令。但如果后来不是你，中原哪有今天的繁荣景象！我现在当这个皇帝之所以能高枕无忧，都是你的功劳啊！"当时还有许多来自西域、高丽、南宋的使节，他们对窝阔台自然是大肆吹捧，但窝阔台心中明白，便指着耶律楚材问他们："你们国家有这样的人才吗？"他们异口同声地答道："没有，这样的人简直是活神仙哪！"窝阔台说："你们刚才说了许多话，只有这一句是真话，我想你们那里也没有这样的人。"①

前面讲了许多耶律楚材的事迹与功绩，除了这些，耶律楚材还有一样了不起的本事，就是和他父亲一样精通太乙神数，能以之预测未来。这在《元史》里也有不少记载。例如有一次天突然雷声巨响，成吉思汗问他怎么回事。他掐指一算，说某国的国主会死于野地，后来果然如此。又有一次，西方出现一颗很亮的新星，他说女真人的国君就要换了，据打探果然如此。甚至有一次成吉思汗已经出征东印度，但因为得到了耶

---

① 宋濂. 元史[M]. 北京：中华书局，1976，卷一百四十六.

律楚材的预测结果，于是断然收兵。

此外，窝阔台就是因为不听耶律楚材的预测建议，最终丢了性命，对此史书也有清楚的记载：

> 冬十一月四日，皇上将要出去打猎，楚材以太乙神数推理之后，极力劝他说不要这样，但皇帝周边的大臣都说："不去骑马射箭，人生还有什么乐趣！"于是外出打猎了五天，皇上就在狩猎之地驾崩。①

这是1241年的事。

明君窝阔台

关于窝阔台，《元史》是这样总评的：

> 窝阔台帝为人胸怀宽阔，有容人之量、忠恕之心，做事也会考量时间与实力，不做那些过分之事。他使得华夏之地一派富庶，羊马成群，旅客出行都不用带粮食，其当政时期一直被称为治理得当的好时代。②

这些话也许听上去有些夸大，但窝阔台当政时中原的确迅速从战乱中恢复过来，重新走向繁荣，这也是事实，值得称道。

上面说到窝阔台的前两个优点分别是容人之量、忠恕之心，下面就根据这两点各举例说明。

第一个优点，容人之量。这的确是窝阔台一个基本的特质。他与耶律楚材的相处就能体现出来。这里举一个比较典型的例子。

有一次，两个道士争当道长，各有支持者，其中一个勾结窝阔台宠信的宦官，把对手抓起来杀了。耶律楚材得知后把宦官抓了起来，宦官立即向窝阔台告状，说耶律楚材犯法了。窝阔台看到耶律楚材竟然敢抓

---

① 宋濂. 元史 [M]. 北京：中华书局，1976，卷一百四十六.
② 宋濂. 元史 [M]. 北京：中华书局，1976，卷二.

自己宠信的人，很生气，当时还是上朝时间，他当着满朝文武的面下令把耶律楚材绑了起来，但马上觉得这样做不对，就叫人给耶律楚材松绑。但耶律楚材不干，他说："我位居三公，是要负责处理朝政的国家大员。陛下前面抓我，是因为我有罪，就应该把我具体犯了什么不可饶恕的罪告诉百官。现在放了我，就说明我无罪。这样岂不是自相矛盾，把国家法制当儿戏吗？这样下去怎么可以处理国家大事呢？"耶律楚材这话是当着满朝大臣说的，群臣看他竟然敢当面冲撞皇帝，都吓得变了脸色，毕竟要是龙颜大怒，那可是轻则杀头、重则抄家灭族的！但窝阔台根本没有生气，而是说："我虽然是皇帝，但哪能不犯错呢？"[1]还对耶律楚材说了许多好话来安慰他。耶律楚材这才算了。他又趁机上奏，提出了十条治国建议，内容十分丰富，都是关于天下百姓的切身大事，窝阔台通通接受，下令全部施行。

臣子当面冲撞窝阔台，他不但不生气，还一再好言安慰，并且马上接受他的许多建议，这对于一个皇帝而言可以说非常宽宏大量了。

第二个优点，忠恕之心，就是能够宽恕人的过失。这里也有一个例子。

当时蒙军攻破河南，抓了大批俘虏，但由于撤军时经过河南本地，俘虏大批逃散。窝阔台于是颁下圣旨，沿路居民如果敢帮助这些逃走的俘虏，就要灭其全家，甚至邻居乡里都要株连，全都处死。这样一来所有人都不敢帮助这些逃俘，许多逃俘找不到吃的，活活饿死在路上。耶律楚材得知这样的情形后就不紧不慢地对窝阔台说，河南既然平定了，这些俘虏就是陛下的子民，跑了又怎样呢，还不是在河南当陛下的子民？而且怎么能够因为帮了一个俘虏就要株连杀死几十上百人呢？窝阔台一听马上明白了其中的道理，下令宽恕逃俘，不再追究。

---

[1] 宋濂. 元史[M]. 北京：中华书局，1976，卷一百四十六.

如此等等，总之，在蒙古诸帝中，就个人品性而言，窝阔台是相当了不起的，加上在他统治期内中原大地恢复了生机，甚至走向繁荣，故可称蒙古的一代明君。

窝阔台死后，一开始没有确定大汗，由皇后乃马真执政。她没有丈夫的能力与品性，又宠信奸人，使朝政走向混乱。她特别信任一个叫奥都剌合蛮的宠臣，但耶律楚材不止一次阻挡了乃马真为奥都剌合蛮干错事。

例如，有一次乃马真给了奥都剌合蛮一些空白文书，盖上玺印，叫他随便填写内容，都以自己的名义颁布。身为宰相的耶律楚材坚决不同意，他说："这个天下是先帝的，朝廷自有法规，你今天要乱来，我不敢听命。"乃马真皇后毕竟不是真正的皇帝，又对耶律楚材一向心怀敬意，只好作罢。

还有一次更加夸张。乃马真竟然下令史官要记录奥都剌合蛮在朝廷的所有话语，还说要是不记录的话就砍断史官的手。耶律楚材说："史官要记录什么先帝都已经委托给我了，史官可管不着。如果奥都剌合蛮的话合理，我当然会记，但如果不合理，那当然不用记。要是强迫我记，就是死也不怕，何况断手呢？"乃马真听了很不高兴，还是要他记，但耶律楚材就是不听，甚至说他跟着成吉思汗和窝阔台三十多年，没有做过对不起国家的事，相信乃马真肯定不会随便把他杀了！乃马真也明白耶律楚材这样功勋卓著的老臣是不能杀的，只得由他。

耶律楚材于 1244 年去世，享年五十四岁。

耶律楚材死后，发生了这样的事：

有人在皇后面前说耶律楚材的坏话，说他当宰相很久，天下财赋有一半归了他家。皇后于是派了一个近臣麻里扎去他家中反复搜检，只有十多张琴、一些古今书画和印章，以及古人诗文数千卷。①

这种清廉恐怕诸葛亮也比不上，因为诸葛亮死后的财产是这样的：

> 初，亮自表后主曰："成都有桑八百株，薄田十五顷，子弟衣食，自有余饶。"②

显然，耶律楚材留下的财产比诸葛亮还要少。

我们还要知道，耶律楚材掌握的可不是小小的蜀地，而是当时全世界最强大而富庶的蒙古帝国，要是他贪污，可以获得的钱财简直是无法想象的，但他并没有。

如此清廉可以说是古今罕有，令人感佩！

---

① 宋濂. 元史 [M]. 北京：中华书局，1976，卷一百四十六.
② 陈寿. 三国志 [M]. 北京：中华书局，1959，蜀书五·诸葛亮.

第十章

蒙宋开战

时间：1234年
地点：洛阳　汴京
人物：宋理宗　丘岳　乔行简　全子才　李伯渊　杨谊　徐敏子
事件：丘岳规劝理宗　端平入洛　蒙宋开战

前面说到，1234年，南宋与蒙古联合攻打蔡州。在蒙宋联军的夹攻下，本来就衰弱不堪的金国很快就彻底灭亡。

理宗利令智昏

此后，依据双方签订的协议，南宋顺利收回了金国未被蒙军占领的最南部的领土，主要是江淮一带。

本来以南宋现有的实力，能够顺利占据这些地方已经非常不容易，但当时的南宋皇帝理宗却在右丞相郑清之等人的建议下，想要趁机收复黄河以南之地，这些地方是蒙古人早就从金国手中占据的，主要包括原来北宋的"三京"，即东京开封府（今河南开封）、西京河南府（今河南洛阳）和南京应天府（今河南商丘）。这三京之地是原来中原的中心地带，也是前朝多次北伐想要收复的地方，宋理宗自然想收回来。

但这样的主张遭到朝中许多人的反对。例如，参议官丘岳指出："现在如果想要收回三京，那么面对的敌人就是刚与我们结盟的蒙古，而且他们兵力强大，锐气正盛，会把自己已经占领的地方给别人吗？当然不可能。我们如果贸然进军，他们一定会还击，那时候我们将会进退两难。而且一旦开战就不容易结束，从此国家将陷入战争的泥潭。"他还具体说明了为什么不能打，因为倘若打，宋军将要远征千里之外，而争夺的却是几座空城，即使得到了，由于后勤供应困难，也难以守住，总之不能出兵，出兵将来必定会后悔！

除了丘岳，乔行简与统辖淮西的吴潜等也表示强烈反对。例如，乔行简指出："自古以来帝王如果想要百姓为自己做事，就必须先以得到民心作为根本要务。"①但当时的南宋早就失去民心，几十年以来，朝廷上下只想着从百姓那里搜刮财富，国家没有什么正义可言，人民哪里会为这样的朝廷效命？他同样更具体地指出了为什么不能打，理由和丘岳的一样：宋军千里之外去作战，粮草难以为继，没有足够的粮草，就是孙子和吴起再世，以韩信、彭越这样的名将为统帅，也是没办法取胜的。②

如此等等，这些话都很有道理，且不难明白，但这时候的宋理宗等人已经利令智昏，哪里听得进去！

---

① 脱脱，等. 宋史 [M]. 北京：中华书局，1985，列传第一百七十六.
② 脱脱，等. 宋史 [M]. 北京：中华书局，1985，列传第一百七十六.

端平入洛

灭金之后不久，1234年6月，南宋朝廷派全子才率领万余人的部队从淮西出发，首先攻向最近的汴京。由于这时是南宋端平元年，故史称"端平入洛"。

当时的汴京由崔立负责镇守。崔立前面已经说过，当蒙古围攻汴京，金哀宗被迫离开后，他率军攻进宫中，杀死了许多不愿意投降的金国官员，开城向蒙军投降。因此，他遭到了许多金人甚至汉人的痛恨，包括他手下的都尉李伯渊。李伯渊一听宋军来了，马上主动联系，说要杀了崔立献城。他也真这么做了。在和崔立骑马并行时，李伯渊在马上拽住崔立，抽出匕首刺死了他。李伯渊把崔立的尸体绑在马尾巴上，到了将士们跟前，大声喊道："崔立杀害无辜，大肆抢掠，残酷淫乱，大逆不道至极，简直古今无二，我应当杀了他吗？"大家一齐回应道："就是把他活剐都不够。"于是立即砍下他的头来，对着承天门方向祭奠哀宗。军民高声大哭，有人甚至挖出崔立的心来吃了，又把他的尸体砍成三块挂在宫殿前的槐树上。[①]

就这样，宋军顺利占领了汴京。不久另一路由赵葵统领的兵马占领了泗州（今安徽泗县），后也到了汴京。赵葵问全子才为什么占领汴京半个月了还不去攻取洛阳。全子才说粮草不足，不敢进兵。

为什么会这样呢？主要是因为蒙古人灭金后，并不准备经营黄河以南之地，差不多把所有百姓都迁到了黄河以北，因此辽阔的黄河以南几乎成了无人区，哪里会有人为宋军供应粮草？虽然赵葵带的粮草不多，但他还是急着要进军洛阳。于是派徐敏子等率军万余人，要他们立即西攻洛阳，后面又派杨谊率万余援军跟上，但都只给了五天的粮草。

[①] 陈邦瞻. 宋史纪事本末[M]. 北京：中华书局，2015，卷九十二.

徐敏子为了以最快速度到达洛阳，另派了一支仅两百人的部队为先锋火速前行。他们很快就到了洛阳城外，发现城中根本没有守军，但他们不敢贸然进城。到了晚上，突然城头有了灯光，原来是一些百姓，他们是来投降的。宋军就这样顺利入城，收复了洛阳。

这时候的洛阳是怎样的情形呢？不但没有蒙军，百姓也只有几百人。百姓自己都没有吃的，更不用说为宋军供应粮草了。不久徐敏子率大军进了洛阳。他们只带了五天的粮食，已经吃完了，只能吃蒿草这样的野菜来充饥。

这时候驻扎在洛阳之北的蒙军听说宋军打了过来，他们哪里会怕，迅速南下，渡过洛河，准备给宋军以回击。这时杨谊率领的宋军刚好到了附近。蒙军没有马上进攻，而是悄悄埋伏在茂盛的荒草丛中。不久杨谊的大军赶到，他看到距洛阳只有三十多里地，就决定歇一歇，让士兵们先吃顿饭。但他们刚坐下来吃，突然见到不远处的草丛中冒出大批蒙军，朝他们杀了过来，于是接下来就是这样的情形："杨谊仓促之间没有准备，他所率领的军队顿时崩溃，很多士兵被蒙古人赶进洛水淹死了，杨谊只身逃脱。"①

杨谊全军覆没。此后，蒙古兵很快就到了洛阳城下。徐敏子没有退缩，而是率军出战。他率领的将士虽然饿着肚子，但仍奋勇作战，守住了城池。

可是城中很快就没粮了，只能吃野菜，不久之后连野菜都没得吃，只能杀马来吃。徐敏子知道再打下去也会全军覆没，只得退出洛阳，撤回宋地。

在汴京的赵葵和全子才同样很快就没了粮草，虽然又收复了一些州

---

① 陈邦瞻. 宋史纪事本末 [M]. 北京：中华书局，2015，卷九十二.

县，但全都是空城，一点粮草也弄不到。

很快蒙军又杀到汴京，他们仍没有直接进攻，而是挖开了黄河，滔滔黄河之水奔涌而来，造成了大片泛黄区，大批饥饿的宋军被淹死，赵葵只得率军南撤。

谁开启了可怕的战争之幕？

这就是南宋"端平入洛"的结果，不但没有占领尺寸之地，反而损失了大批军队。

失败的主要原因就是前面丘岳、乔行简所说的粮草不继。所谓"兵马未动，粮草先行"，这是最基本的军事常识，宋理宗和他的宰相们却无视它，焉能不败呢？

更可怕的是，他们这次主动攻击的敌人是已经灭掉了西夏、金国等国，拥有强大军队的蒙古帝国！

看到宋军竟然敢主动进攻，当时的大汗窝阔台做出决定，要消灭南宋。但窝阔台没有马上派兵发起进攻，而是叫原来派去和南宋结盟的王檝向理宗问罪。问罪的下一步就是军事打击，如史书所言："蒙古遣王檝来责败盟……自是河、淮之间无宁日矣。"[1]

黄河与淮河之间有些地方本来就是宋地，有的地方原来属于金国，金国灭亡后就归南宋了。本来南宋只要不挑起战争，完全可以继续拥有这些地方，在这里发展生产，提升国力，但从此之后这些地方就成为残酷的战场，百姓再无宁日。

虽然南宋派出使者向窝阔台谢罪道歉，但窝阔台并没有接受，而是从1235年开始向南宋发动进攻，开启了漫长的蒙宋战争。

---

[1] 陈邦瞻. 宋史纪事本末 [M]. 北京：中华书局，2015，卷九十二.

第十一章

太宗攻宋

> 时间：1235年　1236年　1238年　1239年　1240年　1241年　1244年
> 地点：巩昌　襄阳　江陵　安丰　庐州　夔州
> 人物：阔端　汪世显　曹友闻　孟珙　口温不花　察罕　杜杲　乃马真皇后
> 事件：汪世显投降阔端　阔出病死襄阳　察罕兵败庐州　寿春之战

蒙宋之战从1235年一直持续到1279年，历时四十四年，分为三个阶段，分别由蒙古三位大汗发动：

第一阶段是1235年至1244年，由元太宗窝阔台发动。

第二阶段是1253年至1259年，由元宪宗蒙哥发动。

第三阶段是1261年至1279年，由元世祖忽必烈发动。

下面先来讲第一阶段由窝阔台发起的攻宋战争。

汪世显只降阔端

1235 年 7 月，窝阔台派出三路大军攻向南宋，西路由他的儿子阔端统领，攻向蜀地；中路由张柔等统领，攻向汉江；东路由口温不花等率领，攻向江淮。

这一次战况最激烈的是西路大军。阔端首先进攻镇守在陕西巩昌的金将汪世显，而非直接攻蜀。

当时由于金国已经灭亡，附近的金国守将都投降了，但汪世显仍坚守不降，直到阔端率军前来，他才出降，不但投降，还在路上率军民牵牛担酒迎接阔端。阔端问他此前为什么不投降，他回答道："大军一支支过来，我不知道要向哪个投降，唯有殿下您勇武又仁慈，不好杀人，我想着一定能够保全满城军民，因此才向您投降。"[1] 汪世显在这里巧妙地奉承了阔端。阔端十分高兴，告诫部下必须秋毫勿犯，让汪世显仍担任他的旧职，并且从当天起就率领部下跟从阔端出征。[2]

后来这位汪世显成了阔端手下最得力的猛将之一，为攻打蜀地立下了大功。

蒙军这次征蜀与此前攻打金国、西夏、花剌子模等国不同。蒙军攻打上述几国时，很少有激烈的战斗，大部分都是以蒙军的轻松取胜结束。但在攻蜀地时却发生了许多十分激烈的战斗，如沔州之战与阳平关之战，其中最激烈的是阳平关之战。

阳平关位于今天陕西西南部的宁强县，地理位置十分重要。在阳平关之战中，蒙古兵凶悍无比，宋军也在曹友闻的统领下拼死作战。正当两军相持不下时，天突然下起大雨。由于曹友闻和部下穿的不是一般的

---

[1] 宋濂. 元史[M]. 北京：中华书局，1976，卷一百五十五.
[2] 陈邦瞻. 宋史纪事本末[M]. 北京：中华书局，2015，卷九十三.

铁甲而是织得又密又厚的丝绵甲，大雨一淋就吸水，变得越来越重，黏在身上大大阻碍了行动。宋军战士们虽然拼死战斗，但仍全军覆没。

这是1236年的事。阳平关一失，仙人关也失守了，于是蒙军长驱直入，很快就攻占了包括成都在内的绝大部分蜀地。

阔出病死襄阳

除了西线，中线蒙军也开始大规模攻击，但在这里蒙军遇到了一个强大的对手，就是前面蒙古与南宋联合灭金时说过的孟珙。

灭金后孟珙率军回到襄阳，他因功升为建康府都统制。建康即今天的南京，是当时南宋仅次于都城临安的要地，也是在中部地区抵挡蒙军入侵的主要防线，孟珙成了这条防线的宋军主帅。

中线开战后，蒙军在窝阔台的儿子阔出的统率下发起进攻，他接连攻克了襄阳、荆门、复州等地。特别是在重镇襄阳，守城的宋将不但率近五万南宋将士投降，还将当时城中积聚的无数财富军资拱手送给蒙古人。这不但使南宋损失惨重，而且极大地助长了蒙古人的战力。

就在此时，阔出突然病死，他不但是乃马真皇后的亲生儿子，而且骁勇善战又有智谋，本来是窝阔台最合适的继承人，他的去世对窝阔台与蒙古人都造成了很大的损失。但蒙军并没有就此退兵，而是用忒木台接替阔出，继续在中线攻打南宋。忒木台将进攻目标对准了江陵（今湖北荆州一带）。

江陵一失，整个长江中游都将面临危险，当时执政的史嵩之急令孟珙救援。

救援过程中，孟珙让每支部队都带了不同颜色的军旗，甚至给军士准备了不同颜色的服装，然后不断地变换旗帜与服色，这样远远望去，似乎有一支十分庞大的军队在络绎不绝地行军。到了晚上，他下令军士们点起无数火把,将长江的江面照耀得如同白昼,绵延数十里。总之,显示出他已经统领一支庞大而强大的军队前来救援江陵,这极大地鼓舞了南宋军民的士气。做好充分准备后,孟珙亲自率军向蒙军发起猛攻。在他指挥的宋军的打击之下,原来如狼似虎的蒙军顿时被一举击溃,宋军接连攻克蒙军二十四个营寨,还抢回来两万名被蒙军俘获的百姓。

这就是发生在1236年的江陵之战。第二年,另一位蒙军大将口温不花又率军来攻,他先攻打黄州,但被孟珙击退,转而进攻安丰(今安徽寿县南)。

口温不花这次用上了他的秘密部队——"拔都鲁"。"拔都鲁"实际上是一些被判了死刑的罪犯,口温不花没有处死他们,而是把他们带到最前线——那些仗最难打、死亡概率最高的地方,要是打胜了就可以免罪获得自由。对于这些死囚来说,这是他们获得重生的唯一机会,因此,他们打起仗来非常勇敢,完全不顾性命。但宋军守将杜杲也找到了对付的办法,他找了一些神箭手,用特殊的"小箭"专门射敌人的眼睛。由于这些箭小,所以受风力影响也小,虽然难射死人,但精度很高,射眼睛最好,因为眼睛是人最脆弱的地方。很多"拔都鲁"被射瞎了眼睛,这比杀了他们还可怕,不久他们被迫退却。

总之,无论蒙军用什么样的方法进攻,杜杲总能找到办法应对。加上时任池州都统制的吕文德率军突破了蒙军在安丰外的包围圈,冲入城中,大大增强了安丰的防御力量,蒙军只得退去。

察罕兵败庐州

1238年,察罕率军号称八十万,在东线淮西发起了大规模的进攻。这次的主要目标是庐州(今安徽合肥),只要占领了庐州,整个淮西之地就唾手可得了。

这时镇守庐州的宋将仍是杜杲，他看到这次蒙军不但兵力比当初攻打安丰时强，而且准备的攻城器械更多，一副势在必得的样子，于是他绞尽脑汁，想出了各种各样的办法来保卫庐州。例如，蒙军在庐州城外构筑了一座巨大的土城，绵延达几十里，还在土城上用巨木搭建了高塔，比庐州的城楼还要高，从这里向城中发箭抛石，威力更大。杜杲下令将易燃的油灌进干草中，丢向木塔下面，木塔很快就烧了起来，化为灰烬。他还在城上架起了许多大炮，向土城发射，重创里面的蒙古士兵，许多人吓得撒腿就跑。杜杲见状，乘势大开城门，杀了出来。察罕大败而逃，兵败庐州。

当东线的庐州激战正酣时，中线的宋军在孟珙率领下主动出击，成功收复襄阳。此后孟珙向宋理宗上书，指出襄阳扼守长江中腹，只要牢牢控制在南宋手里，蒙军哪怕是占领了蜀地也不能顺江东下攻打江南之地。同样，哪怕蒙军攻下了淮西也不敢贸然渡过长江攻打江南，因为宋军可以从襄阳顺流东下，截断蒙军退路。总之，襄阳的得失关乎整个南宋的命运，是"朝廷之根本"。

这是 1239 年的事。由于蒙军在中线和东线都吃了败仗，几乎没有占领南宋的尺寸之地，于是窝阔台又将目光重新投向蜀地，但仍没有成功。

为了稳定蜀地的局势，1240 年，南宋朝廷任命孟珙为四川安抚使，驻扎在蜀地东北的门户夔州。他在夔州一带建立了许多坚固的营寨，开辟了大片屯田，召集百姓耕种，还训练他们打仗。不过一年，百姓们都已懂得打仗守城，有的甚至还成了优秀的骑兵。当没有战事时他们就在自己的田地里耕种，有外敌入侵时就奋起抵抗，而且是全民皆兵。

正因为有了孟珙这些措施，长江中游一带被牢牢地控制在南宋手中，南宋的江山得到了暂时的安稳。

1241 年，窝阔台去世，皇后乃马真暂时掌握朝政。

由于内政不稳，蒙古暂停了对南宋的大规模攻击，但战事并没有停止，只是在孟珙等人的保卫之下，蒙军没有取得多少成果。孟珙甚至严令部下不许丢失一寸土地，他统率下的南宋将士们也基本上做到了这一点。

蒙宋战争第一阶段的最后一战是1244年的寿春之战。当时南宋正在加固寿春城，要将这里作为东线两淮防卫的重心，而这里也正是蒙军想要突破的地方，因此蒙军大举出击，围攻寿春。宋军在吕文德的率领下，用水军击败了攻城的蒙军，迫使其北还。

总之，从1235年到1244年是蒙宋之战的第一个阶段。在这个阶段中，蒙军主动发起了战争，虽然取得了一定的胜利，但成果并不大，而南宋更是多次挫败了蒙军的进攻，双方总的来说处于均势。

第十二章

吐蕃大理

时间：1240年　1244年　1246年　1248年　1251年　1255年

地点：吐蕃　凉州　萨迦寺　大理

人物：贵由　拔都　忽必烈　蒙哥　庄圣皇后　阔端　萨迦班智达　八思巴段和誉　高泰祥

事件：贵由继位　蒙哥当上大汗　凉州会盟　征服大理国

蒙宋之战的第二阶段开始于1253年，是由蒙古大汗蒙哥发动的。

短命的贵由

前面说过窝阔台去世后，蒙古帝国并没有马上立新大汗，而是由皇后乃马真执政。她一直执政到1246年，去世前几个月才立了新大汗，就是窝阔台的长子贵由，即元定宗。

关于贵由的事迹史书记载不多。《元史》中没有专门的本纪，只是在窝阔台的本纪之后附加了短短几句：他是太宗窝阔台的长子，乃马真皇后所生，曾经跟随窝阔台伐金，立了战功。后来又跟着拔都西征。窝阔台本来想立已经去世的第三子阔出的儿子失烈门为大汗，但窝阔台去世后，应该是由于乃马真皇后的干涉，失烈门并没有被立为大汗，皇后先是自己执政，直到1246年才立贵由为大汗。

贵由继位时举行了热闹的庆典。当时蒙古威震天下，有大量附属国派使者前来道贺。如史书所载：

元年丙午秋七月，贵由即位于汪吉宿灭秃里这个地方。斡罗斯、罗姆、角儿只、法儿斯、克而漫、瓦夕斯等各国都来朝贺。报达的哈里发、天主教的教王，以及木剌夷、阿勒坡诸国，都派遣使者前来道贺。[①]

斡罗斯就是俄罗斯，罗姆就是小亚细亚半岛上的罗姆苏丹国，报达就是阿拔斯王朝的首都巴格达，木剌夷就是伊朗高原上的一个伊斯兰极端派国家，在蒙古第三次西征时被灭。比较特别的是出现了天主教的教王，指的应当就是罗马的天主教教皇。这时候蒙古已经进行了第二次西征，征服了几乎整个东欧，只是由于窝阔台突然去世才没有继续进军。罗马教皇当然要来道贺一下，否则惹恼蒙古人就麻烦了。阿勒坡诸国指的是叙利亚，法儿斯、克而漫都位于波斯即今天的伊朗，角儿只、瓦夕斯不明，应该也是西亚的国家。当时只有蒙古有这么大的面子，可以吸引亚欧大陆的各国前来捧场。

贵由成为大汗后，似乎没有自己执政，而是将政事委于臣下。至于原因，史书记载有两个：一是他沉迷酒色，不想理政；二是有病，手脚不听使唤，不方便理政。因此，他经常把政事委托给镇海、喀达克两人处理。

---

① 柯劭忞. 新元史 [M]. 上海：上海古籍出版社，2018，卷五.

1248 年，继位才两年多的贵由就去世了。

贵由去世后，马上就出现了一个难题，就是谁来继承大汗之位。

蒙哥是怎样当上大汗的

本来贵由有三个儿子，长子忽察、次子脑忽、三子禾忽，但他们都没有出众的威望，加上父亲贵由的继位也是有问题的，因为窝阔台当初指定阔出的儿子失烈门继承汗位，但乃马真皇后立了自己的儿子贵由为大汗，皇族中有许多人，特别是与贵由关系不好的拔都一直不服。

关于拔都西征的事迹前面已经讲过。拔都是成吉思汗的长子术赤的次子，蒙古第二次西征的主帅，也是成吉思汗后裔中能力与名望较出众者之一。他与贵由的矛盾源自第二次西征。

据说有一次饮酒拔都提出要先喝，因为他年纪要大一些，但贵由很不高兴，拂袖而出，从此两人就产生了矛盾。贵由之所以不服拔都，应该是他认为拔都的父亲术赤并非成吉思汗的亲生儿子，血统本来就不正，更没有资格搞特权。

虽然和贵由关系不好，但贵由在世时拔都只能暂时隐忍。贵由去世后，在选择继承人的事情上拔都就开始发难。由于他能力出众，生前深得窝阔台青睐，并且被委任为第二次西征的统帅，他的地位要高于其他王子。他在西征时取得了辉煌的胜利，占据了辽阔的土地，拥有强大的势力，加上年纪更长，又是成吉思汗长子的后裔，因此他认为自己有资格主持这件事。于是拔都以长支宗王的身份派使者邀请蒙古各宗王到他在中亚草原的驻地阿剌脱忽剌兀召开忽里勒台大会，商议推举新大汗。贵由去世后暂时执政的皇后海迷失以及主要的亲王都派代表来参会。海迷失皇后的使者说，当初窝阔台指定失烈门为继承人，当然要立失烈门为大汗。

但蒙哥的弟弟忽必烈一句话就让这位使者哑口无言，他说："当初太宗本来要立失烈门，而你们却立了贵由，这难道是太宗的命令吗？今天的事你们还是别拿太宗的命令说事了吧！"

由于忽必烈的话太有道理了，使者只得闭嘴，于是失烈门就此与大汗无缘。

至于究竟立谁，拔都也想好人选了，就是蒙哥。

蒙哥是拖雷的长子，生于1209年，据说他出生时有一个会看天象的人，预言这个孩子以后必将成为大贵人，因此就以蒙哥为名。①

根据辈分，窝阔台是蒙哥的伯父，他很喜欢这个侄子，就把他抱了过来，收为养子，并且让自己的皇后抚养他。后来拖雷早死，窝阔台只得让身为长子的蒙哥回到拖雷家族。由于高贵的血统，蒙哥从小就领兵征伐，智勇双全，屡立奇功，并且为人宽宏大度，和拔都等人关系都很好。这也是他后来被立为大汗的原因之一。

另外还有两个重要的原因：一是拖雷深得成吉思汗的喜爱；二是拖雷于1232年早逝时，虽然他的几个孩子年纪还小，但他有一个能干的妻子唆鲁禾帖尼，史称庄圣皇后，她与各宗王包括拔都的关系都很好，因此赢得了许多人尤其是拔都对她儿子的支持。对此，史书有这样的记载：

庄圣皇后很有才智，善于驾驭手下，而且和拔都关系很好，因此大家都认为应该立蒙哥为帝。当时还有人提出建议，说拔都年纪最长，应当立他，但拔都不答应。于是大家说："既然您不肯自己当大汗，那就请您仔细地选择一个人，做主让他当大汗。"拔都说："我国幅员非常辽阔。只有那些非常聪明睿智、像太祖成吉思汗一样的人才可以当大汗，我认为蒙哥合适。"大家答应道："那就这样。"②

---

① 宋濂. 元史 [M]. 北京：中华书局，1976，卷三.
② 柯劭忞. 新元史 [M]. 上海：上海古籍出版社，2018，卷六.

这里提到了蒙哥成为大汗的关键是聪明睿智，对此，《元史》也有记载，蒙古著名大将兀良合台说："蒙哥聪明睿知，人咸知之。"①

这说明当时的蒙哥的确深孚众望，这才是他能够成为大汗的根本原因。

蒙哥还想谦让，但大家都愿意选他，他就恭敬不如从命，成了新一任蒙古大汗。

根据惯例，忽里勒台大会应该在蒙古的发源之地斡难河举行。后来便在斡难河举行了忽里勒台大会，正式推举蒙哥为大汗。

这是1251年的事，从贵由去世到新大汗正式登基，已经过去了三年。

吐蕃与八思巴的故事

蒙哥登基后，马上开始了对南宋的战争，这就是蒙宋战争的第二个阶段。

经过第一阶段的攻宋，蒙哥深知南宋不是那么好攻打的，如果和此前一样采取东西中三路硬攻会相当困难，因此在攻宋之前，他先进行了另外两场征服之战，征服的对象是吐蕃与大理。

先来看吐蕃。

吐蕃大致就是今天的西藏，在唐朝时期它非常强盛，唐太宗曾把宗室女文成公主嫁给吐蕃赞普松赞干布，以求和亲。后来到了末代赞普朗达玛，他竟然要灭佛，这激起了佛教僧人的反抗。842年，一个僧人射杀了朗达玛。他的两个儿子在父亲死后为争夺赞普之位爆发了大规模内战，导致吐蕃势力急剧衰弱。不久吐蕃便陷入大分裂，从此再也没有建立起统一的政权。

---

① 宋濂. 元史 [M]. 北京：中华书局，1976，卷三.

唐亡后的五代十国以及北宋时期，吐蕃由于地处偏远，加上分裂成许多部落，对中原无法构成威胁，而且中原自身也无复盛唐之威，因此中原王朝与吐蕃之间少有联系。

到了南宋时期也是如此，倒是蒙古与吐蕃最先取得了联系。在蒙古大汗看来，他的军队能够抵达的地方都是征服的对象，吐蕃自然也是如此。于是，在灭亡金国之后，1240年，窝阔台派次子阔端率军进攻吐蕃。

但到达吐蕃之后，阔端发现事情比较复杂，倒不是吐蕃人抵抗——事实上吐蕃人并不怎么抵抗，而是找不到可以要求投降的对象。蒙古征服的方式一向是先礼后兵，先要求对方投降，不投降再攻打。阔端想找到一个统一的吐蕃之王和他谈判投降的事，但发现根本无人可谈，因为这时候的吐蕃已经是政教合一，许多藏传佛教寺院直接统治所在地域。其中最有名的一个是以位于西南部的萨迦寺为中心建立的萨迦派，统治者是萨迦法王。

这个萨迦法王今天还存在，已经传到了第四十三任。当时的萨迦法王是萨迦班智达，他是萨迦派的第四祖，以学问和智慧闻名遐迩。阔端便邀请他来自己在凉州的大本营商量臣服之事。

萨迦班智达是智慧之人，清楚当时的情势以及蒙军过去的战绩，特别是对与吐蕃相邻的西夏的征战，明白不臣服只会为吐蕃人民带来灾难，于是他欣然前往凉州。

这是1244年的事。这次去凉州，萨迦班智达还带上了他的侄子，当时只有九岁的八思巴。

八思巴是蒙古历史上的名人，尤其对蒙古帝国的文化产生了重要影响。《元史》有一章"释老传"，讲的就是元朝时的佛教与道教知名人物，文章基本特点是贬道崇佛：

元朝兴起后，崇尚佛家，而且佛家有人成了帝师，因此声名大盛，更是过去所不能相比的。而道家只有一些神棍术士之类的人物,他们假借自己可以向神求福从而使人得到福报,因当时人们有这样的需要而崭露头角,但实际上连佛家的十分之一都比不上。①

这是史上对道家最直接而严厉的抨击之一,这里的"帝师"指的就是八思巴。

"释老传"里大大赞美了八思巴:

八思巴出生后,七岁时已能诵数十万句经文,并能领会掌握经文的基本含义,因此国人称他为"圣童",直说就是八思巴。稍稍长大后他就掌握了佛学中的五大功课,所以又称他为"班弥怛"。到了癸丑年,他十五岁时,在世祖的府第见到了世祖。世祖与他谈论之后,十分高兴,对他一天比一天亲厚起来。②

忽必烈成为大汗后,不仅封八思巴为国师,还为这个称号定制了专门的印玺,就如同一个专门的官衔,足见忽必烈对这位国师的重视。

封八思巴为国师后,忽必烈委托他干一件大事,就是为蒙古人创造文字。八思巴顺利完成了重任,忽必烈对这种新文字很满意,正式下诏颁行天下。诏书包含以下几个主要意思:

一是说明了文字的作用是用来记录口语的,而口语是用来记录事情的。"朕惟字以书言,言以纪事,此古今之通制。"③这话虽然简单,却是对语言、文字功能最简单且最深刻的说明,从哲学角度看也是富有深意的。

二是蒙古因起源于偏远的北方,风俗简单,因此一直没有自己的文字,过去是用汉字和畏吾儿即回鹘文字来记录语言的,但远近各国都有自己

---

① 宋濂. 元史[M]. 北京:中华书局,1976,卷二百二.
② 宋濂. 元史[M]. 北京:中华书局,1976,卷二百二.
③ 宋濂. 元史[M]. 北京:中华书局,1976,卷二百二.

的文字，文字是一个国家制度的重要内容，没有文字就说明这个国家的制度是不完备的。尤其这时候蒙古已经不再处于只依靠武力征服天下的时期，而开始了一个文治的时代，文字更是必不可少。因此，需要有一种专门的蒙古文字。

三是八思巴创立蒙古文字后，国家所要记录的一切东西都要用这种新文字书写，特别是颁布的各种诏书都要有两种文字版本：一是蒙古新字，二是当地语言。蒙古新字是主体，当地语言只是副本。

1244年八思巴跟着叔叔萨迦班智达去凉州时，并没有见到阔端，因为他回蒙古选新大汗去了，直到新大汗贵由继位后才回到凉州，两人见面谈判。谈判过程并不复杂，很快双方就达成协议，蒙古正式成为全体吐蕃人的统治者。

这就是吐蕃历史上的重要事件——凉州会盟。

此后，萨迦班智达向整个吐蕃发出一封信，称为《萨班致乌思藏蕃人书》。这封信强调蒙古大汗承认他是吐蕃各部的统一首领，还传达了阔端对吐蕃人的基本政策，各地俗官均任原职不变，但要接受萨迦的直接领导。

从此萨迦法王确立了对吐蕃名义上的统治权，吐蕃也在名义上再次实现统一，实际的最高统治者当然是蒙古大汗。

为什么要征服大理

降服吐蕃后，蒙古帝国的领土就与大理国相接了，于是下一个征服目标就是大理国。

之所以要征服大理国，实际上并不是为了大理国本身，而是因为大理在四川南方，一旦攻下大理，就可以从后方攻打四川，从而形成南北夹攻南宋的有利局面。

关于大理国，北宋初年发生了这样的事：

王全斌平定蜀国后，想要乘势攻取云南，先把云南的地图献给宋太祖。宋太祖鉴于唐朝的安史之乱起源于南诏，因此用玉斧指着大渡河以西说："这个地方之外就不再是我的领土了。"[1]

这样一来，大理国就一直是个独立国家，统治着今天的云南一带。其间还出过一个比较有名的皇帝，就是段正淳。金庸的名著《天龙八部》中就有这个人物。书中更有名的是他的儿子段誉，有一手时灵时不灵的绝技"六脉神剑"。这个人物是有历史根据的，他的确是段正淳的儿子，只是名字稍有不同，叫段和誉。

段和誉生于1083年，1108年父亲把帝位让给他，自己出家为僧。段和誉是大理国最长寿的君主，当了三十九年国君，1147年出家为僧，直到1176年才去世，活了九十三岁，是古代罕有的长寿之人，应该也是有确切年龄记载的中国历代最长寿的君主。

正是在段和誉当皇帝时，他主动臣服于北宋，被北宋封为大理国王。

此后，大理虽然实际上是独立国家，但名义上是宋朝的属国。征服吐蕃之后，蒙古很快经由吐蕃进攻大理。

大理可不是吐蕃，是统一且有相当武力的国家，对蒙军的入侵也进行了抵抗。但大理军哪里是强悍无比的蒙军的对手，几乎每战必败。只是蒙军每进攻一段时间后，往往蒙古内部突然有事，例如要推选新大汗之类，于是便停止进攻，等到国内大事完毕后才开始新的进攻。

这样的战争从1244年开始共有三次。到了1253年，蒙军在忽必烈的率领下最后一次进攻大理，很快就攻克了大理城，抓住了大理军的统

---

[1] 毕沅. 续资治通鉴[M]. 北京：中华书局，1999，卷第四.

帅高泰祥。高泰祥被押到大理，他不愿屈服，于是被斩于五华楼下。他临刑前叹道："段家的运气已经一去不复返了，这也是老天的意旨，我作为臣子当为国捐躯，这是本分啊！"

真是了不起的忠臣！后来忽必烈也因此让他的后代世世为官。

大理国最后的结局是这样的：

大将兀良合台攻克鄯阐，抓获了段兴智，献给宪宗。宪宗下令赦免他，并封他为摩诃罗嵯，管领云南一带，仍镇守他的故地，担任世袭的总管。

到1255年，在段兴智的帮助下，蒙古彻底征服大理全境，此后要以大理为基地分南北两路夹攻四川了。

第十三章

神秘之死

> 时间：1255年　1256年　1258年　1259年
> 地点：钓鱼城　箭滩渡　云顶山城　重庆
> 人物：余玠　冉琎　冉璞　纽璘　阿答胡　蒲择之　蒙哥
> 事件：蒙宋的三线对抗　余玠守四川　纽璘攻四川　钓鱼城之战　蒙哥之死

1255年，已经灭掉了大理国的蒙军开始以大理为基地分南北两路夹攻四川。

这时候蒙古与南宋之间从西到东有着漫长的边界，两军沿着边界对峙。

当时的整个战线可以分成西部、中部与东部三部分，西部就是四川，中部是荆州即今天的湖北，东部就是两淮。

蒙哥深知灭宋不容易，南宋是整个蒙古征服过程中一块最难啃的骨头。从遥远的北方直接派军队进攻是难以成功的，因为后勤补给太困难，不利于打持久战，而灭宋必然是一场持久战。因此，他主要的策略是在宋蒙边境建立大量基地。这些基地和南宋的屯田是一样的，屯田的士兵平时是农夫，战时就是军人。

现在，蒙古大军攻宋的整体方略已经很明显，就是要利用大理先攻下四川，占领长江上游，再从这里顺江东下，利用地形优势直取江南。因此，要保卫江南首先就要保卫四川。

余玠守四川

当时的四川相当混乱。从1227年至1242年，十六年间朝廷共派了十六个人去治理四川，但这些人有的老而无用，有的只是把那里当成临时的落脚点，有的平庸无能，有的贪污腐败，有的甚至根本不去任所，只是遥控指挥，不同地方官员之间还互相猜忌、钩心斗角。总之，无论东川还是西川都是一团乱麻，根本没有统一的治理机构，官吏腐败、各自为政，恶人横行、无法无天，百姓苦不堪言。简而言之，如史书所言："荡无纪纲，蜀日益坏。"[①]

后来宋理宗派余玠负责保卫四川。余玠不但在四川恢复了秩序，还建立了史上著名的防御工事。这些防御工事可以说是中国古代城市防卫体系建设的经典范例，使得四川的防御非常严密，有一个地方甚至在南宋已经灭亡后还没有被攻破。

之所以能够这样，是因为余玠善于用人，特别是找到了冉琎、冉璞两兄弟。他们提出了一个保卫蜀地的绝妙主意，就是建设钓鱼城。因为整个蜀地以钓鱼山这个地方最紧要。只要在这里筑城，并且囤积足够的粮草，再派精兵守护，就可以扼住整个巴蜀的咽喉。对于保卫四川来说，这比十万大军还要管用。

---

① 脱脱，等. 宋史 [M]. 北京：中华书局，1985，列传第一百七十五.

不止于此，冉氏兄弟先后共筑了十几座这样的山城，在里面积聚了大批粮食，又有士兵驻守。这些城池布局合理，彼此交通便利，简直浑然一体。史书称："如臂使指，气势联络。"①

这些新构筑起来的山城，成了四川对抗蒙军最重要的堡垒。

1246年，蒙军分兵四路入川。结果余玠利用这些由山城构成的防御体系轻松地击退了蒙军的进攻。

遗憾的是，余玠的性格有点偏激，做事有时候不留余地，得罪了不少人，有些地方首领不仅公开和他对抗，还找关系在朝中说他坏话。于是宋理宗下了诏书，要他回临安复命，他知道大事不妙，有一天突然就死了，有人猜测他是喝毒药自杀的。这是1253年的事。

余玠之死震撼了整个四川，无数四川官民将士都为之痛哭，就像自己的父母去世了一样。

完美的大将之才

蒙哥的大规模攻宋开始于1256年。这一年他兵分东西两路，分别攻打四川和两淮。

这里先说四川的战事。蒙哥下令纽璘从利州自北向南、兀良合台从大理自南向北，夹攻四川。

纽璘是这次攻川的蒙古将领中表现最杰出的一个。史书记载，纽璘"伟貌长身，勇力绝人，且多谋略"②，简直是个完美的大将之才。

纽璘从小跟着父亲生活在军中，很早就投身战场。这次蒙哥派他领兵万人攻入四川。他一路率军急进，经过大获山和梁山，直抵要地夔门。

---

① 脱脱，等. 宋史[M]. 北京：中华书局，1985，列传第一百七十五.
② 宋濂. 元史[M]. 北京：中华书局，1976，卷一百二十九.

后来打算东进，与另一支由都元帅阿答胡率领的军队会师合攻成都。

南宋这时候由蒲择之治理四川，他派军据守要地遂宁江的箭滩渡，这里是纽璘前往成都的必经之路。

纽璘率军在一天早上到达箭滩渡时，宋军已经列阵而待。纽璘毫不犹豫地发起了攻击。宋军占据地形优势，展开了激烈的反击，两军从早上一直激战到晚上。在蒙军猛烈无比的冲击下，最后宋军大败而逃，被斩首近三千人。纽璘率军成功抵达成都，与已经占领成都的阿答胡会师。

蒲择之一方面派军镇守险要之地剑门关和灵泉山，一方面亲自率军攻打成都。正在此时，阿答胡突然病死，成都的蒙军顿时群龙无首。大家经商议，觉得现在宋军正在大举攻来，如果不赶紧找一个首领就危险了，但这里距朝廷所在地太远，要是等朝廷来任命，根本来不及。因此必须自己推举一个首领，大家一致推举纽璘。

纽璘果然不负众望，他没有等待宋军来攻，而是主动出击，不久就在灵泉山大败宋军。灵泉山一失，前来攻打成都的蒲择之军顿时被断了后路，不战而溃。纽璘还率军包围了云顶山城，由于山城险要，易守难攻，他没有盲目进攻，而是将其团团包围。不久山城中的粮食就吃完了，宋军只得投降。

就这样，纽璘以闪电般的速度攻占了包括成都、汉州、怀州、绵州在内的四川大片地区，连西南一带的蛮族部落都来归顺。

占领成都后，纽璘将目光投向四川的另一座大城重庆，只要占领重庆，就等于控制了长江上游的水道，由此可以顺江而下，攻打长江的中游乃至下游。

这时候已经到了1258年冬天，纽璘的兵力得到了大大扩张。他率步骑兵五万，另外还有战船两百艘，从成都出发，水陆并进，想要一举占领重庆，再利用从这里获得的大量资源去攻打南宋。

纽璘大军声势浩大，蒲择之只得分兵据守各要地，但被一一击破。纽璘率军一直冲到涪州，到了今天盛产榨菜的涪陵。他在这里的长江江面上构筑了一座浮桥，在桥的两头驻扎重兵，一举截断了长江的交通。

正当准备继续进军时，纽璘却遇到了一件大麻烦，就是蒙军不适应这里的气候。短时间还好，长期就出现大问题，许多将士染病甚至死去。但此时蒙哥传来命令，强令纽璘主动进攻。

纽璘只得勉强率军出战，虽然大败南宋名将吕文焕，但他知道再打下去蒙军会面临大麻烦，于是率军撤退。这时候已经是1259年的春天。

纽璘攻四川之后，蒙哥攻宋的下一场大战是钓鱼城之战。

蒙哥死亡之谜

钓鱼城之战很有名，但实际在史籍中留下来的记载并不多。

前面说过，灭了大理后，蒙哥命兀良合台与纽璘兵分两路夹攻四川。纽璘虽然在四川取得了相当辉煌的战果，但他率领的大军并非主力。主力大军仍由蒙哥亲自统领，于1259年2月攻入四川，不久顺利到达钓鱼城下，发起了猛烈的进攻。宋军在王坚和张珏的指挥下英勇抵抗，成功地阻挡了蒙军的进攻。

宋军之所以能够守住钓鱼城，除了他们的英勇抗击，另一个关键因素是钓鱼城的地势极为险要，一夫当关，万夫莫开。

蒙军虽然猛攻了足足九个月，但始终没有攻下来。不仅如此，在这场激烈无比的战斗中还发生了一件影响蒙古帝国历史的大事，就是蒙哥的去世。

关于蒙哥是怎样死的，史书上的记载都很简单。如《续资治通鉴》这样说："秋，七月，癸亥，蒙古主殂于钓鱼山，寿五十二。"[1]

---

[1] 毕沅. 续资治通鉴 [M]. 北京：中华书局，1999，卷第一百七十五.

《元史》的记载则是："癸亥,帝崩于钓鱼山,寿五十有二,在位九年。"[1]

这是 1259 年 6 月的事。两者都只说蒙哥死在了钓鱼山,并没有说明去世的原因,有可能是病死的,也可能是在战斗中被打死的,就像传说的一样,是被守城宋军的石头炮弹打伤,然后伤重而死的。但这个史书并无记载,所以蒙哥更可能是病死的,因为很难想象蒙哥身为大汗会亲自跑到城下石炮或者弓箭所能及之地。而且即使靠近,旁边也必有机敏的死士保护,哪能伤着他呢?过去也从来没有记载蒙古大汗会亲自走上战场的。蒙军有的是勇将,哪用得着大汗亲自上阵呢?

虽然史书没有记载,但具有文学色彩也不乏史实根据的《元史演义》中倒有一段关于钓鱼城之战的生动描述,很可能与史实相近:

蒙哥率军"进围合州,先遣宋降将晋国宝,招谕守将王坚,坚不从。国宝还次峡口,被王坚遣将追还,执至阅武场,说他负国求荣,罪在不赦,当即传令斩首。便涕泣誓师,开城出战,将士无不感奋,争出死力相搏,战至天晚,蒙哥汗不能取胜,退军十里下寨。阅数日,复进薄城下,又被坚军击退。自是一攻一守,相持数月不下。蒙古前锋将汪德臣,挑选精锐,决计力攻,当下缮备攻具,誓以必死,遂于秋夜督兵登城,王坚亦饬军力御。鏖战一夜,直至天明,城上下尸如山积。汪德臣愤呼道:'王坚快降!'语未毕,猛见一大石从顶击下,连忙将首一偏,这飞石已压着右肩,连手中所握的令旗,都被击落。蒙古军见主将受伤,自然缓攻,适值大雨倾盆,攻城梯折,只好相率退去。是夕,汪德臣毙命。适应前誓。蒙哥汗因顿兵城外,将及半年,复遇良将伤毙,郁怒中更带悲伤,遂致成疾。合州城外有钓鱼山,蒙哥汗登山养病,竟致不起。左右用二驴载尸,

---

[1] 宋濂. 元史 [M]. 北京:中华书局,1976,卷三.

蒙以绘椟，北行而去，合州解围"[1]。

"绘"是五彩的刺绣，"椟"是简陋的小棺材，"绘椟"就是给一口简陋的小棺材蒙上彩色的刺绣。因为蒙军远在万里之遥，以往任何将军死后都会就地埋葬。现在蒙哥是大汗，不能就地埋葬，必须将尸体运回遥远的北方，在战时异地又不能办隆重的葬礼，那样宋军一定会乘势猛攻，于是只能匆匆将尸体放在一具小棺材里悄悄北返。

这是1259年8月的事。钓鱼城一战，蒙军不但没有攻下钓鱼城，反而连大汗也没了，损失巨大。

蒙哥一死，蒙宋战争的第二个阶段宣告结束。

---

[1] 蔡东藩.元史演义[M].北京：金盾出版社，2012，第二十回.

第十四章

蒙古元朝

时间：1254年　1259年　1260年　1261年　1264年　1271年
地点：大理　开平　耀碑谷　昔木土　真州　大都
人物：忽必烈　唆鲁禾帖尼　阿里不哥　汪良臣　阿蓝答儿　浑都海　郝经　贾似道　刘秉忠
事件：忽必烈攻打大理与南宋　忽必烈登基为帝　拖雷家族内战　伐宋诏书　了不起的囚徒

蒙哥死后，蒙军撤军北还，蒙宋战争的第二个阶段结束，接下来到了第三个阶段。

蒙宋战争的第三个阶段仍是蒙古继续进攻南宋，统帅则是下一任大汗——忽必烈。

忽必烈在中国历史上有着重要的地位，由于他的蒙古人身份，他算是中国历史上最有名的非汉族皇帝之一。

我们知道，一个国家强大的主要标志之一是领土。就国家领土而言，忽必烈无疑是中国历史上较成功的皇帝。在他的统治之下，当时元朝直辖的领土包括今天的整个中国再加上蒙古国以及俄罗斯辽阔的西伯利亚东部，面积超过两千万平方公里。如果再加上至少名义上是元朝领土但实际上可能处于独立状态的四大汗国——钦察汗国、窝阔台汗国、察合台汗国、伊儿汗国，那么还要包括今天的几乎整个西亚和俄罗斯，面积远超三千万平方公里，是人类历史上前无古人恐怕也后无来者的最庞大的帝国。

早年忽必烈

忽必烈生于1215年，是成吉思汗幼子拖雷的第四子。拖雷有十多个儿子，其中最有名的是正妻庄圣皇后唆鲁禾帖尼生的四个，分别是蒙哥、忽必烈、旭烈兀、阿里不哥，都是大有作为之人。

据说唆鲁禾帖尼信奉的不是一般蒙古人信奉的萨满教或者佛教，而是基督教。拖雷去世时她四十二岁，成了拥有庞大兵力与财富的拖雷家族的掌舵人。拖雷的哥哥、大汗窝阔台想要她根据传统再嫁，嫁给他的长子贵由，但她以孩子年幼为由拒绝。拖雷家族在她的掌控下不但没有衰落，反而因为她宽厚仁慈与忍让在蒙古皇族中赢得了极高威望，这也是蒙哥能够当上大汗的主要原因之一。

有这样一位了不起的母亲，忽必烈的成长自然顺利，他也继承了母亲品格上的优点，如史书载：忽必烈长大后，"仁明英睿，事太后至孝，尤善抚下"[1]。

忽必烈的早年生活不详，他应该是与母亲生活在一起，但史书有这样的记载："帝在潜邸，思大有为于天下，延藩府旧臣及四方文学之士，

---

[1] 宋濂. 元史[M]. 北京：中华书局，1976，卷四.

问以治道。"①

这是 1244 年的事。这时候忽必烈已经二十九岁,虽没有立尺寸之功,但已经想着未来的治国之道,而其本质与汉人中原王朝千年以来的治国之道一样,简而言之,就是孔孟之道。

到 1251 年,蒙哥成为大汗,他把整个汉地(即传统的中原)交给忽必烈治理。这些汉地是蒙古最繁荣富庶之地,这使忽必烈拥有了将来争夺帝位的雄厚资本。

在治理汉地时,忽必烈显示了他和此前的蒙古人大为不同的风格。例如,有一次,蒙哥让一个叫不只儿的官员去燕地(今北京一带)巡视,他竟然在一天中就杀了二十八个人。有一个人偷了马,一开始不只儿把他打了一顿就放了。片刻之后刚好有人献给他一把好刀,他竟然立刻叫人把那偷马的重新抓回来,亲自用新刀把他砍了,目的只是试试他的新刀好不好用。忽必烈得知这事后,就责备他道:"凡是死罪,一定要详细调查后才能行刑,今天你一天就杀了二十八人,哪里有详细调查?其中一定有无辜者。而且你既然打了那人,并且已经放了他,结果又把他抓来杀了,这判的是什么刑?"一番话把不只儿说得无言以对。这既说明忽必烈是一个尊重法治的人,又说明他对百姓怀有慈悲之心,而且这个偷马的人是汉人,也说明忽必烈是比较善待汉人的。

忽必烈不但善待汉人百姓,还重用汉人。例如,1253 年,他委任姚枢、杨惟中等汉人官员去治理关陇,就是今天的陕西、甘肃一带,结果"关陇大治"。

此外,忽必烈很会习用汉人的一些治国之策,如纸钞。古人一般都是用金银或者铜钱作为货币,到北宋早期有了最早的纸钞即"交子"。

---

① 宋濂. 元史 [M]. 北京:中华书局,1976,卷四.

史书记载："戊午，置益州交子务。"[1]1024 年，北宋官府就在益州（四川）建立了专门处理交子的机构。纸钞交易方便，而且中央掌握了发行权，可以用纸钞去交换真金实银，好处很明显！忽必烈很早就建立了类似的机构——交钞提举司，目的是印制纸钞用以促进经济发展。

皇帝而不是大汗

到了 1254 年，快四十岁的忽必烈终于有机会统军作战。他的第一战前面已经提到过，就是攻灭大理。

忽必烈人生的下一个大转折发生在 1259 年。这年他奉命率军进攻南宋，一路顺利。虽然 8 月份时就从一名被俘的宋兵口中得知蒙哥死在钓鱼山，但他并不相信，而是继续进军。不久忽必烈率军渡过淮河，攻破了大胜关和虎头关，一路势如破竹，到 9 月初已经进抵长江北岸，不久大败擅长水战的宋军水师，顺利抵达长江南岸。

登岸之后，忽必烈下令："军士有擅入民家者，以军法从事。凡所俘获，悉纵之。"[2]

渡江之后，蒙军很快包围了鄂州。这时候蒙军大将兀良合台派使者告诉忽必烈朝廷发生的一些大事，主要是一些重臣如阿蓝答儿、脱里赤等想要立忽必烈的同母幼弟阿里不哥为大汗。为此他们到处征兵，准备用武力帮助阿里不哥。接着忽必烈的正妻也派人前来，请他赶紧回去。

忽必烈一开始予以拒绝，并继续起兵南下，甚至声称要一举攻下临安。但这只是以进为退的手段，不久他就接受了当时掌控南宋朝政的贾似道的请求，同意两国议和，并下令撤掉了鄂州之围，但保留了长江南岸的

---

[1] 脱脱，等. 宋史 [M]. 北京：中华书局，1985，本纪第九.
[2] 宋濂. 元史 [M]. 北京：中华书局，1976，卷四.

浒黄洲，带着愿意跟从他的两万南宋降民北撤。

这时候已经是 1259 年底。忽必烈回到燕京后，此时脱里赤等人到处招兵，甚至用抓壮丁的方式强迫百姓从军，百姓怨声载道。忽必烈下令将这些人全部释放，百姓大悦，纷纷拥戴忽必烈。

到了 1260 年，在忽必烈的领地开平，许多支持他的亲王和将领都来劝他登基为大汗。忽必烈表面上谦让了三次，然后在"诸王大臣固请"之下，正式登基，此时他的称号不再是大汗，而是"大蒙古国皇帝"，即用了汉人的皇帝尊号，并建年号为中统。

这是 1260 年 5 月 15 日的事。在忽必烈登基的诏书中，他还说明了自己要当大汗的理由：

看看今天，太祖的所有嫡亲孙子、先皇的同母弟弟中，无论讲品德还是年纪，都是我最合适当皇帝。我即使在行军打仗时也总是存着仁爱之心，广施恩泽于百姓，确实有资格成为天下共主。就是上天也会帮助我顺利登基的，没有人能与我抗争。[①]

诏书原文中还有一句话很重要，就是"务施实德，不尚虚文"。这句话大意就是政府要多办实事，要实实在在地对天下百姓好，不要搞那些华而不实的花架子。直到今天，这都应该是所有国家执政者应当遵守的信条。

但忽必烈当时并没有得到足够的支持，仍有不少人反对他。尤其是当时已经建立的四大汗国中，只有由忽必烈弟弟旭烈兀创立的伊儿汗国公开支持他，其他三大汗国都支持阿里不哥。

这样的结果就是，忽必烈称帝不久，阿里不哥也在蒙古帝国的首都哈拉和林登基为大汗。不久忽必烈与阿里不哥之间就爆发了内战，史称"拖

---

① 宋濂. 元史[M]. 北京：中华书局，1976，卷四.

雷家族内战"。

拖雷家族内战

这场内战阿里不哥注定会输，原因主要是双方实力的差距。当时忽必烈已经控制了整个中国北方，这里一向是富庶之地，人口众多，战争资源丰沛。但阿里不哥控制的地区只有从哈拉和林往西地区，大致相当于今天的蒙古国和俄罗斯的西伯利亚东部一带，这些地方人烟稀少，战争资源当然少之又少。加上阿里不哥既无战功，手下也没多少兵马良将，哪里会是忽必烈的对手？忽必烈甚至都不用自己动手，只派出一支小部队就足以对抗阿里不哥全军。因此，虽然战争从1260年持续到1264年，但比较大的战斗仅有两场。

第一场发生在六盘山中的耀碑谷，支持阿里不哥的阿蓝答儿、浑都海先率军抢劫了朝廷的六盘府库，夺得了大量战争物资，震动了整个西部，许多人准备投靠阿里不哥。

忽必烈知道后赶忙派大将汪良臣前去讨伐，不久两军相遇于耀碑谷。双方兵力差不多，汪良臣率领的是汉人骑兵，战斗力是否比得上阿蓝答儿的蒙古骑兵还是个疑问。但汪良臣毫不畏惧，他对部下说："现在这一仗关系到国家安危，如果我们赢了，那么富贵可期；如果败了，那就一切都完了！"所以只能背水一战。

这一番阵前演说大大鼓舞了部下的将士们，也决定了战斗的胜负。关于战斗的具体情形史书是这样说的："会大风扬沙，昼晦，良臣手刃数十人，贼势沮，众军乘胜捣之，贼大溃，获阿蓝答儿、浑都海。"[1]

阿蓝答儿、浑都海是阿里不哥的主要支持者，他们的战败被俘沉重

---

[1] 柯劭忞. 新元史[M]. 上海：上海古籍出版社，2018，卷一百四十二.

地打击了阿里不哥。

这是 1260 年的事。下一场大战则发生在次年底,地点是昔木土,位于今天蒙古国东南部的苏赫巴托省,距蒙古帝国当时的首都哈拉和林不远。忽必烈与阿里不哥的军队在这里遭遇,于是展开大战。这次忽必烈亲自统军,他派出数支兵力分进合击,大败敌军,阿里不哥只得远远地逃往北方苦寒之地。

此战后,阿里不哥的势力更加衰弱,再也组织不起大规模的反叛。

之后,双方又打了几仗,忽必烈都取得了胜利,阿里不哥势力越来越弱,原来与阿里不哥联合的察合台汗国也转投忽必烈。

到 1264 年,走投无路的阿里不哥只得向忽必烈投降,拖雷家族的内战以忽必烈的彻底胜利而告终。

赢得拖雷家族内战的胜利后,忽必烈将目光投向了一个比阿里不哥强大得多的对手,就是南宋。

1261 年,早在昔木土击败阿里不哥前夕,忽必烈已经着手准备对南宋的征战,并于这年 8 月正式发布了讨伐南宋的诏书。

忽必烈在诏书中指出,1260 年他同意与南宋讲和,双方停战,并派出了议和的使者。但宋人没有远虑,看见蒙古发生内战,就主动挑起战事,经常派军在双方边境骚扰,无止无休。可他还是不想发动战争,因此今年春天虽然诸位大臣都想伐宋,但他不想两国生灵涂炭,想等待去年派出去的使者回来,双方再议和,但南宋扣押了使者。现在已经过去半年,两国之间再也没有交流,而南宋仍继续侵扰。南宋一向自认为是礼仪之邦,这样的做法实在没有道理,因此双方谁对谁错,那是一目了然的。他最后说:"各位将军,现在你们要整顿兵马,将刀剑磨锋利,把弓箭准备好,大家齐心协力,乘着秋天战马肥壮之机,兵分两路,水陆并进,去向宋人兴师问罪！"①

忽必烈在这里所说的大体是史实，如南宋扣押信使，指的就是他 1260 年派往南宋的使者郝经被扣押。

了不起的囚徒

郝经在元史中是比较有名的，一向忠于忽必烈，深得忽必烈的器重。

此前忽必烈率军顺利渡过长江之后，当时掌握南宋朝政的贾似道向忽必烈派来使者，表示愿意用交纳岁币的方式达成和议，忽必烈欣然答应。后来他派了郝经出使南宋，为的就是这个。

郝经一方面忠于忽必烈，一方面身为汉人，并不想为难宋人，因此力主两国停战议和。奉命出使南宋后，他本以为可促成宋蒙和议，但贾似道当时说愿意向蒙古交纳岁币的事并没有事先告诉宋理宗，而是其自作主张，加上当时又打了一个小胜仗，他便以为可以打败蒙军，因此不想再议和了，更怕此前说愿意向蒙古交纳岁币的事被宋理宗知道，竟然把郝经关在真州（今江苏仪征）的一处军营里，派人严密监视。

郝经多次给宋理宗上书，说："愿附鲁连之义，排难解纷。"② 这里的鲁连就是鲁仲连，他曾经在赵国于长平之战大败、快要灭国时挽救了赵国，使之转危为安。郝经的意思很明白，他想和鲁仲连一样使南宋和蒙古达成和议，从而使南宋转危为安，但贾似道哪会让宋理宗看到这样的书信，于是全扣了下来。

忽必烈知道后大怒，决意灭掉南宋，而南宋也是自取灭亡！对此，史书也感叹道：

---

① 宋濂. 元史 [M]. 北京：中华书局，1976，卷四.
② 宋濂. 元史 [M]. 北京：中华书局，1976，卷一百五十七.

郝经作为使者来到这里，贾似道怕他同意交纳岁币求和的事被人知道，为了蒙蔽世人、隐瞒消息，竟然拘留了郝经，不向朝廷报告，这真是自取灭亡。哎，真是太可惜了！[①]

至于郝经，他前后被关了十六年之久。在这十六年里他可没有闲着，而是努力研究学问，写出了大量著作，同时还给自己的随从们上课，把自己的学问传授给他们，使他们也成了有学问的人，因此史书这样称赞他：

郝经为人崇尚气节，做学问讲究经世致用。被扣留后，他想要写一些东西以流传后世，于是撰写了《续后汉书》《太极演》《原古录》《通鉴书法》《玉衡贞观》等著作，总数达百卷……他被宋人扣留了十六年，连手下都有了学问。[②]

再来说忽必烈伐宋。1261年忽必烈发布讨伐南宋的诏书，意味着宋元战争已经难以避免，南宋开始走向灭亡。

事实上，南宋并没有很快灭亡，忽必烈的伐宋之战如果从1261年算起到1279年才彻底结束，整整进行了十八年。其间大小战事无数，这里只选取一些比较著名的战役来讲述。

元朝名称的由来

在讲这些战争之前，先来讲一件大事，就是元朝的建立。

前面讲到忽必烈已经用上了汉人的皇帝称号，但国号还是大蒙古国，仍是蒙古人的国家。到了1271年底忽必烈才下令正式更改国号为大元，定都大都（今北京），从而建立了和传统汉人王朝一致的元朝，并发表

[①] 脱脱，等. 宋史 [M]. 北京：中华书局，1985，本纪第四十五.
[②] 宋濂. 元史 [M]. 北京：中华书局，1976，卷一百五十七.

了诏书。

这份诏书解释立国号的理由,从遥远的唐尧、虞舜开始讲起,把此前所有朝代历数了一遍。总之,国号是一定要有的,而元朝自成吉思汗开始就拥有辽阔的领土,超过以前所有王朝,因此要有一个更加气派的国号,于是选了"大元"作为国号:

我既然已经成就了大业,就应该早日定下国名,这自古以来就是应该有的国家制度,对于我来说当然也是如此。因此我要建国号,名为大元,这是取了《易经》中"乾元"的含义。①

这里还说明了"大元"的国号来自《易经》中的"乾元"。相应的章句如下:

大哉乾元,万物资始,乃统天。云行雨施,品物流形。大明终始,六位时成,时乘六龙以御天。乾道变化,各正性命。保合太和,乃利贞。首出庶物,万国咸宁。

从这些文字中就可以看出"大元"是何等的霸气,而且霸气中带着和气,以之作为国号确实很好,也很适合于元朝的气象!

提出这个国号的人是刘秉忠,他是忽必烈早年最重要的汉臣之一。刘秉忠是个神童,十七岁就成了邢台节度府令史,后来一度弃官归隐,并拜当时最著名的僧人之一、有"再世惠能"之称的虚照禅师为师,在佛学、道学与儒学上都有很深的造诣,正是他使忽必烈走上了最初的汉化之路。

忽必烈对《易经》情有独钟,此前说过他的第一个年号是中统,他

---

① 宋濂. 元史 [M]. 北京:中华书局,1976,卷七.

在诏书中也说明了建年号的理由:"建元表岁,示人君万世之传;纪时书王,见天下一家之义。法《春秋》之正始,体大《易》之乾元。"①

建年号是为了给每一年定一个固定的名号,就像人的命名一样,以便万世之后还可以将皇帝的事迹流传下去,并且年号是人君王道的象征,象征着"天下一家"。这里还说明了建年号是从《春秋》就开始的,并且用上了"乾元"二字,可以说从年号"中统"到国号"大元"是一以贯之的。

建立元朝后,后面讲蒙古与南宋之间的战争时就要将蒙古改为元、把蒙军改为元军了。

这是很有必要的,因为此前与此后战争的性质产生了根本性的变化。此前是作为外族的蒙古人攻打汉人,汉人当然要努力与蒙古人作战,但现在已经不是蒙古人与汉人之间的战斗,而是两个封建王朝——元朝与宋朝之间的内战。

---

① 宋濂. 元史[M]. 北京:中华书局,1976,卷四.

第十五章

恭帝归降

> 时间：1264年　1268年　1273年　1274年　1275年　1276年
> 地点：樊城　襄阳　鄂州　沙洋　新城　鄂州　扬州　常州　皋亭山
> 人物：张庭瑞　焦德裕　夏贵　刘整　范天顺　牛富　阿术　伯颜　王虎臣　宋恭帝　贾似道　张世杰　李芾　姜才　谢道清
> 事件：虎啸山保卫战　襄樊之战　鄂州之战　丁家洲之战　焦山之战　潭州之战　常州屠城　扬州之战　恭帝归降

前面讲完了元朝的建立，下面接着讲元朝与南宋之间的战争。

元朝与南宋之间发生了无数大小战役，其中忽必烈时代的战事是最多的。现在从宋度宗继位的1264年开始，选取一些比较有名的战役来讲。

虎啸山保卫战

第一场就是虎啸山之战。虎啸山之战发生于1264年，这时候宋理宗还在世，蒙军仍在努力攻取整个四川，以此作为攻宋的基地。蒙古将领张庭瑞率五千兵马到了虎啸山，在渠江岸边修筑了一座虎啸城，以之作为占领整个四川东部的前哨基地。

张庭瑞官位不高，但实际上相当不凡，史籍称他"幼以功业自许，兵法、地志、星历、卜筮无不推究"[①]。

由于虎啸山的存在对东川的宋军而言简直是如鲠在喉，因此南宋的四川安抚制置使夏贵亲统数万大军攻向虎啸城。张庭瑞看到敌军多过他十倍，知道不能硬拼，于是就地死守。但守城并不容易，因为他筑的城可没有南宋人的那些山城坚固，只是临时用一些土木依靠地势建起城墙。宋军用大炮一轰，很快就把城墙打出许多缺口。张庭瑞立即派人在缺口处竖起了坚固的木栅栏，但很快又被大炮打坏。这时候他干脆将许多大树推到缺口，再在大树外面蒙上厚厚的牛皮，这样大炮就打不坏了。

夏贵看到强攻不行，于是采取了更厉害的一招，他断绝了城中的水源，想用这办法迫使敌军投降。但张庭瑞是这样应对的：将人畜的尿先煮开，然后用土过滤，使它不那么难闻，再喝。每个人每天都要喝几次这种尿，嘴唇都生疮起泡皲裂。但他仍坚守超过一个月。[②]

一个月后援军赶到，统帅是焦德裕。他看到宋军势大，没有马上进攻，而是令军士每人拿着三个火把，这样一来远远看去就像兵力增多了三倍。夏贵看到这么多敌军赶来，吓得赶紧退兵。焦德裕率军追击，在鹅溪（今四川广安一带）大败宋军。

经此一战，蒙古在四川东部建立了牢固的根据地，为此后占领整个四川打下了坚实的基础。

---

① 宋濂. 元史[M]. 北京：中华书局，1976，卷一百六十七.
② 徐乾学. 资治通鉴后编[M]. 影印本. 上海：上海古籍出版社，1987，卷一百四十五.

灭宋的关键一役

此战后不久，宋理宗去世，忽必烈对南宋的战争大规模展开。下一场重要战役是 1268 年开始的襄樊之战。

当时的襄樊并不是现在的襄阳市，而是樊城和襄阳的合称，其中襄阳可以说是当时南宋江山的根本重地。因为这里扼守长江中腹，只要牢牢控制在宋军手里，蒙军哪怕是占领了蜀地也不能顺江东下攻打江南。

这时有一个人对蒙古军攻襄樊甚至说攻宋起到了十分重要的作用，就是刘整。

刘整本是宋将，并无异心，但奸臣贾似道改变了一切。贾似道执掌朝政时任人唯亲，对那些不效忠自己的文武官员都会想办法铲除。当时刘整任潼川安抚使，实际控制着四川东南部的泸州。他被贾似道的人找借口打压，心中不服，向朝廷申诉，但贾似道掌控了朝廷，他申诉无门。眼看着自己不但可能被罢免甚至可能被迫害致死，刘整决定向蒙古国投降，如史书所言："遂籍泸州十五郡，户三十万，降于蒙古。整，骁将也。蒙古既得整，由是尽知国事虚实。"[1]

刘整的投降对南宋的伤害之重可想而知。为了把刘整拉回来，南宋朝廷还悄悄派人送了一封密信给刘整，信中答应给他高官厚禄，但刘整直接把书信交给忽必烈，以示忠心。他还给忽必烈出了一个主意，指出灭宋必先占领襄阳：如果占领了襄阳，经这里由汉水直入长江，就可以征服宋朝了。[2] 还说两城之所以一直坚守难攻，依靠的就是吕文德。吕文德虽然忠心又有本事，但贪财，可以好好地利用这一点。

---

[1] 陈邦瞻. 宋史纪事本末 [M]. 北京：中华书局，2015，卷一百六.
[2] 陈邦瞻. 宋史纪事本末 [M]. 北京：中华书局，2015，卷一百六.

不久忽必烈派人给吕文德送出重礼，请求在樊城外建立"榷场"，就是蒙古人与宋人做生意的场所。重礼之下，吕文德果然答应，于是就在樊城外提供了场地让蒙古人做生意。但蒙古人做生意是假，断绝樊城与襄阳之间的交通是真。樊城与襄阳隔着汉水相望，本来两者间水上陆上没有任何蒙古人，更不用说蒙军，但现在蒙古人可以在樊城外自由做生意了，不久就有大批蒙古人以做生意的名义到了樊城外面。等吕文德发现不对劲时已经来不及，很快蒙古军就控制了樊城与襄阳之间的地带，断绝了两者之间的交通。特别是襄阳，就此被蒙古军包围。这是1268年的事。

此后蒙古军并没有马上进攻，而是做了各种准备。为什么要这样？因为他们已经弄清楚两城内储存的粟米足够吃十年，而且城池十分坚固，强攻不仅难以攻下，还会造成蒙古军巨大的死伤。于是蒙古军统帅阿术和刘整先采取两个办法来彻底地孤立樊城：一是在樊城东面筑了一座新城白河城，从而断绝了樊城从东面获取支援的通道；二是在汉水上训练水军，这又是刘整的主意。刘整指出，蒙古军的骑兵很厉害，所向无敌，而最大的弱点是水军不如南宋。攻打襄阳乃至灭宋要成功都必须有强大的水军，为此他制造了多达五千艘战船，并且日日勤练，就是天下大雨不能在水上训练也要在地上画线练习战术。这是1270年左右的事。

当水军训练好、白河城筑好之后，蒙古军就从水路与陆路彻底断绝了樊城、襄阳与外界的联系，使它们成了孤城。接着便开始攻城。

但两城军民拼命抵抗，守住了城池。

到了1272年，此时忽必烈已改国号为大元，他下令各路大军一齐出动攻打樊城、襄阳两城。特别是汪良臣造了许多大木筏，率军从重庆出发，沿着长江顺水一路猛冲，沿途许多地方还属于南宋，有的地方甚至建有浮桥，都被这些大木筏冲断，他还顺带夺取了不少江中的宋舰。

为了支持樊城与襄阳，南宋先后派出不少援军，包括范文虎统领的十万水军，这都是当时宋军的水军主力，但范文虎是个草包，既胆小又无能，怎能打得过元军的虎狼之师？初战失利之后，他竟然连夜弃军逃走，十万大军顿时崩溃，从士兵到战船、粮草、盔甲等几乎全部成了元军的战利品。

这等于宣判了樊城与襄阳的死刑。此时元军已经做好了一切准备，开始了最后的进攻。

元军先从防卫稍弱的樊城入手，这时候他们得到了由西域胡人设计的一种新型大炮，威力很大。元军在张弘范、阿里海牙的统领下以精锐兵力发起猛攻，由于双方兵力武器悬殊，不久樊城就被攻克，守将范天顺和牛富英勇牺牲。

樊城被攻破后，襄阳就成了孤城。这时候吕文德已死，负责镇守襄阳的是他的弟弟吕文焕，他自知再守下去也是送死，于是举城向元军投降。这是1273年的事。

襄樊之战的失利很快传到了朝廷，南宋朝野上下都感到绝望，知道灭亡几乎不可避免。

但他们仍坚持抵抗。

占领樊城和襄阳后，元军继续大举进军，以图彻底灭亡南宋。为此忽必烈派出了以左丞相伯颜为统帅的数十万大军，直接负责指挥作战的则主要是阿术，可以说他们是忽必烈灭宋最核心的人物。特别是阿术，在此前攻克樊城与襄阳的战斗中，他就是领军大将。此后，关于是否一举灭亡南宋，忽必烈朝廷本是有所争议的，最终是阿术的一席话使忽必烈下定了决心，要彻底灭亡南宋，如史书所载：

关于伐宋的事皇上命朝廷百官商议，久久不能决定。后来阿术上奏道："我一直在领兵作战，清楚地看到宋军已经比过去衰弱得多了，如果今天不消灭他们，恐怕将来再也不会有这样好的机会了。"皇上于是接受了他的提议。①

阿术的建议是正确的，此时的南宋朝廷在贾似道的当政之下，犹如一具空壳，既无善战之兵，也无能征之将，虽然不缺敢于牺牲的兵与将，但能力有限，根本无法抵挡元军的汹汹铁骑。正因如此，在此后灭南宋的过程之中，虽然打了很多仗，但几乎没有哪一场战斗是名垂青史的大战，这里只需要简单提及就可以。

元军的下一个目标是郢州。由于守将张世杰率军奋勇抵抗，加上充足的防御设施，元军被击败。后来阿术又想招降张世杰，许以高官厚禄，但张世杰断然拒绝。

正在阿术一筹莫展的时候，南宋又有人出卖国家。他告诉阿术，说整个汉水一带的精兵都在郢州，其他地方的兵力不强。而且郢州附近有一个黄家湾堡，它的西面有一条直通藤湖的河沟，通过藤湖就可以进入更下游的汉水。这样一来就等于绕过了郢州，通过其更下游的汉水直抵长江。

有将领认为郢州是咽喉之地，如果不占领的话，将来恐怕会有麻烦。伯颜回他们道："我们出动大军，难道只是为了这一座城吗？"② 很快就率军离开郢州，顺利占领黄家湾堡，然后经过藤湖进入了汉水。这是1274年的事。

二城的毁灭

此后，元军沿着汉水继续前进，不久到达了沙洋和新城，新城在沙

---

① 柯劭忞. 新元史[M]. 上海：上海古籍出版社，2018，卷一百二十二.
② 毕沅. 续资治通鉴[M]. 北京：中华书局，1999，卷一百八十.

洋之南五里。

到了沙洋，一开始伯颜派了一个宋军俘虏带着许降者以高官厚禄的黄榜入城。守城的是王虎臣、王大用，他们不仅断然拒绝投降，还斩了这个送榜的俘虏并烧了黄榜。

到了黄昏，刮起大风，伯颜想出一个有些狠毒的办法。他推出了一种特制的大炮，叫"金汁炮"，它的炮弹实际上是一些燃烧的火油之类，将之射入城中，城中顿时火光冲天。沙洋城本来就不大，房子大多是木结构的，不久城中的房子就几乎被烧了个干净，许多军民被活活烧死。元军趁机攻城，很快就将其攻破。元军只捉了王虎臣、王大用，将其余人全都杀了。[①] 这是真正的屠城。

不只是屠城，他们还把许多军民的头砍下，带到了相距只五里的新城。

到了新城，吕文焕把从沙洋带来的大堆人头排列在城下，然后将王虎臣、王大用五花大绑立在城下，威逼镇守新城的边居谊投降。但边居谊没有理会，于是元军开始攻城。

新城很小，兵马不过三千，哪能抵挡得了数以万计的元军？只见大批元军士兵如蚂蚁般用云梯爬向城墙，杀之不尽，元军很快就冲上了城楼，在城里大砍大杀起来。

边居谊战至最后，打算挥剑自杀，因为连自杀的力气都没有了，于是跳进了熊熊大火中。他手下的三千壮士最后全部壮烈牺牲。

攻占沙洋、新城后，元军继续南下，不久攻克复州，逼近汉阳和鄂州。鄂州就是今天的湖北武昌，过了这里汉水就直入长江。

宋军统帅夏贵在这里率万艘战船布阵于江中，想阻止元军入江。

夏贵可以说是常败将军，以这样的人指挥南宋水军主力，结果可想

[①] 陈邦瞻. 宋史纪事本末 [M]. 北京：中华书局，2015，卷一百六.

而知。他虽然努力作战,但屡战屡败,最后一看势头不对,竟然带着少数兵马先逃跑了,他统领的庞大水军几乎全军覆没。

元军不仅消灭了南宋的水军主力,还占领了要地阳逻堡,很快汉阳与鄂州相继投降,元军得以直入长江,打通了灭宋的大通道。

这仍是1274年的事。就在这一年,宋度宗去世。

宋度宗去世后,继位的是他的次子赵㬎(显),也就是宋恭帝。他当时只有三岁,名义上由祖母谢太皇太后、母亲全太后垂帘听政,但实际掌权的仍是贾似道。

血战1275年

1275年是元灭南宋的关键一年,发生了多场战事。

第一场是丁家洲之战。丁家洲之战是贾似道亲自指挥的唯一一场战事,但他哪里会指挥作战,很快就惨败而逃。

由于丁家洲之战惨败,本就民心尽失的贾似道更加声名狼藉,从民间到朝野都要求惩处他。垂帘听政的谢太皇太后在民意的逼迫下,只得下诏把他流放到岭南的循州。不久,贾似道就被憎恨他的押解官杀掉。

丁家洲之战后,元军顺江而下,不久占领了建康(今江苏南京)这座六朝古都——南宋除临安外最重要的城市,并且继续前进,又占领了常州与镇江,从镇江可以通过大运河直抵临安。元军的下一个目标就是南宋都城临安。

为了保卫临安,南宋朝廷决心在镇江与元军进行大决战。为此,大将张世杰率军北上,到了镇江附近的焦山,这里位于大运河与长江交汇口。

张世杰不懂水战,下令以十艘船为一组将船牢牢地锁在一起,被元军用火攻轻松击败。

焦山之战后，元军进逼常州。元军在兵力上居于绝对优势，很快就将常州团团包围。

伯颜一开始派人去招降，被守城的知州姚訔、通判陈炤等拒绝。伯颜看到常州一座孤城竟敢抵抗他的大军，大怒之下，杀了许多百姓。常州军民依然不降，拼命抵抗，元军于是日夜不停地狂攻猛打，战况异常残酷激烈。

常州守军百姓数量毕竟有限，在占据兵力优势又悍勇异常的元军猛攻之下，终于被攻破。

城破之后，伯颜下令屠城。史书记载："一城生聚，何啻千万，斩艾之余，止有七人，伏于桥坎，获免。"①

1275年最悲壮、最令人难忘的是潭州之战。

负责保卫潭州的是李芾，他率领全城军民英勇抗击元军，残酷的战斗整整持续了三个月。后来元军挖开了附近的湟水，大水在城墙外高涨，元军士兵趁机爬上城外的大树，把它们当成攻城的云梯，从树上跳进城中。城墙之外更有无数元军士兵如蚂蚁般爬上云梯，登上城墙，终于攻破了潭州。

此后元军继续前进，攻向临安。常州之战中元军的屠城使此后许多州县望风而降。元军一路打到吉州，就是今天浙江北部的湖州，再往南就是临安。吉州守军抵抗了三天，城破。

恭帝出降与秋毫无犯

这时候已经到了1276年初，各路元军在临安城外的皋亭山会师。

由于元军势大，虽然当时的掌政大臣文天祥和张世杰等不想投降，

---

① 陈邦瞻. 宋史纪事本末 [M]. 北京：中华书局，2015，卷一百六.

要与元军大战一场,但垂帘听政的谢太皇太后拒绝了,向伯颜投降。

关于投降的具体情形,《元史》有比较详细的记载:

甲申,伯颜到了皋亭山,阿剌罕以兵来会。宋主派了他的保康军承宣使赵尹甫、和州防御使吉甫等,带着传国玉玺及降表到了军前……伯颜接受了降表、玉玺,又派遣囊加歹以及赵尹甫、贾余庆等回到临安,召来宋朝的宰相商议投降的具体事宜……

庚子,宋主赵㬎率领文武百官到了祥曦殿,望着北方大元宫殿方向呈上降表,请求成为大元的藩属……宋主的祖母太皇太后也呈上了降表以及文书。当天,宋朝的文武百官离开临安,到了行中书省,各人根据自己的职位以礼晋见伯颜。伯颜决定将临安作为两浙大都督府,都督是忙古带、范文虎,由他们入城管理城市。辛丑,伯颜照例命令张惠、阿剌罕、董文炳、左右司官石天麟、杨晦等进城,提取了军民钱谷的数目,检查核实了仓库,收走了百官诰命的符印,全面取缔宋朝官府,遣散了侍卫皇帝的禁军。宋主赵㬎派了他的右丞相贾余庆等充当祈请使,去大都请求关于他们的具体安排,贾余庆命吴坚、文天祥等同行。行中书省右丞相伯颜等因为宋主赵㬎举国归降,上表道贺,两浙路共得到八储、六州、一军、八十一县,二百九十八万三千六百七十二户,五百六十九万二千六百五十丁口。[①]

就这样,在太皇太后的主持下,当时只有五岁的宋恭帝向伯颜递上了降表和传国玉玺,表示南宋将不再将帝位传给下一代,这也是亡国的象征。

这是1276年2月的事。如果从宋高宗1127年在临安称帝算起,南宋立国约一百五十年;如果从960年宋太祖建立北宋算起,宋朝立国超

---

① 宋濂.元史[M].北京:中华书局,1976,卷九.

过三百年。

这里要特别提到的一点就是,元军占领临安之后,对临安城几乎可说是秋毫无犯。

为了阻止军士掳掠,伯颜下令禁止军士入城,违者杀头,从而阻止了劫掠的发生。此后伯颜又派吕文焕带着黄榜安民。所谓黄榜,就是以占领者朝廷的名义发布的公告,告诉被占领城池的百姓不要惊慌,占领者会善待他们,保证他们的生活一切如常。这时候反倒是宋人的乱兵在城里杀人抢劫,临安百姓甚至愤起杀了乱兵。他们对元军的秋毫无犯自然高兴加感激,很快就成了顺民。

到了月底,在临安新建立起来的元朝行政机构还下发了忽必烈的诏书。其中说:

前面行中书省右丞相伯颜派使者来奏,宋朝的母后、幼主以及各位大臣百官已于正月十八日送上宝玺以及降表,表示归附。我认为自古归降之王必须行朝觐之礼,已派遣使者特地前往迎接。归降的官员们要各自履行原来的职责,不要胡乱猜疑恐惧。所有归附前犯下的罪行都可以得到赦免;无论欠国家还是私人的财物都不得要求偿还。那些抗拒我大元王师以及逃亡又聚集起来造反的人,他们的罪行也可以得到赦免。百官官府、诸王宅第、三学、寺、监、秘省、史馆以及禁卫军各部,都要安定下来。所有山林河湖,除了大树、花果外,其他东西都不会征税。秘书省的图书,太常寺的祭器、乐器、法服、乐工、卤簿、仪卫,王室的家谱,天文地理图册,所有各类文书,以及户口登记册等,都要收拾整理好。前代圣贤的后裔,有名的儒士、医生、僧人、道士、卜算师,还有通晓天文历数的人,以及山林中隐藏起来的名士,都要由相应的机构进行登记,然后递交报告。名山大川、寺观庙宇,以及前代名人的遗迹,都不许拆掉损毁。鳏寡孤独等生活不能自理的人,要由政府酌情加以照顾。①

  如此等等，这样的内容颇令人感慨。这一次，元军不但没有抢杀，反而进行了优待。

---

① 宋濂. 元史 [M]. 北京：中华书局，1976，卷九.

第十六章

南宋之亡

> 时间：1276年　1278年　1279年
> 地点：扬州　泰州　静江　泉州　崖山
> 人物：姜才　文天祥　张世杰　陆秀夫　阿里海牙　马塈　黄文政　娄钤辖　邓得遇　赵昰　赵昺　蒲寿庚　张弘范
> 事件：姜才与扬州抗元　静江三烈士　南宋最后的抵抗与灭亡

虽然宋恭帝和谢太皇太后以及绝大部分朝臣都乖乖地投降了，但还有不少人仍在反抗。宋恭帝的哥哥赵昰和弟弟赵昺在杨亮节、陆秀夫、张世杰、文天祥等人的保护下逃往南方。在福州，只有七岁的赵昰被拥立为帝，就是宋端宗。这也就意味着南宋还没有真正灭亡，因此各地忠于南宋王朝的将士百姓都遥尊新帝，继续抗元。

姜才与扬州抗元

扬州就是坚持抗元的地方之一。下面就来讲一下扬州之战。

前面说到，丁家洲之战中贾似道大败，但也有表现英勇的宋将，就是前锋将姜才。由于贾似道等先逃了，宋军兵败如山倒，姜才也被迫退却，他没有只顾自己逃跑，而是带着自己的部队退到了扬州。

此后姜才固守扬州，在扬州军民的英勇抵抗下，元军强攻不下，于是采取包围的策略，在扬州周围筑了一堵长墙，想要困死扬州。

到了1276年3月，宋恭帝投降后，在伯颜的要求下，谢太皇太后派人带着她的诏书到扬州，要扬州守军投降。这时候扬州宋军的统帅是姜才与李庭芝。当使者到了扬州城门外，姜才的回答是一箭射去，把使者赶跑了。

元军统帅阿术又派人过来，想用高官厚赏让姜才投降，但姜才的回答是："吾宁死，岂作降将军邪！"[1]

再往后，赵昰在福州称帝，派人来召唤姜才和李庭芝。他们于是奉命率部分兵力离开了扬州，准备通过海路前往福州保护新帝。

至于扬州，姜才叫部将朱焕带领余下的兵力镇守，但姜才刚走，朱焕就向元军投降，献出了扬州。

这边姜才和李庭芝刚到泰州就被大批元军追上，姜才率军退入泰州。元军包围泰州后，统帅阿术把在扬州俘虏的士兵的妻小推到城下，想以此胁迫他投降。姜才断然拒绝，但这时他得了重病，无法继续指挥作战。他的部下看到这样打下去就是送死，于是擅自打开城门，向元军投降。

不久有人把躺在床上不能动弹的姜才抓住，交给阿术。阿术很欣赏姜才既忠且勇，劝他投降，说要重用他，但姜才断然拒绝，不但如此，

---

[1] 脱脱，等. 宋史[M]. 北京：中华书局，1985，列传第二百一十.

还把阿术痛骂了一顿。当阿术又责备同样被抓住了的李庭芝,问他为什么不投降时,姜才回答说:不投降的不是他,是我姜才!接着又大骂阿术。阿术大怒,竟然把姜才送到扬州,当众活剐了他。

据说临死之前,姜才看见了此前早就投降的夏贵,咬着牙骂他道:"若见我宁不愧死邪?"[①] 意思是我姜才这样为国不屈而死,夏贵你这种胆小鬼、投降派怎么不羞愧而死呢!

夏贵是一个老将,此时已经七十九岁,他怎么会感到羞愧呢?他在1278年被忽必烈封为行省左丞,直到八十三岁才寿终正寝。

这就是历史的规则:顺者昌而逆者亡。至于其中的相关政治伦理是否正确,就是另一回事了。

静江三烈士

扬州之战结束时,已经是1276年。原来的南宋朝廷已经投降,现在新成立的小朝廷以文天祥、张世杰、陆秀夫等人为领导核心,继续抗元。

这时候继续抗元的地方除了宋端宗朝廷所在的福建,还有广西、四川等地,都发生了多场战事。

广西的战事主要发生在静江,就是今天广西桂林一带。

这时候潭州已经失守,元军占领了湖南。过了湖南就是广西,负责进攻广西的元军将领是阿里海牙(阿尔哈雅),负责守卫广西的宋军将领则是马塈,他率军驻扎在静江,抵抗元军。

一开始,阿里海牙想不战而胜,派人送信给马塈,表明只要他投降,就委任他为广西大都督,但马塈断然拒绝。后来阿里海牙觉得可能是自己级别不够,或者马塈不相信他有权力封马塈为广西大都督,于是特地

[①] 脱脱,等. 宋史[M]. 北京:中华书局,1985,列传第二百一十.

请忽必烈亲自下诏给马墍，表明此前阿里海牙的承诺为真。但马墍的回答更为决绝，他直接烧了诏书，并斩杀来使。

毁书斩使，这是拒绝投降最激烈的方式。看到马墍如此，阿里海牙于是率大军南下，攻向静江。

阿里海牙看到静江赖以防卫的主要是两条河流，即大阳江、小溶江，这两条河并不很宽，于是就在两河之上筑起了一道坚固的拦河坝，使两河之水再也不能流向静江，然后在静江护城河的东南部挖开一个缺口，护城河的水很快就流干了。静江本身的城墙并不高大坚固，在元军的猛攻之下，很快外城就被攻破。马墍率军退到内城继续抵抗，内城很快又被攻克。但他坚持抵抗，率战士们进行了残酷的巷战。后来他手臂受伤，拿不动兵器，终于被俘虏。元军砍下了他的头，但他倒下后竟然又站了起来，双手紧握拳头，想要击向敌人，就这样站了好一会儿才最后倒下。史书为之叹道："墍家世以忠勇为名将，至墍，死节最烈！"①

但这次大战中死得最惨的并不是马墍，而是黄文政。关于他，史书是这样说的：

淮人黄文政，先守卫蜀地，兵败之后跑到静江，马墍请他一起保卫静江，静江城被攻破后，黄文政也被抓住了。他大骂元人，绝不屈服。元人割掉了他的舌头，又挖掉了他的鼻子、砍断了他的双脚。黄文政仍含含糊糊地痛骂，直到死了声音还没有断。②

即使到了这样完全绝望的时刻，静江仍有宋军将士在坚持抵抗，马墍的部将娄钤辖就带着手下残存的二百五十人坚守最后的月城。

月城不好攻，但城很小，又没有粮草，阿里海牙不想浪费兵力去攻打，于是下令把它团团包围。

---

① 毕沅. 续资治通鉴[M]. 北京：中华书局，1999，卷第一百八十三.
② 毕沅. 续资治通鉴[M]. 北京：中华书局，1999，卷第一百八十三.

十多天后，只见娄铃辖出现在月城上，他喊道："我们饿得走不动了，想出来投降都没力气，你们如果给我们一些粮食，我们吃后有力气了就出来投降。"阿里海牙信以为真，于是把几头牛、一些米放在月城门外。娄铃辖派人出来取走粮食后，又关上了城门。有元军爬到高处往里张望，见宋军竟然不把米和肉煮熟就生吃了。

吃完后，城中鼓角齐鸣，元军以为他们又想要打仗，于是准备迎战。突然一声巨响，不少靠近月城的元军士兵被炸死。到处火光冲天、烟雾弥漫，整个月城被彻底摧毁。

等火熄灭之后，元军进去检查，发现里面的人已尸骨无存。

阿里海牙被耍了，不禁大怒，又在静江屠城，他不是简单地把人杀掉，而是将所有抓到的静江百姓全部活埋，有七百名静江百姓逃进了西山，阿里海牙答应不杀他们，要他们投降，但七百人全都自杀了，没有一人投降。[1]

南宋的广西提刑邓得遇听说静江被攻占后，知道局面已经无法挽救，接下来他是这样做的：

邓得遇穿上朝服，望着南方下拜，还在纸上书写了一幅字："我是宋室忠臣、邓家孝子，不愿意苟且偷生，宁肯淹死。"于是跳进南流江而死。[2]

虽然有这么多义士在抵抗，但广西和南宋其他地方一样，大部分将士官吏军民并没有激烈抵抗，而是投降了元军，不久元军顺利征服了整个广西。

这是1276年的事，这时候的南宋已经是苟延残喘。

---

[1] 毕沅. 续资治通鉴[M]. 北京：中华书局，1999，卷第一百八十三.
[2] 毕沅. 续资治通鉴[M]. 北京：中华书局，1999，卷第一百八十三.

南宋最后的灭亡

即便这样,南宋仍有一批忠臣义士在拼命保卫最后的江山,其中有代表性的就是前面提到过的文天祥、张世杰和陆秀夫,他们被称为"宋末三杰"。

三人中文天祥是最有名的,他也是中国历史上最值得尊敬的人物之一。

下面来讲南宋灭亡前最后一场战事,即崖山海战。

前面说到,1276年宋恭帝投降,临安陷落。但南宋并没有就此灭亡,因为宋度宗的杨淑妃在哥哥杨亮节的护卫下,带着度宗的两个儿子赵昰、赵昺成功逃出,同行的还有陆秀夫、张世杰等人。

不久七岁的赵昰在福州登基为帝,这就是宋端宗,尊生母杨淑妃为太后,封弟弟赵昺为卫王,陈宜中、张世杰、陆秀夫等是实际的掌控者。文天祥虽然地位尊崇,但由于与前面三人政见不合,所以外出江西抗战,但以失败告终。

看到南宋又有了新皇帝,忽必烈当然不会坐视不管,立即派出大军杀来,很快就攻陷了福州,宋端宗带着他的小朝廷又跑到了泉州。

泉州是当时中国乃至世界最大的贸易港口之一,有大量船只。控制这些船舶的是市舶司蒲寿庚,他本来并没有反意,但张世杰处置不当,导致出现最坏的局面。当时朝廷船舶不足,张世杰不是客气地找蒲寿庚要,而是直接抢船夺货。蒲寿庚大怒,要知道泉州可是他的地盘,有很大的势力,看到朝廷如此蔑视他,他不禁大怒,本来他的忠宋之心就已经动摇,此时立刻翻脸,杀掉了留在泉州的大批南宋宗室、大臣甚至军士,随即投向元朝,使南宋遭受了致命一击。

此后,张世杰带着抢来的船只率军出海,流亡到更南的广东。不久在井澳地方与元军打了一仗,但遭遇飓风,船被打坏,宋端宗也掉进水中。宋端宗虽被救起,但因此染病,不久便死去。这时候残存的朝臣大都想要散去,就此终结南宋,但陆秀夫坚决不同意,他说:"现在度宗还有一个儿子活着,我们如果散了,他怎么办?古人就有以少数兵力中兴国家的范例,现在我们还有成百的官员和数万的战士,如果老天没有灭绝我们大宋,怎么不可以立国?"大家一想有道理,于是拥立卫王赵昺为帝……虽然是在这样的颠沛流离中,陆秀夫还每天都要写上几句《大学章句》,以劝进学问。[①]

想象一下此情此景,就可知中华文化为什么不会亡。因为无论在怎样恶劣的情形之下,都有人信仰并且实践这种文化。

这时候已经是1278年5月,张世杰和陆秀夫带着赵昺逃到崖山(位于今天广东江门市新会区一带),并在这里建立了行宫。

元军随后追来,统帅就是张弘范。

这时候的宋军还拥有相当多的兵力,据说有二十万,战船千余艘,但军队大多是临时招募来的渔民,船也是普通民船,并非战船。元军兵力则要少得多,只有几万,战船只有四百余艘,且元军主要是北方人,不但不习海战,而且在船上待久了会头晕目眩。

本来宋军占有极大的优势,张世杰虽然忠心,但的确不是良将。这时候只要他在海上直接向元军发起进攻,成功的概率是很大的。宋军中有人建议先占领海湾出口,为向海上撤退保驾护航,但张世杰怕士兵因此产生逃亡之心,不但否决了建议,而且下令烧掉陆地上的房屋,强迫所有军民登船作战。他还命人把所有船只用大绳绑在一起,并把赵昺的"龙舟"放在最中间。

---

① 脱脱,等. 宋史[M]. 北京:中华书局,1985,列传第二百一十.

看到宋军如此，张弘范采取了火攻的办法，但张世杰早就在船上涂了许多泥巴，并在每条船上横放了一根长木，把元军战船推开，使火箭很难射上来。张弘范一看火攻不成，就封锁了海湾出口，并在陆地上断绝了宋军的汲水通道。

十多天后，宋军不仅水喝完了，粮食也吃完了，许多士兵就去喝海水，但海水哪能喝！这样一来宋军等于走上了绝路。

此后两军大战，张世杰的外甥被俘投降。于是张弘范派他去招降张世杰，一连去了三次，都被张世杰拒绝了。张世杰列举了古代的那些忠臣，说："我知道投降可以活命，并且得到富贵，但我不想要这些，我只想为皇上献出自己的生命。"①

张弘范见劝降不成，于是向海湾中的宋军发起进攻。这些宋军又饥又渴，而且知道败局已定，哪有战斗力，很快就有几位将领投降，宋军兵败如山倒。

张世杰见大势不妙，率十多艘船冲出海湾，逃走了。后来他又回到了崖山，但很快被元军击败，残存的将士纷纷投降。他还想找到赵氏的后代再立为帝，但天不遂人愿，突然一阵大风刮来，他的船被打翻，而他也落入水中淹死了。

此时小皇帝的龙舟已被元军包围，陆秀夫还在小皇帝身边，他不愿意皇帝再成为俘虏，于是先把同在船上的妻儿赶进海中，然后自己背着只有七岁的小皇帝跳进了海中，都淹死了。对此，《宋史》是这样记载的：

至元十六年二月，崖山被攻破……陆秀夫想到不可能再逃脱了，于是先持剑把妻儿赶进海中，随即背着卫王跳海而死，时年四十四岁。②

这里的"卫王"就是小皇帝赵昺了，他的死也意味着南宋的最后灭亡。

---

① 脱脱，等. 宋史 [M]. 北京：中华书局，1985，列传第二百一十.
② 脱脱，等. 宋史 [M]. 北京：中华书局，1985，列传第二百一十.

关于崖山之战及最后的情形,《续资治通鉴》有这样的记述:

已是黄昏时分,到处大风大雨,大雾弥漫,相距一尺也难以相互辨认。张世杰派了一艘小船到了宋帝所在,想请宋帝到他的船上,再设法逃走。但陆秀夫害怕有人要出卖他,这样一来又要成为俘虏受到侮辱了,执意不肯去。宋帝的船太大,而且有许多相互绑着的船围绕,陆秀夫知道这次不可能脱身了,就先把自己的妻儿赶进海中,然后对宋帝说:"国事到了这个份上,陛下您应当为国而死。德祐皇帝已经受到极大的侮辱,陛下您不可以再这样受辱!"随即背起宋帝跳进海中,一同淹死了。很多后宫宫人和大臣也一起赴死。时年宋帝只有九岁。①

这是1279年3月19日的事,这也是南宋最后的灭亡之日。

从1235年窝阔台攻宋算起,到1279年灭亡南宋,这场灭宋之战持续了四十四年之久。蒙古人在他们崛起的过程中,灭国无数,其中攻灭南宋是最为漫长而艰难的。

在中国历史上,南宋是一个武力值很低的朝代,尚且可以对抗堪称世界古代史上最强大的征服者如此之久,而且若不是他们自寻死路,多次主动挑起战争,或许蒙古人并不会有灭宋的想法。因为他们早在灭金的最后一战——蔡州之战中就看到了宋军的战力,可以说是南宋皇帝君臣的昏庸无能、自取其祸才导致了灭亡的结局。

南宋灭亡之后,中国的朝代才真正实现了更迭,由宋朝进入元朝。

---

① 毕沅. 续资治通鉴 [M]. 北京:中华书局,1999,卷第一百八十四. 时年宋帝只有九岁,这是《续资治通鉴》的说法,根据现在的计算方法,赵昺生于1272年,死于1379年,应该只有七岁。

第十七章

中国元朝

> 时间：1271年　1292年
> 地点：大都
> 人物：刘秉忠　脱脱　张弘范　耶律楚材　窝阔台　阿鲁浑萨理　哈剌哈孙　铁木儿塔识　忽必烈　曹鉴　关汉卿
> 事件：改蒙古国号为大元　元朝的汉人能臣大将　张弘范其人　元朝与儒学科举

元朝是中国历史上第一个由少数民族建立的大一统王朝。

关于元朝，最有争议的地方是它是否可以说是中国的王朝。毕竟建立元朝的不是汉人而是蒙古人，因此有些人会认为元朝不是中国人的王朝，中国只是被蒙古人征服的许多国家之一。

这种说法是完全错误的。因为元朝与宋朝一样，是传统中国人的王朝。

之所以这样说，原因有很多，下面列举其中五个。

从蒙古到大元

第一个也是最基本的原因,就是忽必烈正式把国号由蒙古改成大元。

这前面已经说过。1271 年底,忽必烈下令正式更改国号,由蒙古改为大元,建立了和传统汉人王朝一致的王朝。对此,《元史》有这样的记载:

刘秉忠及王磐、徒单公履等说:"每逢元正、朝会、圣节、诏赦及向百官宣敕,都要穿上官服并且跪拜行礼。"皇上接受了这样的建议,并且禁止再执行金国的《泰和律》,又定国号名为"大元"……这是取自《易经》中"乾元"的含义。①

这就是说,是蒙古大汗忽必烈主动改了国号,从而使元朝成为一个传统的中国王朝,是和此前的汉朝、唐朝一样的王朝。元朝继宋朝之后统治全中国,而更改国号也使元朝统治中国有了传统法理上的正当性。

忠于元朝的汉人

第二个原因是元朝时主要的官员,尤其是那些治国能臣及能征惯战之将大部分是汉人,并且他们都忠于元朝。

《元史》所载非皇族的名臣名将,大部分是汉人,而且即使非汉人,也有许多是熟悉并且接受了汉文化的人,典型者如《宋史》的编纂者脱脱。

脱脱是蒙古人,并且是元灭宋主帅伯颜的侄子,但他从小就跟从汉人老师学习汉文及儒家经典,并将记录古人的嘉言善行当成自己的生平志愿,很早就获得了元文宗的高度肯定。史书载:

脱脱开始学习汉文后,他就向老师、浦江的吴直方请教:"要我脱

---

① 宋濂. 元史 [M]. 北京:中华书局,1976,卷七.

脱成天端端正正地坐着读书，还不如每天记录古人好的言语和善的行为，我愿意一辈子做这样的事。"……他上朝觐见文宗，文宗见他如此，高兴地说："这个孩子以后必定会得到重用。"①

这里的"得到重用"，指的就是他后来主持编纂了《宋史》《辽史》《金史》。"二十四史"中的三史由一人主持，这在整个中国历史上是独一无二的。试问，脱脱的编纂史书与传统汉人何异？

正因如此，元朝获得了大批汉人百姓乃至士大夫与将领的拥护，这也是元朝能够灭亡南宋的原因。

甚至可以说，倘若没有元朝宫廷与军队中的汉人大臣与将士，元朝是不可能灭南宋的，也不可能建立起如此庞大的大元帝国。请问，这些汉人官吏与将士是在和蒙古人勾结起来打汉人吗？

当然不是。他们只是接受了朝代的更迭，承认南宋将亡、元朝将兴这样一个事实罢了，而这对于中国是历史的常态，完全可以接受。

典型的例子就是直接率军彻底灭亡南宋的将领张弘范。试问，在张弘范的心里他是帮助蒙古人打汉人吗？当然不是。相反，他并不一味盲目害怕或者忠于蒙古人，而是讲究原则，并且对自己的汉人血统与汉文化相当重视甚至自豪。这从下面三个例子就可以看出来。

一是当他还只有二十来岁时，有次蒙军经过他治下的地盘，一开始乱兵像在经过其他汉人地盘时一样任意抢掠，他可没有像大多数汉人一样忍气吞声，而是带人拿起武器反击，如史书所载："蒙古军所过肆暴，弘范杖遣之，入其境无敢犯者。"②

二是当他进攻南宋时，从来不准许手下抢掠汉人，而是尽量宽大为怀，这在《元史》中记录得很清楚。例如，有一次台州有人起兵造反，他奉

---

① 宋濂. 元史 [M]. 北京：中华书局，1976，卷一百三十八.
② 宋濂. 元史 [M]. 北京：中华书局，1976，卷一百五十六.

命镇压，平叛成功后按一般的做法，哪怕是汉人的朝廷也会对叛民大开杀戒，但他只是杀了为首的，其他均不追究。"台州叛，讨平之，诛其为首者而已。"①

三是他特别善待汉人士大夫。典型的例子就是他俘虏文天祥后善待他，将他当成贵客。

更有甚者，此前元军占领临安时，发生了这样的事：张弘范抓住了宋朝的礼部侍郎邓光荐，叫他的儿子张圭拜邓光荐为师。②

邓光荐是当时的名儒，为什么张弘范要这么做？当然是因为张弘范清楚自己的汉人身份，并且要求自己的后代也接受汉人的传统儒学教育。

如此等等，像张弘范这样的人还有不少，如郭侃、史天泽、郝经等。从这些可以看出来，在当时汉人的心目中，元朝是接替宋朝而来的正统的中国王朝，因此他们才可以无愧于心地忠于这样的王朝。

灭宋后，张弘范受到朝廷重赏，但不久就得了病。忽必烈十分关心他，不但派御医为他看病，甚至派了皇帝的卫士为他看门，以免闲杂人等干扰他的静养。但他很快病入膏肓。他在临死前是这样做的：

他沐浴后换上了正式的衣冠，由人扶着到了中庭，面朝皇宫一再下拜。退回去后坐下来，令大家饮酒作乐，并与亲人旧友告别。他拿出皇上所赐的宝剑与盔甲，交给嗣子张圭，说："你父亲是靠这个立功的，你要看着宝剑、穿上盔甲，不要忘了它们！"说完之后，他端端正正地坐着去世了，时年四十三岁。③

不难看出，张弘范这样的做派完全是一个传统汉人忠臣临死时的做法，不但要向皇帝所在处跪拜辞别，还要儿子继续忠于皇帝与朝廷。

---

① 宋濂. 元史 [M]. 北京：中华书局，1976，卷一百五十六.
② 宋濂. 元史 [M]. 北京：中华书局，1976，卷一百五十六.
③ 宋濂. 元史 [M]. 北京：中华书局，1976，卷一百五十六.

他之所以能够如此忠于元朝与忽必烈，根本原因就是在他内心深处已经把忽必烈当成正统且合法的中原王朝皇帝，把元朝视为合法且正统的中原王朝。

张弘范如此，当时其他效忠于元朝的汉人百姓、官员、将士同样如此，他们已经承认并接受了元朝是正统的中国王朝的基本事实。

元朝的儒学与科举

第三个原因是元朝不但采用了传统中国王朝的国号，以中国王朝的正统自居，而且实行了中国王朝的传统国家制度，这个制度的文化核心就是儒学。

元朝对儒家文化的重视从前面的改国号就可以看出来，依据的就是儒家经典之一《易经》。

此外，元朝廷对于汉人儒生一向十分重视。例如，1276年3月，朝廷颁下圣旨，给予大批儒者以特殊待遇，"免其徭役"[①]。这样的待遇即使在宋朝也是没有的，这里不妨举一个对比鲜明的例子。

《宋史》记载了这样一件事：史弥远当政期间，一位言官给宋理宗上奏，说蕲州有个人叫冯杰，他本是儒生，但负责管理冶炼的贪官把他贬为炉户，要他为朝廷冶炼铁器，并且索求的铁器额度越来越高，冯杰夫妻就是没日没夜地苦干也达不到要求。他的妻子因为怕被惩罚，担忧而死，他的女儿又被迫继续当炉户，他的弟弟觉得太冤了，去告状，半路上就死了。冯杰知道自己很快也会活活累死，绝望之下，就把自家房子点着了，全家自焚而死。这位言官说完这事后叹道："百姓冤苦到了

[①] 宋濂. 元史[M]. 北京：中华书局，1976，卷九.

这种程度，简直是没有天理了！"①

这是史弥远当政时南宋民情的悲惨写照，也说明在这个时期，儒生和普通百姓同样过着悲惨的日子。试想，当元军打过来之后又善待儒生时，他们会不会拥护元朝的统治呢？当然会。

不止于此，同样在 1276 年，忽必烈宣布以孔子的五十三世孙、曲阜县尹孔治兼主孔子祭祀之事，也就是说元朝和宋朝一样，要每年为孔子举行正式的祭仪了。

灭宋之后，元朝还建立了许多学校，这些学校教的内容和传统的中原王朝是一样的，就是儒家的四书五经。为了使学校有充足的经费，政府还给他们分配了专门的"学田"，学田的收入全归学校。如 1292 年忽必烈就特地下诏：江南各州县的学田每年收入要全部交给各学校，让它们自己掌握安排。②

此外，《元史》还有专门的章节讲"选举"，即元朝的科举制度，指出："元初，太宗始得中原，辄用耶律楚材言，以科举选士。"③也就是说，早在窝阔台时期，元军初入中原之际就开始科举取士了，并且科举的内容和宋朝一样是传统的儒家经典。对此，《元史》也有明确的记载：

考试程序：蒙古、色目人，第一场经问五条，在《大学》《论语》《孟子》《中庸》范围内提问，用的是朱子章句集注。那些既精通义理，文辞也典雅的就中选。第二场考问一道治国之策，根据当时的时事出题，要求答案在五百字以上。④

这一段特别重要，也是元朝成为传统中国王朝最核心的体现。这说

---

① 脱脱，等. 宋史[M]. 北京：中华书局，1985，本纪第四十一.
② 宋濂. 元史[M]. 北京：中华书局，1976，卷十七.
③ 宋濂. 元史[M]. 北京：中华书局，1976，卷八十一.
④ 宋濂. 元史[M]. 北京：中华书局，1976，卷八十一.

明元朝通过科举选拔官员，而科举考试的内容就是传统的中国儒家四书五经，并且是用汉语来考试的。也就是说，这些人无论是蒙古人还是色目人，都必须学习汉语并且会使用汉语，这是一种明显的汉化，是元朝将整个国家制度与传统汉人王朝一体化的表征。

由此可知，元朝虽然是蒙古人建立的，但实质上与传统汉人王朝并没有本质差异。

在此可以对比一下古希腊的情形。公元前4世纪，亚历山大大帝征服古埃及后，派他的大将托勒密镇守。没过几年大帝就去世了，诸将瓜分了大帝遗产，托勒密便分得了埃及，从而建立了埃及的托勒密王朝。

托勒密王朝表面上采用古埃及的法老制度，朝廷的各种仪式也几乎完全和古埃及是一样的，甚至可以近亲结婚，例如著名的埃及艳后克利奥帕特拉七世的丈夫就是她的亲弟弟，但有一样最根本的古埃及文化托勒密王朝却没有采用，就是语言以及与之相关的教育，那完全是希腊式的。后来托勒密王朝成了希腊文化最发达的地方，其首都亚历山大城还建立了当时希腊世界最大的图书馆，后期希腊哲学中著名的哲学流派——亚历山大学派就诞生在这里，它的领袖希帕蒂亚是古代西方著名的女哲学家，西方古代数学成就之集大成者《几何原本》也诞生在这里。

总之，通过文字与教育的方式，托勒密王朝征服埃及之后实际上是把埃及希腊化了，古埃及以象形文字为中心的文化从此消失，以致后来古埃及文字成了"死文字"，直到19世纪才被法国语言天才让·弗朗索瓦·商博良破译。

如此种种，这和蒙古人建立元朝以及灭亡南宋后的情形是截然不同的。在元朝时期，不是汉人学习蒙古人的文字与文化，而是蒙古人以及色目人学习汉人的文字与文化。

前面讲过脱脱学习汉文化，《元史》还记载了一位学习汉文化者——

阿鲁浑萨理。他是畏兀儿人，属于色目人，忽必烈听说他很有才能，便让他学习汉人的文字与学问，不仅学习儒家经典，还学习其他诸子百家，后来深得忽必烈长子即真金太子的器重：

世祖听说阿鲁浑萨理很有才华，便让他学习中原的学问，于是他学习了中原的经、史、百家及阴阳、历数、图纬、方技之说等，全都通晓了。后来侍奉真金太子，成了他的入宿禁卫，深受器重。①

阿鲁浑萨理如此，真金太子本人也一样，他接受的完全是儒家教育，他本人具有儒家理想中的明君品质，是中国历史上最值得肯定的太子之一。关于他的事迹后面还要说到。

总而言之，从前面的三个原因可以清楚地看到，元朝之重视儒生、儒学教育和以儒家经典为内容的科举考试，与其他传统汉人王朝是一样的，这也说明元朝只是由蒙古人建立，其国家制度则与传统汉人王朝无异，从而有力地证明了元朝是传统的中国王朝。

属于中国的元朝君臣

第四个原因，也是最直观的原因，就是元朝从皇帝到群臣都将自己看成中国的一分子，臣是中国之臣，君是中国之君。

这样的例子在《元史》上有不少。如元成宗时期有一个西南地方的偏远小国没有奉元朝正朔，一个汉人臣子要求出兵讨伐，但当时作为掌政大臣的蒙古人哈剌哈孙却说："山峤小夷，辽绝万里，可谕之使来，不足以烦中国。"②这里哈剌哈孙明显把自己的朝廷当成了中国的朝廷，把自己当成了中国人而不是蒙古人。

---

① 宋濂. 元史 [M]. 北京：中华书局，1976，卷一百三十.
② 宋濂. 元史 [M]. 北京：中华书局，1976，卷一百三十六.

同一卷中谈到元英宗时期的国泰民安时还说："时天下晏然，国富民足，远夷有古未通中国者皆朝贡请吏。"①史书的作者在这里显然是把元朝看成了中国而非蒙古。可以说在他们心中蒙古已经消失，代之以中国。

还有，铁木儿塔识是钦察汗国的国王脱脱之子，天资聪颖，后来成了元文宗时期的重臣，官拜丞相。有次一个日本僧人向他告密，说日本派来元朝的使者其实是来刺探军情的间谍。铁木儿塔识听了后只是淡淡一笑，说："这种刺探之事从古到今都是有的，没什么了不起。现在我大元统一了天下，大家都是自己人，还用得着刺探吗？即使真有这回事，正可以让他看看我们中国有多么强盛，让他们回国后告诉自己的主子看到了什么，从而产生归化于我中华文明之心。"②铁木儿塔识在这里可以说完全把自己当成了中国人，把元朝当成了中国而非蒙古。

臣子如此，皇帝也是这样。《元史》记载了忽必烈的一件事：

有一次他大宴群臣，喝得高兴了，就搞起蒙古人的风俗来，要那些不能把大杯中的酒一口干的臣子当众脱衣服。一个叫魏初的汉臣听说后，第二天赶紧上奏，说："君如天臣如地，一定要严格地讲究尊卑上下。而且现在内有太常史官等人会记载皇上的一言一行，外有高丽和安南等国的朝贡使节，他们是来看中国礼仪的，皇上昨天大宴群臣时的样子太没有威仪、太不谨慎了，这不是尊重朝廷、讲究君臣上下该做的事。"忽必烈一听觉得大有道理，赶紧告诉自己的近侍，以后再也不能这样了。③

这就是说忽必烈已经把自己当成了中国的皇帝而非蒙古的大汗，一举一动都要符合传统的中国皇帝该有的样子，要符合中国的传统礼仪，为此要把一些与中国传统礼仪相冲突的蒙古习俗抛弃。换言之，就是要

---

① 宋濂. 元史[M]. 北京：中华书局，1976，卷一百三十六.
② 宋濂. 元史[M]. 北京：中华书局，1976，卷一百四十.
③ 宋濂. 元史[M]. 北京：中华书局，1976，卷一百六十四.

接受汉化。这时候忽必烈还没有灭南宋，就已经把自己当成中国的皇帝而不是蒙古的大汗了。

还有一次，忽必烈的另一个重要汉臣徐世隆在奏章中说："陛下既然是中国的皇帝，那么就要按照中国的规矩来行国家之事。而这些国家之事中最主要的就是祭祀，而祭祀当然必须有庙。"① 当然这个庙不是一般的庙，而是中国古代皇家都必须有的太庙。他劝忽必烈赶紧建太庙，同时还给出了太庙的设计图纸。

忽必烈一听，觉得有理，于是马上根据图纸施工建筑太庙，一年多后就建成了。然后他把祖宗的牌位移进太庙，接着举行祭祀大典，一切礼仪规则完全是中原汉人王朝传统的那一套。

礼成之后，忽必烈十分高兴，重赏了徐世隆。这说明忽必烈不但在风俗习惯上遵循了汉人传统，而且采用了一整套汉人传统皇帝的礼仪规则。

简而言之，忽必烈以中国的、汉人的传统规则来决定国家大事，他真正把自己当成了中国的、汉人的皇帝。

事实上，不仅元朝的君与臣，就是外国人也将元朝视作中国了。例如《元史》记载了这样一件事：有一次，一个叫曹鉴的人，上级任命他陪伴来朝贡的安南使者，使者一路上向曹鉴问这问那，曹鉴对答如流，"使者叹服，以为中国有人"②。这位使者在这里将曹鉴当成了中国人而不是蒙古汗国的人，在他眼中，元朝就是中国而不是蒙古。

---

① 宋濂. 元史 [M]. 北京：中华书局，1976，卷一百六十.
② 宋濂. 元史 [M]. 北京：中华书局，1976，卷一百八十六.

元曲与关汉卿

第五个原因是文化上的。众所周知,一个王朝真正有代表性的内容是它的文化成就。中华文明的主要成就之一就是文学,而且各个朝代的文学都有自己的特色,其中最主要的就是唐诗、宋词、元曲,在中国的文学殿堂中可以说是三足鼎立。其中元曲就盛行于元代,由此可知,元朝虽然是蒙古人建立的,但也诞生了光辉灿烂的传统中华文化成就。

元曲有四大名家,即关汉卿、马致远、郑光祖、白朴,其中最有名的是关汉卿。

关汉卿号称"曲家圣人",就像李白是诗仙一样,但他的生平事迹不详,只在元代钟嗣成所著的戏剧家名录中有简单的记载:"关汉卿,大都人,太医院尹,号已斋叟。"[1]甚至连生卒年都不清楚,只知道他生于金国,但活跃于元初,也就是忽必烈时代。他的代表作是《窦娥冤》,这也是最有名的元杂剧了。

除此之外,关汉卿还为自己写过一篇《一枝花·不伏老》。这是一首带有自述心志性质的套曲,大胆、生动而诙谐地描述了自己的性格、生活与爱好。

例如性格,他说:"我是个蒸不烂、煮不熟、捶不匾、炒不爆、响珰珰一粒铜豌豆。"可以理解为顽固不化,也可以理解为意志如钢,还可以理解为极度的以自我为中心,想干啥就干啥,别人管不着!

除了这些,《一枝花·不伏老》中以下内容也值得记述:

> 愿朱颜不改常依旧,花中消遣,酒内忘忧。分茶攧竹,打马藏阄;通五音六律滑熟,甚闲愁到我心头?伴的是银筝女银台前理银筝笑倚

---

[1] 钟嗣成,等. 录鬼簿[M]. 上海:上海古籍出版社,1978. 卷上.

银屏，伴的是玉天仙携玉手并玉肩同登玉楼，伴的是金钗客歌金缕捧金樽满泛金瓯。

……

饮的是东京酒，赏的是洛阳花，攀的是章台柳。我也会围棋、会蹴鞠、会打围、会插科、会歌舞、会吹弹、会咽作、会吟诗、会双陆。

这里不仅记述了关汉卿的个人生活，也反映了元朝忽必烈时代人们的日常生活。在这个时代，汉人依然过着典型的汉人生活，并且传承着种种传统的汉文化技艺，如下围棋、踢足球、吟诗等，请问这样的生活与宋朝何异？显然是无异的。这也有力地说明在忽必烈时代甚至整个元代，虽然是蒙古人统治汉人，但这对汉人的生活并没有多大影响。

这也从生活的角度说明了元朝时汉人依旧过着传统日常的生活。

如此种种，都说明在元朝，无论臣下还是君上，都把元朝看成中国而不是蒙古，元朝实际上的主体民族汉人的日常生活也与宋朝等其他汉人王朝无异。

总之，无论从政治还是生活的角度看，元朝都是正统的中国王朝。这一点是相当清楚的。

第十八章

恭顺藩属

时间：1225年　1231年　1257年　1260年　1274年　1289年
地点：唐城　开城　江华岛　大都
人物：洪福源　撒里台　崔瑀　窝阔台　唐古拔都儿　忽必烈　王倎（王禃）
　　　王愖　王謜
事件：洪福源与蒙丽战争　高丽的反叛与归顺　高丽王有黄金家族的血脉

忽必烈1279年灭亡南宋之后，至1294年去世，除了国内建设，其主要活动是发动了多场对外战争，对象分别是日本、越南、缅甸、爪哇。这些国家中前三个是中国的近邻，越南和缅甸还一直是中国的藩属国，爪哇相距遥远，但都与元朝发生了战争，而有一邻国却没有，它就是朝鲜。

洪福源与蒙丽战争

朝鲜，中国史书一般称为高丽，是中国众多邻国中和中国关系最密切的，也是一直以来对中国最恭顺的邻国，是中国最稳定可靠的藩属国。

忽必烈没有与高丽发生战争这种说法其实是不准确的。虽然忽必烈没有发动对朝鲜的战争，但蒙古与高丽之间的战争早已发生，这就是"蒙丽战争"。

蒙丽战争持续时间相当长，最早开始于1231年，一直持续到1257年左右才结束。

大约在1225年，当时已经强大起来的成吉思汗便派使者到了高丽，要求高丽国王朝贡。但在高丽人看来，蒙古和高丽一样，都是偏远之国，汉人的中原王朝才有资格要他们朝贡，蒙古哪有这样的资格！加上此前高丽曾和蒙古联合起来灭了辽国皇族后裔建立起来的东辽，并且约为兄弟之国。现在这个兄弟之国强大了，就来要求他朝贡，哪有这样的道理？因此高丽人自然不服。高丽人不仅不服，还很愤怒，于是杀了成吉思汗派来的使者。这本来足以引发战争，但当时成吉思汗正在全力灭西夏，暂时没有精力对付高丽。

到了1231年，这时候成吉思汗已经去世，窝阔台继位，他可没有忘记高丽杀害使者的事，派撒里台率军进攻高丽。

这时候一个人出现了，就是洪福源。

洪福源是高丽北部唐城人，他的祖上是汉人，在唐朝时就移居高丽，但一直怀念故国，因此把自己在高丽所居之地命名为"唐城"。此后他们的后裔便在高丽世代为官，后来传到了洪福源这一代，洪福源率军镇守高丽北方一带。

当蒙古人到来时，他一开始也率军抵抗，但打不过蒙古人，节节败退，蒙军还对那些敢于抵抗的城市进行了残酷的屠城。洪福源看到蒙军如此强大，要求高丽朝廷求和，但遭到拒绝，于是他率领部下投降了蒙古。

洪福源熟悉高丽北部地形，在他的向导下，蒙军进展更加顺利，很快攻克了北部的四十余城，并打到了当时的高丽都城开城。

撒里台派洪福源进开城劝降。在洪福源的一席开导之下，高丽王同意投降，并献出了不少金银和给养。此后，蒙军在高丽和在汉地一样，设立了达鲁花赤以监视众官。洪福源因为立了大功，被蒙古人任命为高丽总管，成了高丽实际上的统治者。

反叛与归顺

高丽虽然投降了，但以崔瑀为首的一众武将并不心服，不久后就起来造反，杀了开城和各地的达鲁花赤，许多蒙古人也被杀。

洪福源大惊之下，立即派使者报告蒙古，同时准备起兵镇压叛乱。撒里台得到消息后，立即率军万余讨伐，洪福源带着自己的数千人马加入，两人合兵向叛乱者发起了进攻。高丽叛军不是对手，连战连败。崔瑀带着高丽王逃往江华岛。

但正当高丽将亡时，撒里台突然不慎阵亡，蒙军的副将便引兵离开了高丽，让洪福源留守。

此后，洪福源虽一度占领了高丽的西京，但不久失利，他率部下和众多愿意跟从他的朝鲜百姓逃往朝鲜半岛北部，后来一直跑到辽东，就是今天中国的东北一带，这也是后来中国东北有不少朝鲜族的原因之一。

到了1234年，蒙古灭亡金国后，大汗窝阔台腾出手来准备好好对付高丽。他先封洪福源为高丽统领，然后派宗王唐古拔都儿为统领、洪福源为副将，率军攻入高丽。

蒙军连战连捷，攻克了不少高丽城市，高丽被迫再次求和。但这并没有结束高丽和蒙古之间的战争,此后,两国之间时断时续地发生战事。因为高丽王带着众臣一直躲在江华岛,将这里作为新都城和根据地与蒙军对抗,而蒙军一直没能占领江华岛。

江华岛是位于朝鲜半岛中部、汉江江口的一座大岛,高丽人在这里构筑了坚固的堡垒。蒙古只有陆军,没有水军,没法对江华岛发起直接进攻。高丽王室虽然不时求和,但始终没有完全投降,保持着某种程度的独立性,还经常在谈判中欺哄蒙古人。例如,1238年,高丽王再次请和,并同意将一位高丽王子作为人质送往蒙古。蒙古人信以为真,撤军了,结果发现送来的根本不是王子,于是大怒,再次发兵进攻。

就这样,双方时断时续地交战,细算起来竟然有七次之多,当然规模都不大,在蒙古征战中属于很不起眼的小战事。因此蒙古大汗始终没有太过重视这里,导致战事拖了这么久。如果真的派出精锐的蒙古大军,或者由郭侃那样的能战之将带兵前来,高丽早就撑不住了。

1257年左右,高丽发生内乱,主张投降、成为蒙古藩属的文臣终于在宫廷斗争中打败了主张对抗的武将崔氏家族,高丽才正式投降。忽必烈慷慨地给予了高丽人与其此前作为中原王朝藩属时一样的权力,即国家的自治权,只是君主要由朝廷册封,世子还要去元朝宫廷当人质,其余中央一概不过问。

根据协议,当时的国王高宗派出世子王倎为人质,送往燕京。

1260年,陕西宣抚使廉希宪上奏,说三年前高丽国王曾派他的世子王倎前来朝见,当时蒙哥正率军攻宋,因此王倎没有见到大汗,他又不能在没有完成任务的情形下回国,一直逗留了三年。现在王倎的父亲已经去世,廉希宪建议把世子送回去,因为这对元朝是有好处的,如果立王倎为王,把他送回国,他一定会感激元朝廷,这是不用兵而得到了一个国家啊。①

忽必烈接纳了他的意见,派卫兵很隆重地把王倎送了回去。回去之后王倎就成了高丽国王,并改名为王禃。忽必烈还下令归还蒙古边将俘获的高丽边民,并禁止边将擅自攻击侵扰高丽。

当时金国虽然已经灭亡,但女真人还有相当强的实力,他们的居住地与高丽相邻,经常欺侮高丽人,忽必烈又"禁女直侵轶高丽国民"②。

高丽王与黄金家族

由于忽必烈对高丽人的优待,高丽人对元朝十分恭顺。

1270年,已经登基为王的王禃亲自来大都朝见忽必烈,他还想要拜见太子,但忽必烈很给他面子,说你是一国之主,只要见我就可以了。王禃见元朝皇帝对他这么好,便想得陇望蜀,恳求忽必烈把公主许给自己的世子王愖,还带着王愖朝见了忽必烈。这样的要求在忽必烈看来有些过分,他当即拒绝,还要王愖不必留在大都,跟着父亲回高丽去。不过后来忽必烈还是同意了,甚至把女儿嫁给了王愖。

1274年,王禃去世,死前王禃遣使以遗表的形式上奏,说世子王愖既孝顺又谨慎,可以托付国事。忽必烈同意,于是派了上都留守司事张焕去册封王愖为高丽国王。

此后,元朝与高丽一直保持着友好关系,《元史》也多有记载。如1280年,"高丽国王王晸以民饥,乞贷粮万石,从之"③。这个王晸就是王愖,后来他还被加封为"开府仪同三司、中书左丞相、行中书省事"④。

---

① 宋濂. 元史[M]. 北京:中华书局,1976,卷四.
② 宋濂. 元史[M]. 北京:中华书局,1976,卷五.
③ 宋濂. 元史[M]. 北京:中华书局,1976,卷十一.
④ 宋濂. 元史[M]. 北京:中华书局,1976,卷十一.

竟然封一个高丽国王为左丞相，虽然只是挂名的，但足见忽必烈很重视王愖和高丽。

元朝中央不仅给高丽物质食粮，还给了他们精神食粮。如 1289 年，忽必烈下诏"置高丽国儒学提举司，从五品"[①]。元朝中央竟然专门在高丽设置了一个官位，用以鼓励儒学，这说明忽必烈是极重视儒学的，不但蒙古人、色目人都要学，就是藩属国也要学。

后来忽必烈的女儿还为王愖生下了世子，就是王謜。这说明王謜之后的高丽国王也有蒙古王室的血脉，并且是忽必烈的黄金家族血脉，这是值得重视的史实。

这就是高丽和蒙古的关系，虽然双方有过战争，但蒙古和高丽毕竟距离相近，血缘相通，因此关系一直不错，高丽也是蒙古最恭顺的藩属。

---

① 宋濂. 元史 [M]. 北京：中华书局，1976，卷十五.

第十九章

神风败元

时间：57年　984年　1266年　1274年　1275年　1280年　1281年
地点：九州岛　博多湾
人物：暲然　忽必烈　王禃　少贰资能　少贰经资　范文虎
事件：发现汉委奴国王印　拒绝忽必烈　文永之役　神风摧毁元军舰队

前面讲完高丽，高丽虽然曾与元朝发生了一些战事，但总的来说是元朝最恭顺的藩属国。

元朝的其他几个邻国日本、越南和缅甸就不一样了，与元朝发生了规模较大的战争，而且战争的结果并不是一面倒的。

下面就来说这些战争。首先要说的是最早发生的战争，即元朝和日本之间的战争——元日战争。

汉倭奴国王

在中国所有文化相通的邻国中,日本有一个最大的特点:一方面,和中国文化相通,不仅长期使用汉字,甚至从服装到建筑、艺术都模仿中国,其文化是纯种的中华文化的亚文化,这些与高丽、越南等相似;另一方面,日本从来没有成为正统意义上的中国藩属国。早在汉朝时期,日本的一些地方政权就在名义上臣属中原王朝,并且许多向中国派遣了朝贡使者。《后汉书》就有记载:"建武中元二年(公元57年),倭奴国奉贡朝贺,使人自称大夫,倭国之极南界也。光武赐以印绶。"[①]

一千余年之后,1784 年,日本叶崎的一个农夫在整修水田时偶然获得了一枚金印,金质而蛇纽,重约一百零八克,上面有阴刻篆体"汉委奴国王"字样。对于金印的真假一开始还有所争执,但后来中国云南、扬州等地相继发现了与这颗印相似的东汉金印,特别是扬州发现的那颗,其规格样式几乎与日本发现的完全一样,而且颁授的时间只相差一年,这才确定了金印的真实性。

这枚金印现在已经被日本官方正式确定为"一级国宝",是迄今为止日本出土的最重要的文物之一,它间接证明了中国的史书有多么可信。

东汉时日本还没有形成统一的国家,而是有许多小国,对此,《后汉书》也有记载:"倭在韩东南大海中,依山岛为居,凡百余国。自武帝灭朝鲜,使驿通于汉者三十许国,国皆称王,世世传统。"[②]向东汉朝贡的就是这些小国。

后来日本这样的朝贡使者历朝都有。到了元朝,《元史》对日本有这样的记载:日本国在东海的东面,古称倭奴国,据说他们讨厌这样的

[①] 范晔. 后汉书 [M]. 北京:中华书局,2007,东夷列传.
[②] 范晔. 后汉书 [M]. 北京:中华书局,2007,东夷列传.

旧名称，由于他们的国家更靠近日出的地方，因此改名为日本……日本这个国家距中国特别遥远，又相隔大海，从后汉历经魏、晋、宋、隋各朝都有来进贡。唐朝的永徽、显庆、上元、长安、开元、天宝、贞元、元和、开成年间都曾派遣使者朝贡。宋雍熙元年，日本一个叫奝然的僧人带着徒弟五六人从海上来，说明了自己的职务，并献上铜器十多件。奝然善于写汉字隶书，但不会说中国话（华言）。问他当地风土人情，他可以写出来回答，说他的国家中有五经的书籍以及佛经，还有白居易集七十卷。[①]

宋雍熙元年是984年，奝然的事迹说明日本受中华文化影响很深，日本不仅有传统的儒家四书五经，还有佛经和唐诗，白居易的作品更是多达七十卷，收集得相当全。他们还会写中国字，只是不会说中国话。这也是汉字的一大优势，汉字是一种表意文字，有点像绘画，可以不会说但能写能看。古代日本、朝鲜、越南就有很多这样的人，他们从小接触汉字，会看会写但不会说。

拒绝忽必烈

宋代日本还一直遣使来朝，但到了元代不来了，这可能是因为在日本人看来，建立元朝的蒙古人不能代表上邦大国的中国人，他们并不想向野蛮的蒙古人朝贡。因此从蒙古国的形成直到元朝的建立，日本人一直对其不理不睬。

忽必烈雄心万丈，在他看来，原来所有中原王朝的藩属都理所当然要成为元朝的藩属，日本也一样。因此他想要日本和以前一样派使者来朝贡，但日本一直没有派人前来。到了1266年，忽必烈主动派出兵部侍

[①] 宋濂. 元史 [M]. 北京：中华书局，1976，卷二百八.

郎黑的、礼部侍郎殷弘带着国书出使日本。

忽必烈在国书中首先说明了一个自古有之的大道理，就是小国的君主应当臣服大国，大国也要善待小国，这样才可以和睦相处。忽必烈还说现在元朝已经接受天命，成了中国新主，中国以前的藩属都畏服元朝，派遣使者前来朝贡。最后忽必烈还语带威胁地说："在圣人的心中四海是一家，如果不相通好，那岂能成为一家？这样就可能导致战争，你日本国王好好想想吧！"①

这些使者并没有直接去日本，而是先到了高丽。当时的高丽国王就是王禃，他热情地接待了使者，还派人陪同中国使臣去日本，但到了属于高丽的巨济岛后，他们就没有继续往前走。高丽人吓唬使者说路途遥远，风浪巨大，那些日本人很野蛮，总之还是不要去的好，结果真的把使者哄回去了。

高丽人之所以要这样，可能是因为怕元日一通好，就经常有使者往来，都要他接待，那费用自然要他出，他小国寡民的，哪有那么多经费可以支出？简而言之，元朝和日本通好对高丽一点好处也没有，所以他要想方设法阻止。

忽必烈可不会就这么算了，后来派出了第二批使者，这次高丽王也配合了，两国还一起派出使团到了日本，见到了九州岛的地方官少贰资能，他在北九州一带很有势力。

少贰资能接待元朝和高丽的使者后，就把两国的国书转达给了当时掌政的镰仓幕府以及住在京都的日本天皇。幕府将军和天皇接到国书后便商量，幕府将军认为蒙古人十分凶残，和他们相通没有好处。据说这时候刚好来了一个南宋的僧人，他也说了蒙古人此前在征服中的种种暴

---

① 宋濂. 元史 [M]. 北京：中华书局，1976，卷六.

行，如屠城之类，把日本人吓着了，坚定了他们不和元朝通好的决心。幕府将军还很快向各地尤其是九州岛传达了要做好对抗蒙古人入侵战备的命令。

神风毁灭了元军

1274 年，忽必烈正式出兵伐日。

伐日最简单的路线当然是经过高丽，忽必烈命令高丽王制造了近千艘战船，然后任命蒙古人忻都为统帅，汉人洪茶丘、刘复亨为副帅，率蒙古和女真军一万五千人开赴高丽，高丽王派金方庆率高丽军五千余人跟随出战，再加上六千多高丽水手，组成了一支三万余人的部队渡过对马海峡，讨伐日本。

这时候已经是 1275 年。联军顺利登陆了日本的几个前沿小岛，但马上见识到日本人的顽强。例如一支由区区八十人组成的骑兵队伍，竟然敢与元朝的上万大军对战，虽然被全歼，但可见他们的勇猛顽强、不惧死亡。

此后几次也是这样，虽然日军兵少，但无不努力奋战，宁愿战死也绝不投降。

到了 1275 年 11 月，元军向九州岛筑前国的博多湾进攻，日本军迎战，于是发生了博多湾之战。

此次前来的只是元军的先锋部队，人数并不多，日军早就做好了充分准备，他们熟悉地形，但这些地形并不是元军熟悉的适合野战的平原地带，主要是森林和山地，部队难以展开攻势。因此两军激战了一整天，元军也没能击退敌人。到了晚上，他们一看打下去将对自己不利，便撤到停泊在附近海面的舰船上。

第二天一早，元军又在博多湾登陆并发起进攻，日军迎战。这次出战的日军更多，幕府把九州岛能聚集到的兵马都出动了，由少贰资能的儿子少贰经资统领，有上万兵马，这在当时的日本已经是一支超级大军。

一开始元军采取迂回包抄的战术，把日军打得很惨，但日军仍坚持作战。到了晚上，元军副帅刘复亨中箭受伤，双方暂时休战。此后几位元军主将讨论下一步的打算，这时候多数将领已经看到日本人太过顽强，不好对付，基地又远在千里之外，给养供应困难，这样打下去很难成功，于是统帅忻都下令撤退。

撤退并不顺利。就在这天晚上，突然有台风来袭，许多元军船只被大风摧毁，元军第一次讨伐日本以失败告终。

这次战事在日本又被称为"文永之役"，文永是当时日本天皇的年号。

文永之役后，忽必烈看到日本人不好打，本来打算不再出兵，只要日本派个人来通好，给他个台阶下就算了。但日本人因为取得了胜利，自信非凡，根本不理，甚至还把忽必烈派去的使者杀了。

忽必烈和蒙古人自从强大起来，到处征伐，几乎无往不胜，哪里受过这样的侮辱，于是忽必烈下令再次讨伐日本。

而日本也一直在做准备，例如沿着博多湾等元军易于登陆的海岸建筑了长长的石墙，称为"元寇防垒"，以防止元军登陆。

到了1280年，忽必烈已经灭了南宋，可以腾出手来全力对付日本，便派出一支规模更大的军队正式伐日。

这次元军兵分两路，一路由忻都、洪茶丘等率领，联合金方庆的高丽军，共有三万兵马，加上近两万水手，共达五万之众，和上次一样从高丽出发。

为了保障后勤，部队还带了十万石军粮。平均每人两石，一石是一百二十斤，两石就是两百四十斤，够一个人吃不少日子。

另一路则由范文虎等南宋降将率领，带着原来南宋十万降军，从定海（今浙江宁波）等地出发。但这支人数巨大的部队主要不是为了作战，而是打算占领日本土地后在那里屯田，产米产粮，以便长久占领，慢慢地灭掉日本。

虽然兵马众多，但这次元军的进展更加不顺。原因很简单：由于日本早在元军方便登陆的地方建了元寇防垒，元军要顺利登陆就要攻破这些堡垒，但由于日军的顽强抵抗，加上堡垒建筑十分牢固，元军难以攻破，只能把大军停泊在博多湾中，为时长达一个月。日军还经常主动袭扰元军，使元军疲惫不堪，加上蒙古人不擅长水战，长时间在海上待着哪适应得了，战斗力日益下降。

这时候已经是1281年，9月的一天，海上突然刮起大台风，持续了整整四天，大批元军战船被毁，主将范文虎因此落水，被部下救起。他一看这样的情形是不可能打赢的，于是决定撤军。他一撤，海上其他元军也跑了。

这时候并非所有元军都在海上，在前面的海滩上还有十万元军士兵，他们前面有无法突破的石墙，后面则是汪洋大海，顿时陷入绝境，最终全军覆没。这就是第二次元日战争的结果。

这次比第一次还要惨，如史书所载："忻都、洪茶丘、范文虎、李庭、金方庆诸军，船为风涛所激，大失利，余军回至高丽境，十存一二。"[①]

《元史》还记录了被遗弃在海滩上的十万人的遭遇：他们被抛弃，但并没有自弃，而是推举了一个人为统领，准备就近砍树造船回国。但日本人哪里会放他们走？这十万人大部分被杀，余下的两三万人成了俘虏，日本人把这些人带到一个岛上，把蒙古、高丽、汉人全都杀了，他们认为新附军是唐人，没有杀新附军而是把他们当成了奴仆……最后十万人只有三人回来。[②]

---

① 宋濂. 元史[M]. 北京：中华书局，1976，卷十一.
② 宋濂. 元史[M]. 北京：中华书局，1976，卷二百八.

上面的"汉人"指的主要是辽人和女真人,他们由于已经汉化,故被称为汉人。"新附军"指南宋降军,日本人称他们为唐人。元军十万人中最后只有三人成功回到中国。据说这三人弄了一条小船越过茫茫大海划回中国,如果有一个中国画家记录下来,将又是一幅《梅杜萨之筏》①式的杰作,当然也是一幕悲壮的史诗。

由于这次台风拯救了日本,因此日本人称之为神风。

这样的惨败自然使忽必烈感觉脸面尽失,想要再次出兵讨伐,但汉臣刘宣上奏劝止了他。他在奏章中说得很直白:日本距离太远了,万里之遥,如果再出师,即便这次没有遇到大风上了岸,但倭国地广人多,到时候大批兵马冲来,我军后面就是大海,孤立无援,万一打不过怎么办?那时候想发救兵也不可能了,因为太远,救兵难道能飞过去吗!②

忽必烈觉得这话很有道理,从此打消了再次伐日的想法。

伐日是蒙古(元朝)众多对外战争中最失败的一次,可以说是唯一一次完全失败的战争。

忽必烈不再伐日的另一个原因是有一个相对而言更好对付的新敌人出现,就是越南。

---

① 《梅杜萨之筏》是法国画家泰奥多尔·籍里柯于1819年创作的一幅油画,现收藏于法国巴黎卢浮宫。
② 宋濂. 元史 [M]. 北京:中华书局,1976,卷一百六十八.

第二十章

三战越南

时间：1257年　1279年　1281年　1285年　1286年　1288年　1291年
地点：升龙　占城　万劫　册江
人物：李昭皇　陈日煚　阿术　兀良合台　陈日烜　陈日燇　唆都　脱欢　陈国峻　陈益稷　张立道
事件：越南陈朝的建立　三次蒙越战争　元朝与占城之战

前面说到，忽必烈不再伐日的一个原因是出现了一个相对而言更好对付的新敌人，就是越南。对此，《元史》也有清楚的记载：

至元二十三年，皇上说："日本并没有侵犯我们，现在交趾却侵犯了我们的边境，应当搁置日本，专门对付交趾。"①

这是1286年的事。交趾是古称，《宋史》和《元史》中一般称安南，今天则称越南。

---

① 宋濂．元史[M]．北京：中华书局，1976，卷二百八．

来自福建的越南国王

安南竟然主动侵犯元朝，这无异于虎口拔牙。安南人怎么有这么大的胆子？

这就要涉及安南和中国的关系了。安南从秦朝时代的公元前 207 年直到北宋时代的公元 939 年，在漫长的千余年中，除了五十来年的短暂独立，一直是中国领土的一部分。后来安南虽然独立了，但仍和高丽一样是中国的藩属，并且对北宋颇为恭顺，长年朝贡。这样的朝贡在《宋史》中多有记载，如 975 年，"安南都护丁琏遣使来贡"[1]，这个丁琏就是安南第一个独立王朝丁朝的建立者丁部领的长子。

此后，安南无论哪个王朝建立，都是宋朝的藩属，从来没有停止过朝贡。作为藩属，安南的国王要由中国王朝加封才合法。关于加封，史书中也多有记载，如"庚戌，安南国王日煚上表乞求世袭王位，诏授检校太师、安南国王"[2]。这时候已经是 1262 年，北宋早就灭亡，连南宋也岌岌可危。1275 年还有这样的记载："丁酉，加安南国王陈日煚宁远功臣，其子威晃奉正功臣。"[3]第二年，南宋都城临安被攻占，宋恭帝投降。

这位对南宋颇为恭顺的陈日煚是安南历史上的重要人物。他又名陈煚，生于 1218 年，先世并不是安南人，而是中国福建人。对此，《大越史记全书》有明确的记载：最初，皇上的先祖是福建人（或者桂林人）陈京，他移居到了天长的即墨乡。生了儿子陈翕，陈翕又生了陈李，陈李生了陈承，陈家世代以打鱼为生。皇上就是陈承的次子，母亲姓黎。[4]

---

[1] 脱脱，等. 宋史 [M]. 北京：中华书局，1985，本纪第三.
[2] 脱脱，等. 宋史 [M]. 北京：中华书局，1985，本纪第四十五.
[3] 脱脱，等. 宋史 [M]. 北京：中华书局，1985，本纪第四十七.
[4] 吴士连，等. 大越史记全书 [M]. 重庆：西南师范大学出版社，2015，卷之五.

后来陈日煚的叔父陈守度在安南的李朝身居高位,他见自己的侄子有帝王之相,"龙颜似汉高祖"[①],便想到了一个好主意。

当时李朝的最后一位王是女王李昭皇。她和陈日煚同岁,六岁时就被立为王。陈守度便派陈日煚当了宫廷内侍。结果如他所料:一天陈日煚值日,轮到他服侍女帝盥洗,他进入宫内,李昭皇一见面就喜欢上他。李昭皇经常晚上出来游玩,就召他来一起游玩。如果见到他站在暗处,就会过去挑逗戏弄他,有时候拉扯他的头发,有时候偷偷站到他背后的影子里。有时候陈日煚捧着水站着侍候李昭皇洗漱,她就会笑着用手捧水泼在陈日煚脸上戏弄他。如果陈日煚把槟榔巾捧给她,她就会把它丢回给他。[②]

这完全是一副恋爱少女的模样。结果自然就是李昭皇爱上了陈日煚,然后嫁给了他,最后干脆把帝位也让给了他。于是李朝就此结束,陈朝建立了。

陈日煚建立陈朝之后,对南宋十分恭顺,直到南宋灭亡都是其忠实的藩属。

当蒙古与南宋交战之时,作为南宋藩属的安南当然不会站在蒙古一边。后来当蒙古想要将自己的意志强加于安南之时,安南人就奋起反抗,这应该就是蒙古与安南战争最早的起因了。

蒙越第一战

蒙古与安南最早的冲突发生在 1257 年左右。当时蒙哥为大汗,派忽必烈和兀良合台攻灭大理国,目的是从南方包抄南宋。这时候蒙军已经

---

① 吴士连,等. 大越史记全书[M]. 重庆:西南师范大学出版社,2015,卷之五.
② 吴士连,等. 大越史记全书[M]. 重庆:西南师范大学出版社,2015,卷之四.

在兀良合台的率领下抵达安南北部边境不远处。兀良合台派使者前往安南，结果使者有去无回。

见这些安南人如此无礼，兀良合台大怒，派了几千人攻入安南，后来又派自己的儿子阿术前往支持，目的是要探清安南人的虚实。

看到蒙军攻来，安南人可不像许多民族那样恐慌，而是马上派军抵抗。得到阿术的回报之后，兀良合台亲统大军攻入安南。1257年底，两军相遇，战争开始。

两军先在陆上开战，安南人的陆军很快就见识了蒙军强大的战力，大为震惊。阿术接着进攻安南水军，将之击败，缴获了多艘越军战船。接着兀良合台和阿术父子联合起来向越军主力发起猛攻，再次大败越军，并且深入安南国土，甚至占领了安南的都城升龙（今越南首都河内）。

这时候的安南国王就是陈日煚，他逃到了一个海岛上。蒙古人在升龙的牢中见到了前面派过去的两个使者。他们被竹子做成的绳子紧紧地捆绑着，绳子已经刺入体内，自然是血肉模糊。解开之后，一个使者已经活活痛死了。兀良合台见状大怒，将升龙城中的人全都杀了。

但蒙军并没有在安南待太久，仅仅九天，因为这里天气又热又闷，蒙古人适应不了，只得退兵。临走时兀良合台又派了三个使者去找陈日煚，表示他们即将撤军。

陈日煚得到消息后回到升龙，发现自己的首都已经被蒙古人毁掉了，不禁大怒，把蒙古人派来的三个使者绑起来再送回去，表示他绝不屈服于蒙古人。

这就是蒙古与安南之间的第一场战争。

陈日煚见识到蒙古人的强悍，便派使者前往蒙古，说可以向蒙古朝贡，并且是三年一贡。这时候蒙古大汗是忽必烈，他表示同意，还封陈日煚为安南国王。

第二年忽必烈给陈日煚下了一道诏书，除三年一贡之外，还明确了具体的贡品，不但要有苏合油、光香、金、银、朱砂、沉香、檀香、犀角、玳瑁、珍珠、象牙、绵、白磁盏等安南的特产好物，还要有儒士、医人及通阴阳卜筮、诸色人匠各三人。①

从这里可以看出，当时安南的儒学是相当发达的，造就了许多优秀的儒学人才，使得已经占领大半个中国的忽必烈也为之心动，要求进贡。贡品要得很多，但这次下诏书时忽必烈仅赐予陈日煚九匹锦缎，相差巨大。这和安南此前与中国朝廷的进贡截然不同。因为此前中国朝廷与各藩属国的进贡特点就是"厚往薄来"，即进贡要的少，赐予的却多。因此中国周围的小邦才热衷于向朝廷进贡。现在蒙古人完全颠倒过来，要的极多，给的却极少。这当然使陈日煚非常恼火。

不止于此，忽必烈还派人担任达鲁花赤，他们佩着虎符，在安南到处巡查。

这些都与此前完全不管他们内政的中国朝廷大为不同，因此陈日煚极为不满，于是开始反抗。

反抗的方式主要有两种：一是受诏不拜，即蒙古皇帝的诏书到达时不跪拜；二是不向元朝进贡他们要的东西，或者即使进贡了品质也不好。中书省十分生气，但陈日煚不仅不改，还进一步要求不再向他那里派达鲁花赤。

这样的要求在蒙古人看来当然是没有道理的，因为他们在各地都是这样。但陈日煚就是坚持自己的主张，直到1277年去世。

此后他的儿子陈日烜当政。其实早在1258年陈日煚就已经把帝位让给了他，自己当太上王，但实际上陈日煚仍掌控朝政。直到父亲去世后

---

① 宋濂. 元史 [M]. 北京：中华书局，1976，卷二百九.

陈日烜才真正掌握朝政，但一年后他就把帝位让给了儿子陈日燇，就是陈仁宗。

陈日燇继位之后，对待蒙古人的做法和祖父陈日煚完全一样，终于彻底惹恼了蒙古人。这时候已是元朝，忽必烈灭了南宋，准备同样灭掉安南。于是，1284年，元朝和安南之间再次爆发了战争。

古怪的占城古国

在讲这次战争之前，要讲一下另一场战争，就是元朝和占城之间的战争。

占城是一个有些古怪的古国，历史相当悠久，位于今天越南的中部，以占城人为主体，但也有不少汉人。占城自古就对中国王朝十分恭顺，经常朝贡。《宋史》中还有专门的占城介绍。从其中的人名就可以看出这是一个比较复杂的国家，如971年来进贡，"悉利多盘、副国王李耨、王妻郭氏、子蒲路鸡波罗等并遣使来贡"[①]。看得出来占城的国王是占城人，有一个印度式的名字"悉利多盘"，占城人大多信仰印度教。但副国王和王后都是汉人，他们姓李和姓郭，这在各国中是独一无二的情形。

安南人自恃强大，北宋年间就侵扰占城。早在985年左右，占城王一方面向中国朝廷朝贡，一方面抱怨安南（即交州）侵略他们。北宋皇帝为此还下诏要安南保卫好自己的国家，同时和邻国搞好关系，换言之，就是不要轻言战争。

但安南人继续侵略，于是不少占城人开始逃往中国，有的来到今天海南的儋州，有的来到广州，并且定居下来。中国作为宗主国慷慨地接

---

① 脱脱，等. 宋史[M]. 北京：中华书局，1985，列传第二百四十八.

纳了他们,如史书记载:儋州上言,占城人蒲罗遏为交州所逼,率其族百口来附。四年秋,广州上言,雷、恩州关送占城夷人斯当李娘并其族一百五十人来归,分隶南海、清远县。①

正因为不断受到安南的逼迫,因此占城人想找一个大靠山。元朝建立后,占城王看到它如此强大,一度表示要成为元朝的一部分而不仅仅是藩属。于是1279年底,忽必烈派使者到了占城,占城王正式纳土称臣。1281年忽必烈封占城王为占城郡王,还建立占城行省,正式把占城纳入版图。但这引起了占城王子补的等人的反抗,补的实际掌握着朝政大权,他下令扣押了元朝出使暹罗、马八儿国等的多名使节。忽必烈知道后大怒,便派唆都率军五千人、船只数百艘从海路进攻占城。

占城人奋起抵抗,沿着元军可能进攻的地方修筑了长长的木栅栏,称木城,木城中还有百多枚回回炮。已经反元的占城王还亲自率重兵驻扎在木城附近,准备随时提供支持。唆都率军到达占城后,先派人去招降,但占城人的回音是"已修木城,备甲兵,刻期请战"②。

这等于是正式向元军宣战,于是唆都成功登陆后,兵分三路进击木城的东面、北面与南面。其中,唆都亲率主力三千人攻南面。占城人见元军不多,便大开南门,万余军士冲出迎战。但他们的战斗力远远比不上元军,不久后便被元军击败,被迫放弃木城。元军乘胜追击,很快攻占了占城的都城。占城王和王子补的退入附近的大山之中。

占城王眼看打不过元军,于是派人送去礼物,说要投降,但这是诈降,实际上是为了拖延时间,等待来自真腊等国的救兵。

但救兵并没有到来,元军再次发起攻击,并击败占城军。占城军又逃入深山,元军不敢进入,只能学着占城人就地建立木城。

① 脱脱,等. 宋史[M]. 北京:中华书局,1985,列传第二百四十八.
② 宋濂. 元史[M]. 北京:中华书局,1976,卷二百一十.

但这也不是长久之计，因为占城人习惯在深山中生活，就是久不出山也没问题，但元军不适应占城炎热异常的气候，难以久待。正好这时唆都接到了攻打安南的命令，于是趁机率军回国。

此时，占城人也看到了元军的强大，知道对抗无益，于是奉表归附，但他们已经达到目的，不再是元朝的行省，而是和安南、高丽一样的藩属国。这是1284年的事。

第二次蒙越大战

就在同一年，元军开始了第二次攻越，统帅是忽必烈的第九子镇南王脱欢。

这次元军准备一举灭掉安南。据《大越史记全书》，元朝派出的大军多达五十万，这大概率是夸张，但十多万应该是有的。

这次元军还找了一个借口，就是既要借道安南进攻占城，又要陈日烜为攻打占城的元军提供粮食，还要他亲自去见脱欢。陈日烜当然知道这是诡计，一旦进去就出不来了，于是找借口拒绝。元军并没有理会，一路攻入安南。安南人奋起抵抗，双方就在越南北部谅山一带展开了战斗。

一开始元军就占据优势，多次击败安南兴道王陈国峻统领的军队，又派人招降陈日烜，但他哪里肯听。于是元军兵分六路发起进攻，陈国峻大败逃走，元军一直追到万劫，沿路攻克了许多关隘。

陈国峻败退到了万劫。由于他统领着安南军的主力，他一失败，陈日熿就有些气馁了，甚至想要投降。但陈国峻坚决拒绝，表示投降便要杀了他！他还在万劫写下一篇激励手下将领抗元的檄文，这就是越南史上的名文《檄将士文》。其中有这样的话：自古忠臣义士，以身死国，这是哪一个时代都有的。假使大家都只为了自家儿女，将来死在自家窗下，这怎能与名垂青史、与天地一起不朽相比呢！①

文中先鼓励大家，讲了要忠君爱国、追求不朽人生的大道理；然后讲了之所以要抗元，是因为元人公开凌辱安南朝廷，向安南人民索求无度，送给他们东西犹如以肉喂虎，只会更加后患无穷；又讲了被蒙古人占领家园的后果，就是财产丧失，妻子儿女被掳，连祖坟都会被挖。因此，安南人要奋起抵抗，绝不投降。

这篇檄文是用汉语写成的，因为古代越南只有自己的口语而没有自己的文字，所有文章都用汉语写作，这和朝鲜人一样。所以现在的越南人和朝鲜人要阅读自己的古书必须先学会汉语，甚至是文言文，否则根本没法读。

虽然这篇檄文很涨士气，但安南军仍旧不是元军对手。此后元军继续进攻，安南军节节败退。此时陈日烜已经成了安南军主帅，他率军且战且退，后来连都城也放弃了。

脱欢率军进入安南都城后，发现这里几乎是一座空城，在宫中遗留的文书中发现这些安南人尽管表面上向元朝称臣，实际上自称皇帝，文书上还盖了中国皇帝一样的宝玺，上书"昊天成命之宝"。

此后元军继续前进，一路追击安南君臣军民。后来唆都从占城率军过来，与脱欢会合，元军兵力更为强大，占领了安南大片领土和四座王宫，杀死了安南不少重要将领。

后来不少安南王室将领向元军投降，其中包括陈日烜的弟弟昭国王陈益稷。陈日烜被迫逃入深山，继续抵抗的只剩下兴道王陈国峻。但正是他的坚决抵抗使元军虽然貌似取得了巨大胜利，实际上日益艰难。这主要是因为安南人是在自己的国土上作战，熟悉地形，因此败而不乱。

---

① 吴士连，等. 大越史记全书[M]. 重庆：西南师范大学出版社，2015，卷之六.

而且安南人抵抗意志坚决，虽然失败，但兵力不但没有减少，反而由于百姓的踊跃参军越来越多，于是元军越来越被动。

在这样的情形下，经和众将商议，脱欢决定退兵北上。

见到元军退却，陈国峻和陈日烜可不想就这么放过他们，一路攻击阻拦。例如，在册江时，元军建了一座浮桥过江，安南军突然从附近的森林中冲出来一顿砍杀，许多元军被杀，还有许多掉进河中淹死。经过一番苦战，元军好不容易退回国内。

这时已经是 1285 年，元军第二次进攻安南又以失败告终。

蒙越战争大结局

由于日本远在海外，打败了忽必烈还勉强可以接受，但安南与元朝陆地相连，忽必烈哪能接受这样的失利！第二年，忽必烈准备再次向安南发起进攻。为了使自己的进攻名正言顺，忽必烈还特地下诏，细数了陈日烜的许多罪行，还宣布封他投降的弟弟陈益稷为新的安南王。

1287 年，忽必烈再次命镇南王脱欢为统帅，率左丞相阿里海牙等讨伐安南。为此，脱欢召集江淮、江西、湖南、湖北等地的蒙汉军约七万人，另有云南兵六千人，从海南等地来的黎兵一万五千人，合兵近十万，此外还有战船数百艘，从水陆两路攻入安南。

一开始元军连战连捷，特别是在北部重镇交趾城，虽然陈日烜亲自在这里镇守，但在元军的猛攻下，也只得弃城败走。到了 1288 年，陈日烜在元军的猛攻下已经难以支撑，一路逃跑，脱欢率军紧追，一直追到海边，发现陈日烜已经率军逃到海上，不知所终。

此后，元军在脱欢的率领下不断取胜，不但杀死了大批越军，夺取了大片土地，甚至获得了大批船只和粮草。

但这些胜利并不能决定最终成败,因为元军人数众多,每天需要大量的粮草。粮草是由张文虎负责从海路运送的。当元军节节胜利之时,倘若张文虎能够及时把粮草送来,很可能继续胜利下去,直到最后安南人投降。但张文虎遇到了大麻烦,本来他已经率运粮船出发,但一路上发现安南人的船只越来越多,且体积小、速度快,他的运粮船却又大又笨,根本无法抵挡,连逃跑都不可能。他只好把运粮船凿沉,自己逃往海南岛。

这就暴露了元军的致命弱点:缺乏粮草。于是安南人很快找到对付元军的办法,就是不和他们硬拼,而是把自己的粮草藏起来跑掉。

元军很快陷入绝境,只得退兵。

此后,脱欢率军回到国内,陈日烜并没有大张旗鼓地庆祝胜利,而是很快派人前来谢罪,并且进贡了一个金人代表自己,又进贡方物。

经过三次蒙越战争,元军都没有消灭安南。总的来说,元军的对越战争是失败的。最后,越南依旧按惯例向元朝纳贡称臣,成为高丽那样的藩属国,这就是蒙越战争的结局。

关于蒙越之间,还要说一件事。这件事发生在1291年,安南的世子陈日燇派使者到元朝的大都告诉忽必烈自己要继承父亲的王位。这时候由于陈日烜一直不愿意来朝见忽必烈,因此忽必烈又想要打安南,但丞相完泽劝告忽必烈说:"蛮夷小邦,不足以劳中国。"[1] 这里完泽和忽必烈都自然而然地把蒙古当成中国了,说这样的小国不值得我们大中国兴师动众。忽必烈听从了建议,然后派张立道出使安南。

张立道到了安南都城后,对安南人说:"告诉你们世子,要出城来迎接我。"陈日燇还真的来了,带着他的臣属,焚香拜倒在道路的左边。到达王府后,陈日燇又行了跪拜之礼,聆听诏书。[2]

---

[1] 宋濂.元史[M].北京:中华书局,1976,卷一百六十七.
[2] 宋濂.元史[M].北京:中华书局,1976,卷一百六十七.

看到陈日烜这样恭敬，张立道就没有多难为他，而是告诉他蒙越战争的真相，劝他不要抗拒天子。

虽然后来陈日烜还是不去朝见元朝天子，但再也不敢造次了，而是老老实实地按时纳贡，从来不敢间断。

还有陈日烜的弟弟陈益稷，他投降之后舒舒服服地生活在中国，不仅被授予各种官职，如湖广行省平章政事、金紫光禄大夫加仪同三司等，还被赐予大片良田，总之，比在安南生活得还要安逸，一直活了七十六岁才去世，去世后还被赐予谥号"忠懿王"。

第二十一章

降服缅甸

> 时间：1271年　1275年　1277年　1283年　1286年　1287年
> 地点：牙嵩延　蒲甘
> 人物：忽必烈　那罗梯诃波帝　阿禾　忽都　纳速剌丁　不速速古里
> 事件：牙嵩延战役　三次伐缅

结束和安南的战争后，忽必烈时期的下一场战争是对缅甸的战争。

缅甸是中国的南部邻邦，也一直是中国的藩属国，保持着朝贡关系。由于缅甸与中国文化差异巨大，中间又隔着大理，故来往相对较少。

史上最夸张的以少胜多

忽必烈灭了大理，建立元朝后，当然也想让缅甸这个邻国当藩属国，便从1271年开始派使者要求缅甸归顺，但没有得到回音，当时的缅甸王那罗梯诃波帝甚至拒绝接见元朝使者。

1275年忽必烈再次派出使者，这次的口气更加强硬，他在给缅甸王的书信中说：你要派遣王室子弟和贵官近臣前来我大元，以表示你们和我们是一家人，这样就能永远和睦相处，什么坏事也不会发生。如果到了要我们用兵的程度，对你们好还是不好，你当王的要好好考虑一下。[①]

这是赤裸裸的武力威胁。元朝的使者在给国王送信时大概也同样傲慢无礼，大大地激怒了那罗梯诃波帝，他竟然杀掉了元使。

这相当于向元朝宣战。当时忽必烈还没有灭掉南宋，便先忍下了这口气，但元朝与缅甸之间的战争已经难以避免。

后来缅甸北部有一些金齿（即今天的傣族部落）依附了元朝，那罗梯诃波帝派兵进攻。金齿首领阿禾赶紧向附近元朝驻军首领忽都求救。忽都得信后，立即星夜兼程前往救援，之后在牙嵩延的一条河边遇到了缅军，两军兵力相差悬殊：缅军有四五万，象八百头，马上万匹。忽都军只有七百人。缅人以骑兵为前锋，然后是战象，最后是步兵；大象披着盔甲，背上面还有战楼，战楼两旁夹着大竹筒，里面放着几十杆短枪，战象上面的士兵取短枪击刺敌兵。[②]

这是对当时缅军相当生动的描述，蒙缅两军兵力相差几十倍，但忽都毫不畏惧。他看见敌军只有一部分在河的北部，于是下令先向这里发起进攻。

他把七百人分成三队，向敌军猛冲而去。元军虽然兵少，但都是精锐的蒙古骑兵，战力非凡。缅军哪见过如此强悍的战士，一番激烈的战斗之后，纷纷败退。元军追击，一直追到他们的营寨门口才停止。

这时候突然发现南面一阵纷乱，原来有上万敌军从后面包抄过来。但忽都根本不怕，他仍把兵马分成三队，继续猛攻，仿佛这些人不是包

---

① 宋濂. 元史 [M]. 北京：中华书局，1976，卷二百一十.
② 宋濂. 元史 [M]. 北京：中华书局，1976，卷二百一十.

抄来打他们的，是送上门让他们打的。在元军一顿猛击之下，缅军又大败而逃，元军一直追到了河边，又追过了河，连破十七座缅军营寨。

但对缅军损伤更大的是逃跑过程中的自相践踏。缅军有大批战象，这些战象像大山一样，挤在狭窄的路上，把路整个都占满了。由于人多跑不快，那些战象就如坦克一样，把那些步兵骑兵一阵猛撞，撞翻之后又是一阵猛踩，大批人被活活踩死，还有许多被挤进了两边的山沟中摔死，如史书所载："转战三十余里，贼及象马自相蹂死者盈三巨沟。"①

就这样一直到黄昏，元军才停止追击，但第二天一早又继续追击，抓了大批俘虏。

元军以区区七百人击败数万敌军，自己的损失并不大，官军受伤的人虽多，但只有一个士兵抓住一头战象后由于不懂得驾驭而死，其余没有死一个人。②

这就是说几万缅军经过一场大战竟然没有杀死一个元军士兵，这应该是世界军事史上最了不起的奇迹之一。自古以少胜多的战争有不少，但经过一场激烈的大战而不死一兵一卒可以说是闻所未闻。

毕竟这不是在平原旷野上大战，对敌人进行包围歼灭，而是在缅甸的热带丛林中短兵相接，地形复杂、沟壑纵横、林木茂密，这些对元军的骑兵是十分不利的，哪怕不被杀死，稍一不慎就会摔死在深沟中。他们竟取得这样奇迹般的胜利，杀敌数万而自己不死一人，用奇迹来形容一点都不为过。

这就是1277年的牙嵩延战役，战斗发生的那条河流就是芒市河，位于今天的云南西部。

---

① 宋濂. 元史 [M]. 北京：中华书局，1976，卷二百一十.
② 宋濂. 元史 [M]. 北京：中华书局，1976，卷二百一十.

缅甸终于臣服

牙嵩延战役大胜后，元朝的云南诸路宣慰使纳速剌丁率领由蒙古骑兵以及当地爨、僰、摩等部落组成的混合部队近四千人正式讨伐缅甸。

元军一路势如破竹，占领了大片土地，俘虏了大量军民，还有更多人投降了，如磨柰蒙匡里苔八剌的两万户、蒙忙甸土官甫禄堡的一万户等，总共达三万五千多户，近十万人口。这些人都内迁到了云南。

后来到了夏天，天越来越热，蒙古人忍受不了才退兵。

这仍是1277年的事。虽然受到重创，但那罗梯诃波帝仍拒绝投降。

六年之后，1283年，元军再次伐缅，这次的目标是江头城。元军为此造了两百艘战船，沿着流经今天云南腾冲的阿昔江而下，直达缅甸，分水陆两路发起进攻。缅军再次被元军打败，"破其江头城，击杀万余人"①。

但铁了心的那罗梯诃波帝仍拒绝归顺，于是，1286年，元军第三次讨伐缅甸，这次的兵力更多，达七千人，仍分水陆两路发起进攻。

由于那罗梯诃波帝一再失败，国内怨声载道，终于发生内乱，他的庶子不速速古里发动宫廷政变，囚禁了那罗梯诃波帝，还杀了他的三个嫡子。

趁着缅甸内乱，元军直入缅甸内地，不断击败缅军，一直打到都城蒲甘。

此时，那罗梯诃波帝已死，新王同意纳贡称臣。

这是1287年的事，经过十多年三次战争，忽必烈终于征服了缅甸。

此后，缅甸如高丽、安南一样，成了元朝的藩属国。

---

① 宋濂. 元史[M]. 北京：中华书局，1976，卷二百一十.

第二十二章

万里远征

> 时间：1292年　1293年　1294年
> 地点：爪哇　葛郎　答哈　大都
> 人物：忽必烈　亦黑迷失　史弼　高兴　哈只葛当　土罕必阇耶
> 事件：遥远的爪哇国　元军在爪哇功败垂成　高兴打虎　忽必烈的评价

征服缅甸后，忽必烈的下一个目标是遥远的爪哇。

遥远的爪哇国

爪哇自古在中国人眼中就是遥远之地的象征，因此往往以"爪哇国"比喻遥远。

元朝以前，中国诸朝从来没有出征过这么遥远的地方。按照常理忽必烈是没有理由打爪哇的，那么到底是什么原因呢？史书中有所说明：爪哇远在海外，比占城还要远……它的风俗与土特产都不清楚，大概和大元海外各藩属国一样，都出产各种奇珍异宝，这些东西在中国是很贵重的。爪哇的人民长得相当丑且怪，性情、风俗、语言与中国都不能相通。在元世祖为使周围的夷人诸国归附而发动的战争中，以讨伐爪哇的战争规模最大。①

这里说明了为什么要打爪哇：一是因为这些地方出产一些奇珍异宝，这些东西在中国是非常贵重的，要是能够征服它当然收获满满。二是因为忽必烈想要四海都臣服于他。

史书的最后也说了，本来忽必烈可能以为爪哇很好攻打，但实际上并不是这么回事。打爪哇成了忽必烈耗费最大的一场海外战役。

为了打好这场战役，忽必烈是费了一番心思的。他派出三员大将统领军队，分别是亦黑迷失、史弼、高兴。亦黑迷失曾多次出访南洋诸国，因此熟悉这里的航路，主要担任海上的向导，领兵作战之事则委托给了史弼。至于高兴，忽必烈一直相信他的忠直，而且他是南宋降将，熟悉江南水乡与山区地形的作战，因此也被一起派出。三人中以史弼为主将，另外两人是副手，这应该是忽必烈大规模征战异国中唯一一次以汉人而非蒙古人为统帅。

1292 年阴历二月，元军正式出发。

此次元军的规模是相当大的，一共出动了两万兵力，还有船只上千艘，大部分应该是装粮食的，足足装了够他们吃一年的粮食。此外还准备了大批好东西用来打赏有功将士或者投降的敌军，"钞四万锭，降虎符十、金符四十、银符百、金衣段百端，用备功赏"②。

大军从福建泉州出发，不久就遇到了麻烦。由于风浪很大，船只在

---

① 宋濂. 元史 [M]. 北京：中华书局，1976，卷二百一十.
② 宋濂. 元史 [M]. 北京：中华书局，1976，卷二百一十.

海上颠簸得厉害，元军战士都是第一次在海上远航，不习惯这样的颠簸，许多人头晕目眩加呕吐，难受至极，好几天吃不下东西。

但大军既已出发，当然不能返回。经过几个月的航行，历经千辛万苦，元军终于在第二年初抵达爪哇。

狡猾的爪哇王

到达爪哇后，史弼发现这里到处是山，山下有一些小港湾，但并不适合大海船进入。幸好大船上备有小船，于是先用一些小船把士兵送往岛上，这些士兵再在山上砍树，尽快造了大批小船，才把上万的士兵顺利送到岸上。

为什么爪哇人没有在岸上防卫呢？可能是因为他们根本想不到元军会万里迢迢来攻打他们，也可能是当时爪哇国正与邻国葛郎发生战争。当时的爪哇王哈只葛达那加剌已被葛郎王哈只葛当杀了，由哈只葛达那加剌的女婿土罕必阇耶继位。他率军抵抗哈只葛当，但打不过。听说元军到了，狡猾的爪哇新王心生一计，立刻派使者呈上爪哇的地图以及户口登记册等，表示归降，同时向元军求救。

史弼接到降书后，很快答应了土罕必阇耶的请求，率军攻打葛郎。葛郎人哪是元军的对手，很快大败，哈只葛当逃回国内。史弼在土罕必阇耶导引下兵分三路，继续攻打葛郎，不久抵达葛郎都城答哈，葛郎国主率军十余万交战，自卯时至未时连续发生三次战斗，贼军被击败崩溃，掉进河中淹死的就有数万，五千多人被杀。[①]虽然葛郎兵力是元军的好几倍，元军又是远道而来，但葛郎仍不是元军对手。

此后，元军包围了答哈，要求哈只葛当投降。哈只葛当自知难以抵挡，

---

① 宋濂. 元史 [M]. 北京：中华书局，1976，卷二百一十.

只得出城投降,他全家和臣子们都成了元军俘虏,宫中的无数珍宝也归元军所有。

这时土罕必阇耶还在元军中,他看到葛郎被灭,也清楚元军不可能在这里久留,于是心生一计。他请求史弼让自己回去,他要写一份更加正式的投降文书呈给忽必烈,到时候还要拿着他收藏的许多奇珍异宝一起献上。史弼和亦黑迷失相信了他的话,答应了,但高兴表示怀疑。实际上,此前土罕必阇耶奉上降表时高兴就有了警惕,说:"瓜哇虽投降了,但如果中间突然叛变,与葛郎人联合起来,我们将身陷绝境,成为孤军,未来就有大麻烦了。"[1]

高兴的话显然是有道理的。这次他主张不要轻易放土罕必阇耶回去,要把他和哈只葛当两人控制好。但史弼和亦黑迷失认为他太多疑了,他们的地位在高兴之上,高兴也没有办法。

史弼不但放土罕必阇耶回去,还派了两个将领和两百个士兵护送他。

后来事情的发展果如高兴所料。在回去的路上,土罕必阇耶让自己的手下谋杀了护送他的所有元军兵将,同时趁着元军战胜后退兵之际,在半路上发动袭击,元军措手不及,被杀死杀伤了不少人。危急之下史弼亲自率军断后,一路且战且走,走了三百多里才到达来时的海边,登上了在海边等候的船只。

又经过几个月的艰苦航行,元军终于顺利回到了泉州。一清点,发现已经少了三千多人,大多是被土罕必阇耶偷袭而死的。

不过这次收获也颇为丰富,从爪哇带回来的东西价值五十多万两银子,此外还有南洋其他国家贡献的宝物,全都上交给了朝廷。

这次爪哇之战本来是一场大胜,但史弼的轻敌导致了最后的失败,

---

[1] 宋濂. 元史[M]. 北京:中华书局,1976,卷一百六十二.

白白损失了三千多人，所以史弼虽然因收获颇丰而没有被处斩，但仍被判打了十七军杖，同时没收三分之一的家产。

高兴很高兴

从上面的战事中可以看出，高兴是三位统帅中功劳最大也最明智的一个，正因为没有听他的劝告，元军才由胜而败。所以战后，史弼与亦黑迷失都被朝廷降罪，唯独高兴由于不同意他们的意见，而且功劳多，因此被赐金五十两。① 这下高兴当然很高兴了。

《元史》中关于高兴有比较多的记载。他是蔡州人，出身贫寒，但从小就与众不同，相貌堂堂，气概非凡，品德也很高尚，而且武艺出众，还是神箭手，能挽二石强弓。有一次他跟着一群猎户在山中打猎，遇到一只猛虎，其他人吓得转身就逃，但高兴丝毫不惧，张开弓，一箭射去，老虎顿时倒地而死。

后来他从了军，长官见他相貌非常，把自己的外甥女嫁给了他。之后他跟着长官归顺元朝，很快显示了出众的领军才能，屡立战功，是元朝灭亡南宋的大将之一。

灭亡南宋后，忽必烈召见他，他把从灭宋获得的大量珍宝全都献给了忽必烈。忽必烈好奇地问他为什么不自己留一点。他回答道："我自小贫困，现在侥幸富贵了，但都是陛下您赐予我的，我哪敢隐瞒缴获的东西呢？"②

忽必烈听了很高兴，于是高兴向忽必烈提出了一个请求，就是他的部下有不少人立了功，请忽必烈赏他们官职。忽必烈大方地说："你自

---

① 宋濂．元史 [M]．北京：中华书局，1976，卷一百六十二．
② 宋濂．元史 [M]．北京：中华书局，1976，卷一百六十二．

己看着办吧，想怎么赏就怎么赏，朝廷都认。"

后来高兴成了元朝的重臣之一，官拜左丞相，死后还被追封南阳王。以汉人身份封王，这在元朝也是罕有之事。

忽必烈其人

此次元军从爪哇回来时已经是1293年，仅仅几个月之后，八十岁高龄的忽必烈就在大都去世。

《元史》记载，忽必烈是这样死的：至元三十一年春正月壬子朔，皇上生病了，下诏不要朝贺。癸亥，知枢密院事伯颜从军中来了。庚午，皇上病势加重。癸酉，皇上于紫檀殿去世。在位三十五年，享寿八十。[①]

这是1294年初的事。忽必烈是中国历史上最有名的皇帝之一，正是他使蒙古人的蒙古国变成了中国人的元朝，使元朝成为宋朝的合法继承者。

这在中国历史上是极为重要的。因为倘若没有忽必烈，蒙古国一直是蒙古国，没有改国号为大元，那么就意味着元朝时期是中国人被异族征服与奴役的时期，中国的历史将有一个大缺口或者大缺陷，这也将是中华民族历史上莫大的耻辱。

换言之，是忽必烈使中国完成了王朝的更迭，从宋朝过渡到元朝，并且使中国人免于成为亡国奴，这是他对于汉人的功业，是值得我们铭记且肯定的。

正因为这样，关于忽必烈，《元史》有这样的评价："世祖度量弘广，知人善任使，信用儒术，用能以夏变夷。"[②]

[①] 宋濂. 元史[M]. 北京：中华书局，1976，卷十七.
[②] 宋濂. 元史[M]. 北京：中华书局，1976，卷十七.

这里最重要的是后面一句，就是忽必烈没有因为自己是蒙古人就守着蒙古人的旧传统，而是敏锐地意识到应该修正，要尊重汉人的历史与文化，使蒙古由一个草原部落变成真正的国家，变成有悠久历史的中国与华夏文明的一部分。

《元史》中后面还说："（世祖）立经陈纪，所以为一代之制者，规模宏远矣。"这里借用了贾谊《治安策》中的话，"立经陈纪，轻重同得，后可以为万世法程"，意思就是可以利用中国前朝悠久的经典与法纪，对于国之大事小事都可以处理好，从而建立可以为后世长久效法的新路历程，成为开创一个时代的伟大王者，这样的格局诚然浩大，也将源远流长。

另外，《明太祖实录》中对忽必烈也有一段评价，这里值得引用一下：太祖的孙子以仁德著称，后来成为世祖皇帝，他统一了天下，使得九夷八蛮、海外番国都统一起来了。在长达百年的时间内，他的恩德哪个人不铭记怀念呢？他的号令哪个人不心怀敬畏呢？在他的时代，四方平安无事，人民健康，物产丰富。①

明太祖朱元璋在这里高度肯定了忽必烈，指出他的好几个优点，都是中肯的，并且言简意赅，这里也展开分析一下。

一是仁德，道德高尚，有一颗仁慈爱民之心。例如，他当政时经常赈济饥民，减免赋税，甚至对高丽这样的藩属国也很友好。这是值得后人尊敬的，因为如孟子所言："民为贵，社稷次之，君为轻。"百姓乃是天下的主体，就本质而言是高于君主的，因此要成为一个好君主，最重要且最基本的就是要善待百姓。自古以来，中国也是以爱民作为明君与仁君评价的标准。

---

① 明太祖实录[M]. 上海：上海书店出版社，1982，卷一百九十八.

二是统一天下，这也非常了不起。要知道当蒙古崛起之时中国是分裂的，南宋只统治着淮河以南的地区，整个北方包括长安与洛阳这样的千年古都都在金人的统治之下。正是忽必烈灭了金国与南宋，建立了元朝，从而使分裂超过百年的中国重新统一。不但如此，而且元朝时中国的领土在宋朝的基础上得到了大大的扩张。

三是忽必烈时代经济繁荣，百姓生活富庶而安定。这前面也说过了，从那个时代人口的增长与死刑犯人数之少就可见一斑。

总之，朱元璋虽然是明朝皇帝，但他并没有因此对前朝皇帝忽必烈加以贬损，而他作为后朝皇帝对忽必烈的肯定也更充分地说明了这种评价是对的，合乎史实。

第二十三章

完美太子

时间：1269年　1286年　1293年　1294年
地点：大都
人物：忽必烈　察必皇后　铁穆耳　甘麻剌　答剌麻八剌
事件：贤后良母察必皇后　真金太子的三大优点　真金太子英年早逝

忽必烈去世后，皇位的继承成了一个大问题。

难得的贤后良母

按理说这不是一个问题，但在忽必烈这里却不太一样，因为忽必烈的嫡子真金太子去世了。

在笔者所知的太子中，真金太子是最特别也是最令人遗憾的一个。

真金太子的母亲是忽必烈的嫡妻察必皇后，她以品德高尚、生活俭朴而闻名后世。关于她以及与儿子的关系，《元史》有这样的记载：

皇后生性节俭，不爱妒忌，经常以礼法来约束自己……她居住在坤德殿，整天端端正正地坐着，从来没有随便离开过自己的房间。到了至正二十五年八月，皇后去世了，时年四十二岁。后来奇氏看到她所遗留下来的衣服，都是又旧又破的，大笑着说："堂堂正宫皇后怎么会穿这样子的衣服呀！"由此可知她有多么朴素。一个多月后皇太子从冀宁回来，哭得非常伤心。[1]

这里的奇氏是忽必烈的一个宠妃，她简直无法相信堂堂的正宫皇后竟然穿这样的破衣服。是啊，正宫皇后竟然穿破衣服，确实俭朴得过分，和唐太宗的长孙皇后有得一比。

从这里也可以看出来，每一个明君背后往往有一个同样贤明的妻子。

真金太子的三大优点

正所谓有其母必有其子。真金太子的母亲品德如此高尚，他也完美地继承了母亲的这些优点。不止于此，真金太子另外还有三个特点。

一是从小熟读儒家经典。《元史》载："少从姚枢、窦默受《孝经》，及终卷，世祖大悦。"[2] 从这里可以看出来，忽必烈已经从骨子里是中国传统的以儒家思想为根基的皇帝了，太子也从小就是一个相当典型的中国传统式的太子。

二是正因为接受了儒家传统教育，又熟读《孝经》，所以他从小就十分孝顺。《元史》载："世祖违豫，忧形于色，夕不能寐。闻母皇后暴得风疾，即悲泣，衣不及带而行。"[3]

通过读《孝经》而行孝，这是真正的学以致用。

---

[1] 宋濂. 元史 [M]. 北京：中华书局，1976，卷一百十四.
[2] 宋濂. 元史 [M]. 北京：中华书局，1976，卷一百十五.
[3] 宋濂. 元史 [M]. 北京：中华书局，1976，卷一百十五.

还有一次他对手下说:"皇上训示我们道:不要贪心,只要有了贪心,就成不了事。我看孔子的话就与皇上的圣训是一致的。"① 这句话结合了他前面的两个特点即读经与行孝。他在生活中常常记着父亲的话,并且以父亲的教导来指导自己的行动。他还悟到父亲的话与孔夫子的话是一致的。这里所指大概就是孔夫子曾说过的治理国家要"欲而不贪"② 了,"欲"就是要有获得利益、繁荣经济民生的目的,但要达到这个目的不能贪,不能过分,用不着贪大求全。

忽必烈对这样的儿子当然满意,因此到了1273年就正式册立真金为皇太子,还让他兼任中书令。在册封太子的诏书中有这样的话:此前儒臣反复上奏道,国家应当确立储君,并且要有正式的册封,要举行相关的典礼。今天我派遣太尉、左丞相伯颜持着符节,授予你玉册金宝!③

这完全是过去中国王朝的做法。正式成为皇太子后,真金太子的表现也完全符合未来仁君的要求。例如,仁君的第一个表现就是爱民,真金太子就是如此,这是他的第三个优点。

关于真金太子爱民的事迹有很多。例如,有一次他派自己的侍臣去祭祀各大名山时,再三告诫侍臣,说到了地方后,不能让当地官员搞迎来送往的活动,因为这样太过扰民了。

不但不扰民,他还总在担心百姓的赋税是不是太重了。例如,有一次江西行省征税超过了原来的计划,有了盈余,于是就把这些盈余变成现金献了上来。这当然是一笔巨款,一般来说作为朝廷首辅、中书令的太子应该十分高兴甚至重赏才是。然而真金不但没有高兴,反而怒斥道:"朝廷要你们这些人去治理百姓,目的是要让百姓安居乐业,只要百姓

---

① 宋濂. 元史 [M]. 北京:中华书局,1976,卷一百十五.
② 杨伯峻. 论语译注 [M]. 北京:中华书局,2004,尧曰.
③ 宋濂. 元史 [M]. 北京:中华书局,1976,卷一百十五.

安居乐业了,哪里会有钱粮不足的问题?如果百姓不安居乐业,就是钱粮多了又有什么意义?更不能把这些多出来的钱粮放到自己的腰包里。"①

这话真是至理至善之言!足见真金太子是何等爱护百姓,具有真正的仁君品质。他也不只是说说而已,而是真的把这些钱全部退回去了。

还有一次,汉人重臣刘思敬献给他一百六十户百姓,真金太子问这些人从哪里来,得知是刘思敬攻打重庆时的俘虏,他颇为伤感地说:"请把这些人送回他们的老家去吧,让他们叶落归根,否则我们就会失掉民心了。"汉臣要把汉人百姓献给蒙古人真金太子,真金太子却要把这些汉人送回家乡,这说明真金太子比某些汉人官员更爱汉人百姓。

史书中还有一段话把真金太子的爱民表现得更加全面:真金太子由于一直掌管中书省,时间一久,就对如何治理天下了然于胸,如果产生问题也能很快地做出正确的决定。倘若天下各地的州郡在征税、漕运、织造、买卖等方面做了什么干扰民生的事,只要他听说了,他就会立即下令中止。一次右丞相卢世荣谈到要为朝廷多挣些利益,要能够年年有盈余。真金太子听了极为不满,说:"政府的财税又不是天上掉下来的,哪能年年有盈余?如果这样恐怕就要把百姓的血汗榨干了!这样做不但会害了百姓,还会害了朝廷与整个国家,简直是国家最大的蛀虫!"②

如此等等,说明真金太子心中总是记挂着百姓,如果这样的人当了皇帝,必定是一位明君。

如果真金太子成了皇帝

如果真金太子成了皇帝,不但会是一个爱百姓的仁君,而且会是一

---

① 宋濂. 元史 [M]. 北京:中华书局,1976,卷一百十五.
② 宋濂. 元史 [M]. 北京:中华书局,1976,卷一百十五.

个极其尊重中国传统的皇帝，甚至会比传统中国的汉人皇帝还要尊重中国的传统，特别是尊重中国的传统文化经典。对此，《元史》也有记载：真金太子除了每天与各位王子、近臣练习蒙古传统的射箭外，几乎全部时间都用来讲论各种经典，如《资治通鉴》《贞观政要》《武经》等，还要王恂、许衡等人给他讲解辽和金帝王的一些行为。读经时，只要读到某些动人的语句，他就会感动起来，表情也更加凝重了。而那些在身边教他读经的人，如王恂、白栋等也整天待在东宫中，不离开一步。[①]

为什么那些人要整天都待在东宫中？就是随时准备给真金太子讲经，真金太子也随时要他们讲经。

如此等等，真金太子对中国经典之尊重真是令人感动！即使放在整个中国历史的长河中恐怕也找不出第二个这样的太子了！

真金不但尊重中国的经典（这里指的主要是儒家经典），而且对孔子的后代也十分尊重。有一次，宋理宗册封的衍圣公孔洙从浙江过来朝见，当时负责东宫守卫的张九思可能对孔洙不够恭敬，真金还责备他"学圣人之道，不知有圣人之后"。这让真金太子比张九思看上去更像汉人。

此外，还有一件比较特别的事也可以说明真金太子对中华文化的尊重与重视。

前面讲忽必烈时提到过元代最重要的文化成就是元曲，元曲最著名的代表作家是关汉卿，其次是马致远。

关于马致远，钟嗣成在《录鬼簿》中有记载：马致远，大都人，号东篱老，江浙省务提举。[②]

马致远和一辈子是平头百姓的关汉卿不一样，他还当过"江浙省务

[①] 宋濂. 元史[M]. 北京：中华书局，1976，卷一百十五.
[②] 钟嗣成. 录鬼簿[M]. 上海：上海古籍出版社，1978，卷上.

"提举"。提举在元代是五品官,"提举一员,从五品"[①],相当于知府一类,以现在的说法是地级市领导的级别,厅级干部,是不小的官了。

那么马致远是怎样当上这个江浙省务提举的呢?据说他向真金太子献诗,得到了太子的赏识,于是得到了这个官职。

我们甚至可以想象在马致远献给真金太子的曲中就有那首他最脍炙人口的作品《天净沙·秋思》:

枯藤老树昏鸦,小桥流水人家,古道西风瘦马。夕阳西下,断肠人在天涯。

曲中优美的意境余味悠长,令人叹为观止!精通汉文化的真金太子读到这样的美曲,自然会拍案叫绝,于是立马赏了马致远一个五品官做!

如此等等,总之,从中国传统的道德文章或者文化来说,真金太子虽然不是汉人,但胜似汉人。

正因为如此,真金太子赢得了朝臣和百姓的心,这并不是他有意为之,纯粹是他的天性使然。如《元史》所言:"其大雅不群,本于天性,中外归心焉。"[②]

但这样心悦诚服的结果对真金却是致命的。到了1286年,忽必烈年过七十,在古代已经是高寿,当皇帝也已经二十余年,于是就有某位监察御史上奏,请忽必烈早点把帝位禅让给太子。

真金太子本来完全没有这样的想法,这是这位大臣自己的意思,但他听说这事之后十分恐惧,怕忽必烈会怀疑是他怂恿的。后来负责把奏章交给忽必烈阅览的台臣也知这样的奏章不妥,会触怒龙颜,于是藏了

---

① 宋濂. 元史 [M]. 北京:中华书局,1976,卷八十二.
② 宋濂. 元史 [M]. 北京:中华书局,1976,卷一百十五.

起来不给皇帝看。后来一个坏人听说了这事，就告发台臣，说他隐匿奏章。忽必烈听说这件事后，果然大怒。真金太子听说后更加恐惧，不久就病倒，并且很快就死了。

真金太子死时只有四十三岁，是真正的英年早逝，令人无比遗憾！

这是1286年的事。真金太子之死对忽必烈的打击相当大，他知道在这起事件中真金太子并没有犯什么错，却付出了生命的代价。痛惜之余，他决定厚待真金太子的子孙。于是忽必烈在去世前的1293年册封真金太子的第三子铁穆耳为皇太孙，待遇和太子一样。

第二年忽必烈去世了，铁穆耳继位为帝，就是元成宗。

真金太子共生了三个儿子，分别是长子甘麻剌、次子答剌麻八剌、三子铁穆耳，虽然两个哥哥没能当上皇帝，但他们的后代都当了皇帝。这是后话。

第二十四章

成武二宗

> 时间：1269年　1274年　1286年　1301年　1305年　1307年　1309年　1311年
>
> 地点：塔拉斯河　铁坚古山　兀儿秃　合剌合塔　怀州　上都
>
> 人物：铁穆耳　海都　八剌　忙哥帖木儿　那木罕　海山　床兀儿　都哇　察八儿　明里帖木儿　卜鲁罕　爱育黎拔力八达　答己　阿忽台　阿难答　哈剌哈孙
>
> 事件：海都之乱　四大汗国归附元朝　大都政变　海山登基　以讹传讹的"九儒十丐"

　　上面说到，1294年忽必烈去世之后，真金太子的第三子铁穆耳继位为帝，就是元成宗。

　　元成宗的主要特点是爱好和平。他上台之后，迅速停止了忽必烈还想要发动的对安南、日本甚至爪哇的战争，全力治理国内之事，使元朝政治整体来说平安和顺。因此，《元史》说他是一个很好的守成者："成宗承天下混一之后，垂拱而治，可谓善于守成者矣。"①

正因为如此，所以虽然他当了十三年皇帝，关于他要说的内容并不多，其中最值得记述的一件就是镇压海都之乱。

海都之乱

海都之乱是蒙古历史上的重要事件。

前面说到，蒙哥是拖雷的儿子，此前当大汗的是窝阔台的儿子贵由，因此蒙哥成为大汗等于把大汗之位从窝阔台后代手中转移到拖雷后代手中，这也为将来的内乱埋下了隐患。

海都是窝阔台的孙子，颇有才干和野心。由于蒙哥是从窝阔台的后代手中夺走大汗之位的，因此蒙哥成为大汗后自然对窝阔台的后代严加提防，抑制他们的实力。后来海都被分封到蒙古之西一个小地方——海押力。蒙哥去世后，蒙哥家族内部一度发生内乱，主要是忽必烈和他的弟弟阿里不哥争夺大汗之位。海都公开支持阿里不哥，结果失败，忽必烈成为大汗。

这使得海都心里更加不平，时刻想要找机会发动叛乱。后来忽必烈采取了不少汉化政策，这遭到蒙古四大汗国之一钦察汗国大汗的反对。后来另一个汗国察合台发生了争夺汗位的内乱，忽必烈支持八剌夺得了汗位。但八剌不思报恩，反而和海都联合在一起。

1269年，钦察汗国的大汗忙哥帖木儿、海都和八剌在中亚的塔拉斯河会盟，正式宣布反对忽必烈和忽必烈之弟旭烈兀建立的伊儿汗国。反对忽必烈的理由就是他太过汉化，违反了蒙古祖制，甚至认为忽必烈已经不是蒙古人，无权再当蒙古大汗。

---

① 宋濂. 元史[M]. 北京：中华书局，1976，卷二十一.

海都并不是窝阔台汗国的大汗，这时候的窝阔台汗国已经分裂，一部分公开支持忽必烈，但忽必烈仍然面临很大压力，因为四大汗国中有两个半反对他。

忽必烈当然不会允许这种反叛存在，于是派大将那木罕率军镇压，很快就击败了海都。但1274年，那木罕的一个部将发动兵变，归向了海都。不久后八剌去世，海都扶持了他的儿子都哇当上了察合台汗国的大汗，他当然站在海都一边反对忽必烈。于是两军正式联合起来，向蒙古本土发起进攻，并且取得了一定的成功，1286年甚至一度占领了蒙古的故都哈拉和林。虽然不久就被赶走，但他们一直没有被消灭，和忽必烈处于僵持状态。

忽必烈去世后，海都又于1301年率军向元朝发起进攻。元成宗派自己的侄子海山率军迎战，结果元军大胜。关于战况，《元史》是这样记载的：海都的军队越过金山往南前进，到达铁坚古山后停下来，要借助地势高来自保。床兀儿很快就率军击败了他们，接着又与都哇在兀儿秃这个地方相持不下。床兀儿率领精锐铁骑冲向敌阵，他的部将们也奋勇出击，杀死了无数敌人，都哇几乎全军覆没。①

床兀儿是元军的猛将，正是他接连击败了海都和都哇的联军。但海都不甘心失败，几天之后亲统全军再战，两军又在不远的合剌合塔大战。

大战中元军一度失利，这次是海山立下大功，他指挥军队奋勇作战，终于冲出敌阵，全军而还。海都没有达到目的，只得离开，不久就死了。②这次海都可以说是倾巢出动，但元成宗只派了一个将军来对付他，他就束手无策，现在都哇的军队也没了，海都陷入绝望，不久就忧愤成疾而死。

---

① 宋濂. 元史 [M]. 北京：中华书局，1976，卷一百二十八.
② 宋濂. 元史 [M]. 北京：中华书局，1976，卷二十二.

海都一死，反对忽必烈的联盟自然瓦解，海都之乱就此结束。

中国史上领土最辽阔的时代

海都之乱结束后不久，察合台汗国大汗都哇、窝阔台汗国大汗察八儿、阿里不哥的儿子明里帖木儿等聚在一起商量。

他们感觉已经不可能战胜元成宗，认为忽必烈的后代已经受到老天和祖宗的庇佑，正当地拥有了蒙古大汗之位，于是决定结束战争，并派使者和元朝谈判。对此，《元史》这样说：都哇、察八儿、明里帖木儿等各王相聚在一起，互相谋划商量。他们说："过去我太祖成吉思汗在艰难困苦中成就帝业，拥有了天下江山，我们这些子孙不去诚恳认真地追求和平，却连年用兵，自相残杀，这是自毁祖宗留下的基业啊！今天大元镇守边疆的人都是世祖的嫡亲子孙，我们与他们争什么呢？而且此前我们与土土哈打过，不能取胜，今天和他儿子床兀儿打，又无功而返。从这里就可以得知老天和祖宗的意愿了。所以我们还不如派遣使者去请求停战吧。"①

都哇、察八儿、明里帖木儿这些想法是正确的，现在忽必烈的后代已经牢牢占据了蒙古大汗之位，也是元朝皇帝之位，实力何其强大！他们根本无法与之抗衡。

不久，他们派出的使者见到了元成宗，元成宗也答应了他们的请求。

这是 1305 年的事。此后察合台、窝阔台、钦察三大汗国都承认了忽必烈后代的蒙古大汗之位，伊儿汗国本来就是支持忽必烈的。换言之，元朝已经是四大汗国全都承认的整个蒙古帝国的合法继承者，元朝的皇帝就是蒙古帝国合法的大汗。

---

① 宋濂. 元史 [M]. 北京：中华书局，1976，卷一百二十八.

讲完海都之乱，元成宗的时代也就差不多说完了。

大都政变与海山上台

元成宗身体一直不好，皇后卜鲁罕则足智多谋，因此多由她主政。

1306年，元成宗的独子去世，不久元成宗也去世，这时候他还没有确定由谁继承帝位。本来应该由已经去世的成宗次兄答剌麻八剌的后代继承帝位，但卜鲁罕不同意。她早在元成宗病重时就将答剌麻八剌的次子爱育黎拔力八达和他的母亲答己送到怀州（今河南沁阳），答剌麻八剌的长子就是在镇压海都叛乱中立下大功的海山，此时正镇守着蒙古的北部边境。

元成宗去世后，卜鲁罕和支持自己的左丞相阿忽台以及元成宗的堂弟安西王阿难答商量好，先由卜鲁罕摄政，再将帝位传给阿难答。但右丞相哈剌哈孙反对，他没有明确表示，而是暗中派人通知在北方拥重兵的海山、在怀州的答己和爱育黎拔力八达，要他们立即以奔丧为名赶赴上都，以夺取帝位。

答己与爱育黎拔力八达当然愿意，由于他们距上都较近，因此很快抵达。卜鲁罕和阿难答岂不知道他们的图谋？由于三月初三这天是爱育黎拔力八达的生日，他们打算借庆贺生日下手杀掉这对母子。但爱育黎拔力八达事先得到了消息，于是就在三月初二先下手为强，发动政变，率军冲入宫中，杀了阿忽台，并把卜鲁罕、阿难答等人全抓了起来。这就是1307年的大都政变。

不久海山也到了上都。他是长兄，立即接手了大权，下令赐死阿难答和卜鲁罕，他自己继位称帝，就是元武宗。

在这次政变之中，爱育黎拔力八达立下大功，江山实际上是他打下来的，元武宗基本上是坐享其成，因此元武宗上台不久就和弟弟爱育黎拔力八达达成协议，封弟弟为皇太弟，死后由弟弟继位，弟弟死后再传给哥哥的儿子。由于爱育黎拔力八达后来继位为元仁宗，史称"武仁之约"。

"九儒十丐"中的以讹传讹

1307年5月，元武宗正式登基称帝，登基之始就宣布大赦天下。

诏书中主要说明自己为什么有资格称帝，以及强调实施对天下百姓利好的政策。诏书最后有这样的话：官军经过地方时一定要小心，不准惊扰百姓。各地的冶铁事业百姓也可以参与生产经营。政府鼓励兴办学校，同时免除儒士家庭的差役，对于鳏夫、寡妇、孤儿、独居老人等，政府还要扶养照顾。[①]

总之，元武宗的做法和忽必烈有些相似，就是以百姓为上，使百姓少交税，多挣钱，并且重视儒学，继续蒙古汉化的进程。

随着海都之乱的平定，反对汉化的那些蒙古贵族势力也消灭了，元朝汉化的进程得到了进一步推动。

前面讲过许多儒士在元朝得到照顾，元朝是很重视儒士的，并且是以儒术治国的。至少从窝阔台时期就是这样了，到忽必烈和元成宗时代更是如此，到了元武宗时代也是一样。

但也有一种说法叫"九儒十丐"，在全国十等人中，儒士是第九等即倒数第二等，地位仅高于乞丐，比娼妓还要低。

这一说法源自元朝的南宋遗民、文学家谢枋得。他写了一部《叠山集》，其中讲了1261年的南宋理宗时代，当时南宋官方管理历法的官员（即司历）根据天象占了一卦，说"文运不明，天下三十年无好文章"，

---

① 宋濂. 元史[M]. 北京：中华书局，1976，卷二十二.

称天体的运行表明将来三十年没有文运。

所谓"文运",指天下是否会出好文章并非人能够决定的,而是由老天决定的。所谓"文章本天成,妙手偶得之",将好文章的产生看成天意的结果,如果天意要使天下有好文章,就是文运明,反之就是文运不明。

司历竟然称未来三十年天下没有好文章,当时一些儒者听说这事后骂道:"哪里来的瞎了眼的老家伙,这样胡说八道、妖言惑众!"

后来又有一个演滑稽戏的人戏弄儒者说:"我大元的制度中,人分十等。一等官二等吏,排在前面的人是高贵的,高贵的就是有益于国家的人。七等匠人八等娼妓九等儒士十等乞丐,排在后面的人就是低贱的,低贱的人就是对国家没有用处的人。儒士真是太卑贱了啊!位于娼妓之下和乞丐之上的人就是今天的儒士了。"[①]

只要对比一下前面说过的儒士在元朝时代所受到的优待,就可以清楚地知道这种说法的荒谬,与史实完全不符。

其实只要从一个角度就可以驳倒这样的说法:前面说过,元朝也是有科举制度的,不仅汉人要参加,蒙古人和色目人同样要参加,考的是儒家的四书五经。元朝几乎所有官员都由这样的科举制度选拔出来,这和唐朝、宋朝是一样的。

前面诏书中说,在元武宗时代,儒士们不但可以当官,连徭役都不用服了,这是何等的优待!地位怎么可能连娼妓都不如呢?这显然是不可能的,也不符合史实。

说完这事,元武宗时代也就结束了。

元武宗虽然称武宗,但并不好战,只因他是武将出身,曾经武功卓著。

---

① 谢枋得.谢叠山集[M].上海:商务印书馆,1936,卷六.

实际上在他短短的四年称帝时间中，元朝只有一场小规模的战争，就是1309年和察合台汗国联手灭掉窝阔台汗国，元朝取得了窝阔台汗国的北部地区。

1311年元武宗去世，年仅三十岁。

关于元武宗，《元史》是这样评价的：元武宗继承了大好家底，于是就想要大干一番事业，进行各种变法，但他为了变法做了过量的封爵，又授予太多人官职，总之赏赐太滥。正因为种种赏赐来得太容易了，所以得到赏赐的人并不怎么感恩。这样的结果就是忽必烈和元成宗留下来的各种政绩到元武宗这里都有所衰落。[1]

---

[1] 宋濂. 元史[M]. 北京：中华书局，1976，卷二十三.

第二十五章

短寿仁君

> 时间：1307年　1311年　1313年　1320年
> 地点：怀州　漳河　大都
> 人物：元仁宗　祥哥剌吉　铁木迭儿　答己
> 事件：元仁宗的五个优点　史上第一个女收藏家　贪官造就的帝位之争

元武宗去世之后，根据原来的"武仁之约"，继位的是他的弟弟爱育黎拔力八达，就是元仁宗。

元仁宗的五个优点

元仁宗和忽必烈一样，是元朝比较有为的君主，他最大的特点有五个。这里先说两个：一是仁，即有爱民之心；二是重视儒学。

关于第一点，举两个例子。前面说过，元成宗病重时，实际掌权的皇后卜鲁罕怕元仁宗抢帝位，把他赶到怀州去住。他前往怀州的途中发生了这样的事：

元仁宗去怀州，路过的各郡县提供的东西非常华丽奢侈，他下令全部撤去，并且严令部下不得扰民。还派佥事王毅负责监督，百姓既高兴又感激。①

这是 1305 年的事。不久元成宗去世了，元仁宗和母亲一起奔赴大都，到了漳河时，遇上了暴风雪，行走艰难。这时候有一个种田的老人家盛了一碗粥献上来。这样的东西他的近侍当然看不上，没有接受。元仁宗说："昔日汉朝的光武帝有一次被敌兵追击，路上还吃了豆粥。大丈夫要是不忍受一点艰难困苦，往往不知道百姓种地的艰难，导致骄横懒惰。"②于是命手下把粥拿过来，当场吃了。同时赐予老者一匹锦缎，还对老人温言抚慰一番才走。

这表明元仁宗不但有爱民之心，还熟悉汉朝历史典故，其历史知识可能比一般汉人皇帝还要丰富。

元仁宗称帝后，类似的爱民之事有很多，例如免除百姓的赋税、赈济穷困的百姓等，这里就不再多说。总之，元仁宗的确比较仁慈，有一颗爱民之心。

关于第二点重视儒学，有一个比较典型的例子。1307 年，元武宗即位后，因元仁宗为其即位立下大功，封他为皇太弟。元仁宗做的第一件事就是向全国各地派出使者广泛搜集儒家经典，送来之后他盖上专用的印章，并交给近侍好好保存。

这时候，有一个人进献了一部《大学衍义》。它是南宋程朱理学家真德秀的作品，有四十三卷。它从四书中的《大学》出发，援引各种儒家的典籍和中国史事，同时加上自己的评说，大讲"修身、齐家、治国、平天下"的道理，目的就是教君主治国之道，以培养明君。

---

① 宋濂. 元史 [M]. 北京：中华书局，1976，卷二十四.
② 宋濂. 元史 [M]. 北京：中华书局，1976，卷二十四.

得到这部书后，元仁宗如获至宝，不仅自己细读，还下令把它的精要部分译成蒙古文，给不懂汉文的大臣们读，甚至说："治天下，此一书足矣。"①此后还命人将其与另外几部儒家经典如《图像孝经》《列女传》等一并刊印出来，赐给众臣。

元仁宗重视儒学最典型的例子就是恢复科举。

此前元朝虽然也举行过不止一次科举，但科举并没有成为定制，因为始终有一些蒙古族大臣、宗王反对，直到1313年，在元仁宗的诏令下，科举才正式恢复，考试内容明确为以朱子理学为基础的四书五经，沿用至明清。

元仁宗虽仁，但有一个遗憾，就是他在位的时间太短，只有九年。1320年，元仁宗去世，享年不过三十五岁。关于他，《元史》是这样评价的：

仁宗天性仁慈孝顺，聪明谦逊又俭朴，还通晓儒家思想，对佛家经典也有深刻的领悟，他曾经说："明心见性，佛教为深；修身治国，儒道为切。"又说："我们要尊重儒士，以维持三纲五常的道德标准。"他平时所居的房屋和所穿的衣服质地都很普通。性格安静，没什么欲望。既不喜欢打猎游玩，也不喜欢打仗，更不重视财货利益。他孝顺皇太后，一辈子都没有违背过她的意愿；对同宗亲戚和有功勋的旧臣从来都是以礼相待。他还经常赏赐大臣亲属老者，御厨呈上食物时，他一定会分赐给较近的勋贵。司法机构上奏要行处斩之刑时，他都会面露悲伤同情，要求推迟执行。总之，他孜孜不倦地治理天下，各种制度大多是遵循世祖的定规设置的。②

---

① 宋濂. 元史[M]. 北京：中华书局，1976，卷二十四.
② 宋濂. 元史[M]. 北京：中华书局，1976，卷二十六.

说完爱民与重视儒学两个特点，再说下元仁宗的其他三个特点：

一是生活俭朴。他生性恬淡，不尚奢侈，连一般蒙古人酷爱的打猎也不喜欢，认为国家不要多收货利，而要藏富于民。这历来是明君最重要的特点。因为君主生活俭朴，就会轻徭薄赋，太平盛世自然就会到来。

二是爱好和平，不喜欢战争。这是他比其他明君如汉武帝或者忽必烈都要好的地方，甚至唐太宗也做过不少征伐之事，唯有元仁宗终其一生不事征伐，这在古代帝王中是罕见的。尤其要考虑到他拥有一支当时举世最强大的军队，却不去打仗，真是相当了不起！

三是孝顺母亲，和睦臣子。元仁宗一生十分孝顺自己的母亲，即使成了皇帝对母亲也没有丝毫的不敬。

他的母亲叫答己，有时候也被译为妲己，恐怕是古往今来第一个重名的皇后了。当然这样的翻译是音译，是不大妥当的，因为她可不是祸国殃民之人，培养出来的两个儿子也都是相当不错的皇帝。

《元史》评价的最后说明了元仁宗的治国之道，简而言之，就是遵循忽必烈的法度。这一点也是十分重要的。在成为皇太弟后，元仁宗负责中书省，是实际上的掌政者，他执政的方法只有一个，就是谨遵忽必烈的法度。他曾说："凡世祖所没有做过的或者过去没有记载过的事，都要谨慎，不要轻易去做。"[①] 登基为帝后更是如此。这是元仁宗的第六个特点。

从上面的评价可以清楚地看到，元仁宗无论从个人品德还是治国之道来看，几乎都是无懈可击的，完全称得上一代仁君。

还有，他二十五岁就当皇帝了，可以说把年轻有为发挥到极致，倘若健康长寿，与忽必烈一样活七八十岁，大有可能成为另一个忽必烈似

---

① 宋濂．元史[M]．北京：中华书局，1976，卷二十四．

的人物,加上他不好战,肯定能开辟新的太平盛世,这将成为中国史上又一个辉煌与和平的时代。

史上第一个女收藏家

前面提到元仁宗喜欢汉人尤其是儒家的书籍,他还有一个同母的姐姐,名叫祥哥剌吉,喜欢的则是汉人的书法画作。

祥哥剌吉十分汉化。比如,丈夫早死后,她没有遵守蒙古习俗嫁给丈夫的兄弟,而是终身守寡。

她的哥哥是元武宗,弟弟是元仁宗。她从小和兄弟感情深厚,后来身为皇妹皇姐,在朝中地位极为尊贵,两个皇帝兄弟赐给了她大量财富。《元史》载,元仁宗一次就赐大长公主祥哥剌吉钞一万锭。[1] 但她并没有用这些财富来挥霍享受,而是用来收藏古今的书画名作。

以她的地位和财力收藏书画自然方便,所以她的藏品极为丰富。但她没有只供自己享受,而是给大众欣赏。例如,她曾经在大都的天庆寺举办雅集,把她收藏的一些最有名的书画作品给大众欣赏,其中包括中国十大书家之一黄庭坚的代表作《松风阁诗》、画史上最有名的作品之一展子虔的《游春图》、唐朝的《定武兰亭真本》等,还有宋徽宗的五幅作品,后来元代文学家袁桷还专门为她编撰了《鲁国大长公主图画记》,其中大家名作就超过四十件。

她还给自己收藏的书画设置了专门的印章,上刻"皇姊图书",是中国历史上第一位女收藏家。

---

[1] 宋濂. 元史 [M]. 北京:中华书局,1976,卷二十四.

贪官造就的帝位之争

虽然元仁宗可称仁君，但遗憾的是天不假年，很年轻就去世了，不仅未能打造一个长期的太平时代，还给元朝留下了一个大隐患，就是帝位之争。

本来，依据"武仁之约"，元仁宗死后应该由元武宗的儿子继位，相信元仁宗原来也是准备这么做的，但在一个人的操作之下发生了变动。这个人就是铁木迭儿。

铁木迭儿是元朝最大的奸臣之一，被列在《元史》专门的奸臣卷中。关于他的罪恶，《元史》记载非常多，例如，"右丞相铁木迭儿贪滥谲险，屡杀大臣，鬻狱卖官，广立朋党，凡不附己者必以事去之"[1]。他不仅自己贪，还和儿子一起贪，贪得了巨量财富，可以说是祸国殃民，对元朝政治产生了极大的损害，也是元仁宗时期的一大污点。

铁木迭儿是怎样上台的呢？就是依靠太后答己。铁木迭儿是重臣之后，很早就当了大官，不过他的任所是云南，他不满意，竟然擅离职守，跑回了大都。尚书省参了他一本，元武宗也要处罚他，但太后偏袒他，使他逃过了惩罚。

元武宗去世后，元仁宗登基，太后很快就下旨让铁木迭儿高升为中书右丞相。前面说过元仁宗极其孝顺，从不违背母亲的意愿。于是铁木迭儿就这样成了当朝宰相。

铁木迭儿当上丞相后，干了许多坏事，使得天怒人怨，多位大臣上奏参他，元仁宗大怒，下旨抓捕他，他竟然躲到了太后近侍家中，得到了庇护。虽然元仁宗当时罢免了他的丞相之位，但他很快又在太后的强烈要求下重新上位。由于有太后撑腰，他的气焰更加嚣张。

---

[1] 宋濂. 元史 [M]. 北京：中华书局，1976，卷一百三十六.

为了表达对太后的忠心，巩固自己的地位，铁木迭儿谋划元仁宗死后让他儿子继位，而不是按"武仁之约"让元武宗儿子做皇帝。

这在《元史》中记载得很清楚："铁木迭儿为丞相，欲固位取宠，乃议立仁宗子英宗为皇太子，而明宗以武宗子封周王，出镇于云南。"[1]正是在铁木迭儿的谋划之下，元仁宗违背当初的约定立了自己的儿子为太子，而把本来应当成为太子的元武宗的儿子封为周王，并且出镇偏远的云南。

要知道"武仁之约"在当时是举世皆知的，朝中也有不少大臣是元武宗的心腹，对元武宗十分忠心，他们对元仁宗这样的作为当然很有看法，有的甚至准备起来反抗，正是这些导致了此后元英宗的悲剧。

1320年元仁宗去世，太子继位，就是元英宗。

---

[1] 宋濂. 元史 [M]. 北京：中华书局，1976，卷一百三十八.

第二十六章

英宗泰定

时间：1323年　1324年　1328年

地点：上都

人物：元英宗　拜住　铁木迭儿　铁失　也先帖木儿　赤斤铁木儿　也孙铁木儿（泰定帝）

事件：南坡之变　英宗轶事　为什么叫泰定帝

　　元英宗硕德八剌生于1303年，是元仁宗长子，如果没有"武仁之约"，他继承帝位是理所应当之事。

　　元英宗和元仁宗一样十分孝顺。元仁宗去世时，英宗表达出来的哀伤超过了礼仪所当有的，他穿着孝服睡在地上，每天只喝一碗粥。[①] 可以说比一般百姓死了父母还要悲伤，所谓"百善孝为先"，这足以说明元英宗是一个有德之人。

---

① 宋濂. 元史[M]. 北京：中华书局，1976，卷二十七.

南坡之变

正因为孝顺，元英宗很快把元仁宗的母亲、自己的祖母答己由太后晋封为太皇太后。但这位太皇太后马上就把由于乱搞再次被罢相的铁木迭儿重新任为丞相，并且实际执掌了朝政。幸运的是，一年多后答己就去世了，元英宗终于自己掌握了朝政。

元英宗早就知道铁木迭儿是个什么样的人，并且找到了自己想任用的人，就是拜住。

与铁木迭儿是有名的奸臣相反，拜住是元朝有名的忠臣与能臣。正是在他的努力下，被铁木迭儿祸乱的朝政很快恢复。铁木迭儿被元英宗疏远之后，不久就得病死了。他一死，许多大臣上奏他的罪恶，元英宗大怒，下令重惩。原先朝廷还依据惯例为他这样的重臣立了碑，如今元英宗不仅下诏毁了碑，还追夺了他此前的所有官爵和封号，甚至杀了他的儿子、抄了他的家、没收了他的家产。

这样做虽然大快人心，但也为元英宗自己埋下了祸根。

继位仅三年，就发生了元朝甚至中国历史上最大的变故和悲剧之一——南坡之变。

南坡之变的直接起因就是铁木迭儿。

前面说过，铁木迭儿当了几任宰相，权倾朝野，任人唯亲，因此在朝中培养了一大批死党，为首的就是他的干儿子御史大夫铁失、知枢密院事也先帖木儿、前平章政事赤斤铁木儿等。当元英宗下令毁了铁木迭儿的碑、抄了他的家后，这伙奸党心中十分恐惧，他们清楚元英宗是个疾恶如仇、杀伐果断之人，倘若有一天获知了他们和铁木迭儿一起干的坏事，一定会严惩他们。他们本来就是奸臣，对元英宗没有丝毫忠心，眼见自己可能要倒霉，于是决定先下手为强，杀了元英宗。

也许是感应到了这些人的恶意，元英宗有一段时间突然感到内心不安，莫名恐慌，于是想要做一场佛事禳灾。拜住劝止了，说现在国家的开支太大，都有些人不敷出了，不用做这些所谓的佛事浪费钱财，元英宗表示同意。但几个奸臣听说后，就找到元英宗原来想去的寺院的僧人，要他们对朝廷说现在国家将有大难，必须做佛事才能去灾避祸。

拜住听说后，把这些奸臣骂了一顿，说："你们这些人平常做佛事也不过是想得好处，现在难道又想要通过做佛事庇护坏人吗？"[1]这话被那些人听到，他们以为拜住已经识破，更加害怕，于是另想了一个办法。

当时晋王也孙铁木儿正率军镇守北疆，他是真金长子甘麻剌的儿子，血统不比元英宗逊色，也有资格当皇帝。他们派人去找也孙铁木儿，说想要废掉元英宗，拥立他为帝。

也孙铁木儿本无谋反之心，得知他们有弑君图谋后，大惊，立即派人火速前往上都向元英宗报告，要他提防。但使者还没有到达上都，南坡之变就发生了。

1323年9月的一天，去了位于今天内蒙古自治区锡林郭勒盟的上都的元英宗准备南返大都。队伍行进了十多公里后，到了一个叫南坡的地方，准备在这里过夜。

当天晚上，早就做好准备的铁失、赤斤铁木儿等就发难了。当时铁失还是禁卫军（即阿速卫兵）的统领，在军中有自己的死党。铁失和这些死党商量好了，里应外合，先杀了拜住，然后由铁失冲进元英宗的帐篷，亲手杀死元英宗。[2]

君臣两个就此死于非命。

---

[1] 宋濂. 元史[M]. 北京：中华书局，1976，卷一百三十六.
[2] 宋濂. 元史[M]. 北京：中华书局，1976，卷二百七.

中国史上的大悲剧

前面说过，拜住是元朝有名的忠臣与能臣，被弑的元英宗同样称得上明君，这里的"英"就有英明之意。

应该是有赖于元仁宗从小对他的谆谆教诲，元英宗继位之后很快就表现出明君应有的样子。元英宗的主要特点就是性子直爽、头脑清楚，按史书中的说法就是"性刚明"[①]。

《元史》中还举了好几个例子说明了元英宗这种性子直爽、头脑清楚的特点。例如，有一次发生地震，元英宗宣布减少自己的饭食并停止娱乐活动，甚至不进正殿。有一个近臣看到他这样的明君作风，去恭喜他，想要拍他马屁。元英宗问："你恭喜什么？因为我品德不够，所以天降灾祸，你是大臣，非但不能多多劝导我，使我德行更高，反而要这样来谄媚于我吗？"说完就把他赶走了。

拜住听说这事后赶紧上奏，说："地震这种天灾是因为我们这些臣子失职，请求陛下另择贤人为相。"英宗马上回答说："你不要太谦虚，你是足够好的，导致地震是我的过错。"

还有一次英宗劝诫群臣说："你们身居高位，俸禄优厚，一定要努力工作，报效国家。如果你们因为穷要钱用，我不会小气，但你们若是犯了法，我一定会严加追究，绝不宽恕！"

有一次他还对拜住说："我年纪轻轻就成了太子，要继承大业，从小锦衣玉食，什么好东西得不到！而我的祖先栉风沐雨、历尽艰难才一统天下，但他们哪里有我这样的享受呢？你也是元老之后，应当明白我内心的想法，要好好努力，不要有愧于你的祖宗。"

---

① 宋濂. 元史 [M]. 北京：中华书局，1976，卷二十八.

拜住听了叩首回答道："我们的祖先创业固然艰难，守住祖先的成就也不容易啊！陛下能如此英明，想到这些，真是天下万民之福啊！"①

这样的话可以说只有明君能说出来。

试想，以元英宗之英明、拜住之贤能，倘若他们能够携手共治天下数十年，加上此前忽必烈、元成宗、元武宗、元仁宗等有为之君打下的基础，很可能又会产生一个天下大治的盛世。

然而天不假年，元英宗与拜住都死于奸人之手，思来真是令人扼腕长叹！这应当是中国历史上的大悲剧之一。

对此，《元史》也感叹道："其明断如此。然以果于刑戮，奸党畏诛，遂构大变云。"②

的确如此，元英宗去世后，元朝的天下不再安定，一系列的事变接踵而来。

为什么叫泰定帝

南坡之变，元英宗被弑后，铁失和也先帖木儿等立即令人带着皇帝的宝玺，前往也孙铁木儿的王府迎接他，要立他为帝。

也孙铁木儿不久就在原蒙古帝国都城哈拉和林附近的龙居河即位，同时宣布大赦天下。

也孙铁木儿就是泰定帝。但泰定帝没有被称为"宗"，这是因为泰定帝的帝位来路有些不正，是元英宗被弑才上台的，这是无论他以后做什么都弥补不了的缺失，因此他一直没有获得"宗"的谥号，只根据他的第一个年号"泰定"称为"泰定帝"。

---

① 宋濂. 元史[M]. 北京：中华书局，1976，卷二十八.
② 宋濂. 元史[M]. 北京：中华书局，1976，卷二十八.

此后泰定帝派使者南下，到了大都。铁失和也先帖木儿等人以为也孙铁木儿的帝位是因他们得来的，一定会感激重赏他们。但他们如此公然弑君，是十恶不赦的大罪。元英宗不是暴君，拜住也不是恶臣，无论在朝中还是在百姓中都有良好的声誉。这样，铁失他们怎么可能逃脱惩罚呢？所以这些使者可不是来犒赏他们的，而是来杀他们的。

泰定帝不仅下令杀了铁失、也先帖木儿等弑君者，还把他们抄家灭族。史书载："遣旭迈杰、纽泽诛逆贼铁失、失秃儿、赤斤铁木儿、脱火赤、章台等于大都，并戮其子孙，籍入家产。"①

这是 1323 年 11 月的事。此后，为了安抚民心，泰定帝还做了多场法事以祭奠被杀的元英宗和拜住。

特别是拜住，当时人们在忍受了铁木迭儿多年的贪腐与暴虐后，在拜住这里知道了贤相与奸相的区别，深深感念他的好处。于是，当泰定帝为拜住举办规模盛大的佛事时，数以万计的大都百姓前来观看，无不叹惜拜住的不幸，为他落下同情之泪。②

有时候历史就是这么无情，奸臣铁木迭儿寿终正寝，贤臣拜住却死于非命，如同前朝的秦桧与岳飞一样，这就是俗话说的"好人命不长，坏人活千年"。

虽然死后没有得到谥号，但生前泰定帝的皇位坐得还是安稳的，并没有哪个敢夺他的帝位或者谋杀他。但老天似乎不喜欢他的统治，在他称帝的年间天灾频繁。这在《元史》中记载很多，例如，大同浑源河，真定滹沱河，陕西渭水、黑水、渠州江水都暴涨，淹没了百姓的房屋。宣德府、巩昌路及八番金石番等处有雨灾和雹灾。河间、晋宁、泾州、

---

① 宋濂. 元史 [M]. 北京：中华书局，1976，卷二十九.
② 柯邵忞. 新元史 [M]. 上海：上海古籍出版社，2018，卷一百十九.

扬州、寿春等路，湖广、河南诸屯田都遭了旱灾。①

这些是1324年的事，可以看到当时天下到处都是灾区。类似的灾难还有很多，以至于丞相上奏，说由于天灾与异象一再出现，宰相应当辞官以因应天变。后来不仅宰相，其他重臣也纷纷要求辞职以向老天谢罪，致使泰定帝说："你们要是全走了，谁来治国？"

当然也不是完全没有好事，例如，同是1324年，《元史》记载："秦州成纪县赵氏妇一产三男。成都嘉谷，生一茎九穗。"②

但坏事天灾还是更多，泰定帝的整个执政期间几乎都是如此。因此，《元史》在评价他时说："泰定之世，灾异数见。"③

但这并不是因为泰定帝有什么具体的过失，他完全称不上昏君。而且在他的统治期间，虽然天灾很多，但总的来说天下并无大难，灾情发生后各级政府也总能够赈灾，这在史书中都有记载。

正因为这样，百姓并没有因天灾而饿殍遍野，天下总的来说还算太平，如史书所言：泰定帝"能知守祖宗之法以行，天下无事，号称治平，兹其所以为足称也"④。

泰定帝1328年病死于上都，死时只有三十五岁，只当了五年皇帝。

---

① 宋濂．元史[M]．北京：中华书局，1976，卷二十九．
② 宋濂．元史[M]．北京：中华书局，1976，卷二十九．
③ 宋濂．元史[M]．北京：中华书局，1976，卷三十．
④ 宋濂．元史[M]．北京：中华书局，1976，卷三十．

第二十七章

匆匆四帝

> 时间：1328年　1329年　1332年
>
> 地点：上都　大都
>
> 人物：天顺帝　燕帖木儿　倒剌沙　唐其势　元文宗　元明宗　元宁宗
>
> 事件：天顺八岁当皇帝　文宗、明宗登基　两都之战　明宗暴死　宁宗早逝

泰定帝死于1328年。他死后，天下就不太平了。

八岁的皇帝

泰定帝生过四个儿子，但三个小的都早早夭折，只有长子活了下来，就成了太子。泰定帝去世时太子还只有八岁。

这可怜的孩子什么都不懂，由丞相倒剌沙拥立为帝，他并没有谥号或者庙号，由于登基后改元天顺，于是被称为天顺帝。

天顺帝是在上都登基的，在他登基的同时，元文宗也在大都登基。

元文宗图帖睦尔是元武宗的次子。前面说过，元仁宗违背"武仁之约"，没有把皇位传给元武宗的儿子，而是传给了自己的儿子元英宗。元武宗的儿子则被外放，图帖睦尔当时被流放到海南，是中国历史上唯一到过海南的皇帝。

泰定帝继位之后，把他从海南召了回来，居于江陵并封为怀王。元武宗在世时，燕帖木儿是他最宠信的大臣之一，他对元武宗也忠心耿耿。后来元仁宗没有遵守"武仁之约"，立了自己的儿子为太子，他也是最不心服的朝臣之一。但他没有发作，而是隐忍下来，静待机会。后来泰定帝去世，天顺帝在上都即位，他当时负责守卫大都，立即着手把元武宗的儿子扶上帝位。

元武宗有两个儿子，分别是长子周王和世㻋、次子怀王图帖睦尔。本来应该由长子和世㻋继位，但当时和世㻋远在漠北，距大都太远，怀王则很快从江陵赶到大都，于是燕帖木儿便在大都立怀王为帝，就是元文宗。

文宗与两都之战

一开始元文宗还不敢登基，说他还有大哥在，但当时倒剌沙得知燕帖木儿想要叛离，立即派大军南下。由于是皇帝所派，许多地方不敢抵挡，大军一路顺利，还杀掠了很多百姓。

在这样的情形之下，燕帖木儿对元文宗说："人心是向着我们还是背离我们，这是随时都会变化的，一旦失去人心，将来就后悔莫及！"[1]当时的情形的确是这样，如果元文宗还不登基，天下便只有一帝，各地当然要服从这个皇帝，人心也会向着这个皇帝，哪里敢抵抗？要是有了

---

[1] 宋濂. 元史[M]. 北京：中华书局，1976，卷三十二.

第二个皇帝，并且他确实有资格当皇帝，那就是另一码事了。于是在燕帖木儿和大部分朝臣的强烈支持下，元文宗登基称帝。

此后燕帖木儿被封为太平王，统军迎战倒剌沙的北军。大都毕竟是都城，拥有朝廷最强大的军队，燕帖木儿便是这支军队的首领。他的父亲就是前面提过的勇将床兀儿。燕帖木儿也很善于打仗，他对元文宗说："只要有战斗，我一定会身先士卒，哪个敢后退，我就会以军法论处。"[1]

正由于燕帖木儿身先士卒，加上军队本来就强，北军根本不是他的对手，南军屡战屡胜。例如，在檀子山一战中，燕帖木儿率军大败天顺帝的阳翟王太平等，他的儿子唐其势也是一员勇将，冲锋陷阵，杀得北军尸横遍野。

在燕帖木儿父子的猛力打击下，北军兵败如山倒，南军很快就包围了上都。

倒剌沙见大势已去，只好出降，并将皇帝的宝玺献了出来。因战争主要是在驻守上都与大都两都的军队之间展开，所以史称"两都之战"。

明宗暴死之谜

两都之战爆发于1328年，到了这年年底，全国基本平定，倒剌沙被押到集市上公开剐。至于年幼的天顺帝则不知所终，应该是被杀掉了。

但这并不意味着元文宗的帝位坐稳了，毕竟他是弟弟，他哥哥才更有资格称帝。1329年2月，和世㻋在漠北即位，就是元明宗。

这样一来天下又出现了两个皇帝，但这样的局势并没有持续很久，很快元文宗就派燕帖木儿捧着皇帝的宝玺送到元明宗那里，同时还送去大批金银财宝，等于是把到手的天下拱手送了出去。元明宗并没有亏待他，

---

[1] 宋濂. 元史[M]. 北京：中华书局，1976，卷三十二.

而是封他为皇太弟，准备将来把帝位传给他。

到了这年 8 月，元明宗终于从漠北到了上都附近的旺兀察都，也就是中都。元文宗也北上到了这里，两人相见甚欢。

然而这是假象，仅仅四天之后，元明宗就突然不明不白地死了。据说是被燕帖木儿毒死的。

这样一来，元文宗便以皇太弟的身份顺利地重新登基，又当上了皇帝，还把此前献出去的皇帝宝玺收了回来。

这就是"天历之变"，天历是元文宗这时的年号。

元文宗当上皇帝后，也努力了一番，想要重振朝纲，并且大力加强汉化，下令编纂《经世大典》。

《经世大典》又名《皇朝经世大典》，是一部通制性的政书，分类记载了元初至文宗朝的帝王谱系、诏训、职官、礼乐、经济、军事、外交、法律、匠作等，总结了元朝建立以来典制之更替与演变，是元代典制之集大成者。

由于是当朝人写当朝事，因此内容翔实可靠，成为后人写《元史》的主要资料来源之一。

但元文宗和此前的元成宗、元武宗、元仁宗等一样，都有一个大问题，就是身体不好，年纪轻轻就去世了，死时仅二十八岁。这是 1332 年的事。

也许是对元明宗之死心怀歉疚，元文宗去世前正式下诏，不立自己的儿子，而是立了明宗次子懿璘质班为帝。这并不是文宗假意为之，而是他的本意，他还特意向皇后强调了这一点，如史书载："文宗崩于上都，皇后导扬末命，申固让初志，传位于明宗之子。"[①]

正是在皇后的坚持下，懿璘质班被立为帝，当时他只有七岁，就是

---

① 宋濂．元史 [M]．北京：中华书局，1976，卷三十七．

元宁宗。

然而天不假年,在位不到两个月元宁宗就去世了。

接下去继位的是元明宗的长子妥欢贴睦尔,就是元惠宗,即元顺帝。

这就意味着,从1328年到1332年短短四年,元朝一共经历了四个皇帝,分别是天顺帝、元文宗、元明宗、元宁宗,平均一年一个,是中国历史上皇帝更替最快的时期之一。

第二十八章

顺帝身世

> 时间：1320年　1333年　1334年　1340年　1348年
> 地点：高丽　曲阜　大都
> 人物：元顺帝　元明宗　宋恭帝　伯颜　脱脱　阿鲁辉帖木儿
> 事件：元顺帝身世之谜　元顺帝善待汉人与汉文化　为什么叫顺帝　不理朝政的天才大匠

元顺帝即元惠宗，蒙古名为妥欢贴睦尔，生于1320年，1333年继位，是元明宗的长子。

可能是宋恭帝的儿子

关于元顺帝，要说的第一件事就是他的身世之谜。

前面说过，元文宗在元明宗不明不白地死后继续当皇帝。作为元明宗的儿子，元顺帝一开始被贬居到了遥远的高丽。

据说他被高丽人安置在一个孤岛上,不允许闲人靠近,实际上他是被幽禁在这里。不仅如此,元文宗甚至告诉天下人,元顺帝不是元明宗的亲生儿子,这在《元史》上有明确记载:文宗"复诏天下,言明宗在朔漠之时,素谓非其己子"[1]。

既然元明宗申明过元顺帝不是自己的亲生儿子,那么就等于公开否认了元顺帝的皇室血脉,也等于否定了他有继承帝位的资格。

当然这样的说法在元顺帝称帝后被否定了,因为他能够即位就说明他有正统的皇室血脉,是元明宗的亲生儿子。否则,要是他血统不明,以当时的风气,无论皇室宗亲、大臣还是百姓都不会认可他当皇帝。

虽然这样,毕竟元文宗说过,因此关于元顺帝的身世有各种传说,其中一个说法最有名也最耸人听闻,称元顺帝是向元朝投降的南宋皇帝宋恭帝的儿子。

关于元顺帝的出身传闻,元末明初人权衡写过一部《庚申外史》,其中有这样的记载:元朝建立之初,南宋被元朝所灭,宋恭帝降元,当时他还是小孩子,忽必烈封他为瀛国公。他先到了大都,后来自愿在白塔寺出家为僧。再往后忽必烈下诏要他迁居甘州(今甘肃省张掖市)一座寺庙里。元朝的赵王偶然游玩到了这里,见瀛国公年纪大了,还是孤身一人,便将身边带着的一个西域回回女子送给他。到延祐七年(1320年),这个女子怀孕了,四月十六日晚上生了一个男婴。明宗这时候刚巧从北方来,这天他很早就赶路了,看见寺庙屋顶上有五色祥云环绕,且呈龙形图案,便顺着找了过去,发现是瀛国公的居室,就问:"你的屋子里有什么难得的宝贝吗?"瀛国公说:"没有。"明宗不信,一再询问。瀛国公只得说:"今天早上,五更之后,刚生了一个儿子。"明宗大为

---

[1] 宋濂. 元史 [M]. 北京:中华书局,1976,卷三十八.

高兴，就收养了这个孩子，顺便还带走了他的母亲。[1]

这个故事其实就历史的时间点来说是讲得通的，并非空穴来风，否则元文宗不会公开对外宣扬元顺帝不是元明宗之子。而且一定是早就有这样的传说，因为元文宗身为元朝皇帝不可能平白无故地编造出这样的话来。还有元顺帝自己也一定听说过这件事，毕竟元文宗一再诏告天下，他哪能没有听说呢！

善待汉人

元顺帝对汉人很有好感，说不定在心里也认同自己是汉人，所以他为帝之后不仅重视汉人文化，还善待汉人百姓。

重视汉人文化的第一个表现是他与权臣伯颜之间的冲突。

前面说过，元文宗和元明宗之所以能够当上皇帝，主要就是燕帖木儿的功劳，此后燕帖木儿把持了朝政。他后来因为纵欲过度而死。

燕帖木儿死后，他的儿子唐其势因为元顺帝把伯颜的地位置于自己之上，因此想要造反，结果被杀。伯颜此后成为元顺帝最倚重的大臣。

要注意的是，这个伯颜是蔑儿乞部的伯颜，与前面灭宋的伯颜不是同一个人，那个伯颜是八邻部的。

伯颜被元顺帝任命为右丞相。本来还有一位左丞相，为了让伯颜专权，元顺帝竟然不置左丞相，等于是左右丞相的权力都集中在伯颜手中。

伯颜把持朝政后，采取的重点措施就是去汉化。

他首先反对蒙古人读汉人书，尤其请元顺帝不要让太子读汉人书。他对元顺帝说："陛下有太子，休教读汉儿人书。"[2] 后来还真的暂停了

---

[1] 权衡. 庚申外史 [M]. 台北：广文书局，1968，卷上.
[2] 权衡. 庚申外史 [M]. 台北：广文书局，1968，卷上.

一届科举。

为了防止汉人造反，他当政时禁止汉人手持兵器，而且不许汉人有马。还规定汉人不得学习蒙古、色目文字，目的是要汉人与蒙古人、色目人之间互相不能沟通，产生更大隔阂。1338年，"伯颜请杀张、王、刘、李、赵五姓汉人"[①]，元顺帝断然拒绝。

重视儒家文化

实际上，元顺帝很少听从伯颜的建议与汉文化保持距离。例如1334年时他就下诏实行科举取士，而且保证了孩子们上学时的钱粮供给，还规定要选择那些品德好又有才学的人当老师，这样的人当然就是儒士了，并且规定儒士不用服徭役与兵役。

1335年，元顺帝还派遣使者去山东曲阜的孔子庙致祭。

1340年，元顺帝更将伯颜免职并驱离都城，此后他最信任和重用的大臣是脱脱。

脱脱前面说到过，他是《宋史》《辽史》《金史》的撰者。他虽然是伯颜的侄子，但政见和伯颜相反。他深受汉文化的熏陶，对汉文化尤其是儒家思想有着极深的好感，甚至可以说是一个汉化了的蒙古人。

脱脱当政后的大事之一就是在元顺帝的要求下主编元朝之前三个国家——金、辽、宋的正史。这也是中国的传统，由后朝写前朝的历史。由于是后朝人写前朝人，而且这个前朝往往是被后朝推翻的，因此对于前朝的缺点与坏事当然不会有所隐瞒，甚至恨不得越多越好，以彰显其代替前朝的正当性。

当然这也意味着如果后朝说的是前朝的好话，那么这些好话大概率

---

① 宋濂. 元史[M]. 北京：中华书局，1976，卷三十九.

是真实的，因为它没有必要为被自己推翻的朝代说好话，只是实话实说而已。

实话实说，不掩瑜，不虚美，这是中国人写史最基本的特点。我们可以从这个角度来看《元史》，它是明人编写的，对于被明朝推翻的元朝，而且是蒙古人所建立的朝代，明朝人当然毫无必要编造一些史实说它的好话，因此倘若说了什么好话那肯定是真的。这也意味着关于自成吉思汗至元顺帝所讲过的好话都是可信的。

从上面关于元朝诸帝的记录可以看出，元朝诸帝几乎没有昏君，其中忽必烈、元仁宗、元英宗等甚至称得上明君，连最后的元顺帝也没做过什么昏庸之事，这是中国历朝之中少见的。

《宋史》《金史》《辽史》是在1345年完成的。完成之后，元顺帝很是高兴，指出无论自己还是群臣都要好好阅读，了解宋朝所发生的种种史事，对于那些好的、体现人性中善良一面的要好好学习，对于不好的、体现人性中邪恶一面的则要引以为戒，要君臣共勉："卿等其体朕心，以前代善恶为勉。"①

这里的"卿等其体朕心"是很有分量的，元顺帝说这话时语重心长，要臣下仔细体味他话中的含义，要以善为善，以恶为恶。这不由得使人想起刘备遗诏中的话："勿以恶小而为之，勿以善小而不为。惟贤惟德，能服于人。"说明元顺帝和刘备一样，都是有心向德向善之人。无论结果怎样，这样的心都是值得肯定的。

1348年的一天，元顺帝亲自跑到最高学府国子监，赐给衍圣公银印，还把他的官衔升为从二品，以表达他对孔夫子以及儒学的尊崇。

元顺帝推崇儒学最有力的做法当然就是科举考试。虽然此前伯颜一

---

① 宋濂.元史[M].北京：中华书局，1976，卷四十一.

度停止科举,但元顺帝很快就恢复了,此后科举考试一直正常举行。其中 1359 年的科举的结果是这样的:"壬戌,诏定科举流寓人名额,蒙古、色目、南人各十五名,汉人二十名。"①

到了 1366 年,这时候元朝已经濒临灭亡,还是举行了科举考试。

从元顺帝种种做法中可以看到他对汉人传统文化的高度认同、肯定与推崇。这是第二个方面。

为什么叫顺帝

元顺帝重视汉文化、善待汉人百姓的第三个方面,是他对百姓乃至反对他的起义者都相当仁慈。

这样的记载在《元史》中有很多,例如赈济受灾的百姓。元朝是一个自然灾害频繁的时代,可以说要超出此前的所有朝代。

遭遇天灾最受伤的当然是普通百姓,而每当这时,顺帝总会在第一时间赈灾,如 1354 年他就下诏:"被灾残破之处,令有司赈恤,仍蠲租税三年,赐高年帛。"②

天灾如此,人祸也是如此。如 1356 年时元顺帝下诏:"沿海州县为贼所残掠者,免田租三年。赐高年帛。"③

这里的人祸就是起义。实际上,早在 1352 年起义就风起云涌。这时候中书省上奏道,河南、陕西一带要调兵讨伐,但正是春耕开始之时,为了使农民继续安心种地,元顺帝严令各地总兵官,禁止因屯驻军马而妨碍农业生产,特别是要求军士们不得踩踏农民的田地。

由于元朝基本上只有汉人是农耕民族,善待农民就是善待汉人。还有,

---

① 宋濂. 元史 [M]. 北京:中华书局,1976,卷四十五.
② 宋濂. 元史 [M]. 北京:中华书局,1976,卷四十三.
③ 宋濂. 元史 [M]. 北京:中华书局,1976,卷四十四.

元顺帝从来不敌视汉人，他最信任的权臣伯颜后来被他废黜的主要原因是伯颜敌视汉人。后面还会说到，元顺帝当政时农民起义风起云涌，但有一个十分奇怪的现象，此前历朝，如秦末的陈胜吴广起义、汉末的黄巾起义与绿林赤眉起义、唐末的黄巢起义等爆发之时，朝廷总是全力镇压，对起义者也极为蔑视和残酷，双方之间会发生无数场血战。元朝末年却大不一样，朝廷虽然也镇压起义，但双方之间的战争并不激烈残酷，甚至没有哪场著名战役是在朝廷与起义军之间进行的。虽也有著名的战役，但那是在起义军之间进行的，例如朱元璋与陈友谅之间的洪都保卫战与鄱阳湖之战。

最后，当义军兵临大都城下时，元顺帝完全可以一战，他的臣子们也要他这样做，但他坚决拒绝、连夜逃走，把好好的一座都城留给了敌人。

正因为如此，朱元璋才对元顺帝有所肯定，赞他会"顺天应命"，称他为顺帝。

从以上三点可以看出，元顺帝有可能也是认同自己的汉人身份的，而且这三点都是他的优点。

如果只有这些优点，那么元顺帝可以称得上明君了，但他并不是。为什么？因为他有一个相当明显的缺点，就是怠于政事。

不理朝政的天才大匠

身为君主怠于政事当然是不妥的，但元顺帝几乎从来如此。

为什么会这样呢？1333年，元顺帝刚即位时，发生了这样一件事：有一个叫阿鲁辉帖木儿的人，是元顺帝父亲元明宗的亲信之臣，他对元顺帝说："天下的事太多了，陛下是处理不来的，应当委托宰相去处理，并且要放权给他，这样才能够要求他务必成功，如不成功也可以责备他。"

如果陛下自己去处理决断，只会招来恶名。"元顺帝对这话深信不疑，自此之后就深居宫中，什么事都不做决定了。[①]

这话总的来说确实没错。一是因为当时元顺帝只有十三岁，当然不能亲理朝政。二是他以元明宗之子的身份继承了元文宗的江山，朝臣中大部分都是反对他当皇帝的，认为应由当时健在的元文宗之子燕帖古思继位，但由于元文宗遗诏以及他的皇后卜答失里的坚持，元顺帝才当上了皇帝。在这样的情形之下，即使他已经成年也不方便亲自理政，掌握大权。倘若这样，那些朝臣一定会有异心。相反，倘若元顺帝当了皇帝，但把权力都交给他们，他们当然更愿意接受。这应该是为什么元顺帝成年之后也不理朝政的主因。

既然不用理朝政，总得有事干，于是元顺帝自然而然就干起别的事来，他的爱好主要是看歌舞表演。他找了二十七个美貌女子，有的穿着各种华丽的服装跳舞，有的弹奏各种乐器，美妙非凡！他有时候还会在宫中赞佛诵经，这时候歌舞就会配合赞佛声，这样的赞佛声恐怕是古今佛教界都少有的吧！为了不被打扰，元顺帝还专门准备了一种秘密的通行证，只有他特许的人才可以持证进入他欣赏歌舞的地方。持有这些特别通行证的肯定不是普通的大臣，甚至宰相也不一定会有，因为宰相找他一般是为了朝政，元顺帝可不想理这样的麻烦事。

不过，细究起来，元顺帝这样的爱好也是比较平常的，因为只有区区二十七个美女，规模很小，再热闹也有限。

除了看歌舞，元顺帝还有一大爱好是设计，尤其是设计船舶。

史书载，元顺帝曾经亲自设计制作了一艘大船，长达一百二十尺、宽二十尺，大约相当于今天的长四十米、宽七米，是一艘相当大的船了。

[①] 宋濂. 元史 [M]. 北京：中华书局，1976，卷三十八.

这艘大船不但整体华丽美观，而且各个细部也十分精细。例如，船上有一个时钟，还有一个小人形，能够自动按时敲钟且分秒不差。里面还有制作精巧的美丽仙女，她可以自己按时在船中行走，进退自如。这样的设计制作在古代简直是技术上的奇迹，恐怕是专业工匠也难以达到的高度。如史书中所说："其精巧绝出，人谓前代所鲜有。"[①]

不难想象，元顺帝天天看着歌舞，思考着怎样设计制作船舶，哪还有精力去治理国家呢？

我们知道，元顺帝是元朝最后一个皇帝，元朝就是在他手里灭亡的。而元朝灭亡主要是因为农民起义。那么，这与元顺帝的怠政有没有关联呢？

请看下回分解。

[①] 宋濂. 元史 [M]. 北京：中华书局，1976，卷四十三.

第二十九章

早期起义

时间：1333年　1340年　1343年　1344年　1351年　1361年　1368年
地点：息州　都昌　广西　增城　福宁州　秦州　彰德路　山东　沂州　大都
人物：元顺帝
事件：天灾频繁　天降异象　元朝早期的起义

上面说到元顺帝虽然怠政，但算不上昏君，他还是比较关心百姓的，也重视汉文化与科举制度，那为什么元朝还是会发生大规模的民变呢？这是一个值得研究的问题。

天灾与赈灾

经过仔细考究，元朝发生大规模民变的第一个原因就是天灾。

可以说，倘若没有天灾，元朝几乎不可能在顺帝时代走向灭亡。频繁的天灾极大地摧毁了元朝的统治基础，加速了其灭亡。

《元史》的元顺帝本纪中，记载最多的有两样：一是天灾，二是赈济。

由于关于天灾的记载实在太多，这里只举出其中一些，如1340年，"福宁州大水，溺死人民，京畿五州十一县水"①。

1344年，"大霖雨，黄河溢，平地水二丈，决白茅堤、金堤，曹、濮、济、兖皆被灾"②。

这两次都是水灾，但可不只有水灾，其他的灾难同样多，如蝗灾。1336年，"黄州蝗，督民捕之，人日五斗"③。可以想象这蝗虫何其多。

还有山崩。1343年，"秦州成纪县，巩昌府宁远、伏羌县山崩，水涌，溺死人无算"④。

还有雹灾。1351年，"彰德路雨雹，形如斧，伤人畜"⑤。

还有地震。如1354年，"汾州孝义县地震"⑥。

更夸张的是1348年，"五月丁酉朔，大霖雨，京城崩。庚子，广西山崩，水涌，漓江溢，平地水深二丈余，屋宇、人畜漂没。壬子，宝庆大水。丁巳，四川旱，饥……是月，山东大水"⑦。这是1348年5月底到6月底间的事，短短一月，从北边的大都到南部的广西，从西部的宝庆（今湖南邵阳）到东部的山东，东南西北都有大规模的天灾，几乎是闻所未闻。

面对如此频繁的天灾，朝廷尽力予以赈济，可以说几乎每次灾难后都有赈济。如1334年，这一年也是多灾之年，全国各地发生了多场天灾，

---

① 宋濂．元史[M]．北京：中华书局，1976，卷四十．
② 宋濂．元史[M]．北京：中华书局，1976，卷四十一．
③ 宋濂．元史[M]．北京：中华书局，1976，卷三十九．
④ 宋濂．元史[M]．北京：中华书局，1976，卷四十一．
⑤ 宋濂．元史[M]．北京：中华书局，1976，卷四十二．
⑥ 宋濂．元史[M]．北京：中华书局，1976，卷四十三．
⑦ 宋濂．元史[M]．北京：中华书局，1976，卷四十一．

朝廷每一次都进行了赈济。这里举其中几例。

第一次发生在元统二年（1334）二月，"塞北东凉亭雹，民饥，诏上都留守发仓廪赈之"①。

《元史》还详细记录了赈灾的具体情况，"江浙大饥，以户计者五十九万五百六十四，请发米六万七百石、钞二千八百锭，及募富人出粟，发常平、义仓赈之，并存海运粮七十八万三百七十石以备不虞"②。

这里不仅记录了具体的赈灾情况，还为未来可能的灾情储备了近八十万石粮食。即便到了今天也可以说做得较好了。

但江浙的灾情只是1334年这一年全国灾情的一小部分，还有其他：

丙寅，宣德府发生水灾，官府出钞银二千锭赈灾……彰德暴雨。大宁、广宁、辽阳、开元、沈阳、懿州等各地也发生了水灾、旱灾、蝗灾，出现大饥荒，皇上下诏以钞银二万锭，派官员去赈灾。③

这么多的天灾，从旱灾、水灾到蝗灾，朝廷都给予了赈济。

然而，朝廷的力量毕竟是有限的，一定有些地方的赈济是做得不够的。这样一来百姓就惨了，甚至出现了人吃人的惨状。这样的记载《元史》上也有多处，如1344年，"山东霖雨，民饥相食，赈之……陕西行省立惠民药局"④。这一年山东地方发生大水灾，虽然朝廷也赈济了，但显然不够。同一年陕西还建立了惠民药局，大概是把药品以低价供应百姓，使百姓看得起病，这应该是中国古代第一次由国家来做这样的事吧，所以《元史》才认真地记录下来。

---

① 宋濂. 元史[M]. 北京：中华书局，1976，卷三十八.
② 宋濂. 元史[M]. 北京：中华书局，1976，卷三十八.
③ 宋濂. 元史[M]. 北京：中华书局，1976，卷三十八.
④ 宋濂. 元史[M]. 北京：中华书局，1976，卷四十一.

1347年同样出现了人吃人的惨状，"彰德路大饥，民相食"①。

到了1354年，"京师大饥，加以疫疠，民有父子相食者"②。连大都都出现人吃人的惨状，可见当时的元朝天灾有多么可怕！

不祥之兆

如此多的天灾给人的印象就是这个国家要灭亡了，这是老天的安排！

此外，老天也以异象表明了这样的前景。史书上的记载不止一处。如1358年的一天，"日色如血"③。1361年的一天，"沂州西北有赤气蔽天如血"④，不是太阳如血，而是整个天空如血一般，非常可怕，使人一看就感觉天要变了。

后面会看到，这时候的元朝确实已经面临巨大的危机。1368年的一天，"京城红气满空，如火照人，自旦至辰方息……京城黑气起，百步内不见人"⑤。

这样的预兆更加可怕，而且两次都发生在都城，一次天空如血如火，另一次满天黑气，如此强烈的不祥之兆已经清楚地表明元朝要灭亡了！

确实，元朝就在这一年走向了末日。

总之，从上面的情形可以清楚地看到，如果说古代的许多农民起义，如秦末的陈胜吴广起义以及隋末农民大起义是"官逼民反"，那么元末的农民大起义则是"天逼民反"。

由于天灾频繁，朝廷难以顾及，有些地方官员赈灾不力，使百姓无

---

① 宋濂. 元史[M]. 北京：中华书局，1976，卷四十一.
② 宋濂. 元史[M]. 北京：中华书局，1976，卷四十三.
③ 宋濂. 元史[M]. 北京：中华书局，1976，卷四十五.
④ 宋濂. 元史[M]. 北京：中华书局，1976，卷四十六.
⑤ 宋濂. 元史[M]. 北京：中华书局，1976，卷四十七.

法生活，甚至出现了人吃人的惨状。在这样的情形之下，一个自然甚至必然的结果就是百姓揭竿而起。

《元史》中最早记载的顺帝时期的造反应该是1335年发生的。这一年"广西徭反，命湖广行省右丞完者讨之。沅州等处民饥，赈米二万七千七百石"①。

广西的瑶族人起来造反，造反的原因应该也是天灾，如后面记载的，沅州（今湖南省怀化一带）等地发生天灾导致饥荒，政府进行了赈灾，所以百姓没有起来造反。但广西比较偏远，赈灾较难，所以饥肠辘辘的百姓便起来造反，朝廷也进行了镇压。

不过，元顺帝时期的大部分起义至少名义上不是因为饥荒，而是另有原因。例如：1337年，广州增城的朱光卿起来造反，他定自己的国号为"大金国"②；1348年，辽东的锁火奴也造反了，他同样"诈称大金子孙"；同年，辽阳的兀颜拨鲁欢也"妄称大金子孙"，还声称自己"受玉帝符文"，起来造反③。

这些起义的人是想要复兴已经被蒙古灭亡的金国。1345年时，还有人假称自己是被元顺帝流放后来死去的元文宗的儿子燕帖古思，也起来造反④。

这些造反很快都被镇压了。一般而论，小规模的或者说影响不大的起义在元朝与其他朝代都有，很快就会被镇压下去，但后来出现了一个很厉害的首领，就是韩山童，正是他导引出规模浩大的红巾军起义。

---

① 宋濂. 元史 [M]. 北京：中华书局，1976，卷三十八.
② 宋濂. 元史 [M]. 北京：中华书局，1976，卷三十八.
③ 宋濂. 元史 [M]. 北京：中华书局，1976，卷三十九.
④ 宋濂. 元史 [M]. 北京：中华书局，1976，卷四十一.

第三十章

石人造反

时间：1344年　1346年　1351年

地点：黄河　淮河　通州

人物：元顺帝　贾鲁　脱脱　韩山童　刘福通　李开务　宋文瓒

事件：贾鲁和了不起的治黄工程　独眼石人是怎么来的　元顺帝拒绝镇压义军

　　上章说到，元末起义不断。后来出现了一个很厉害的首领，就是韩山童，正是他导引出规模浩大的红巾军起义。

了不起的治黄工程

　　韩山童是赵州栾城（今河北栾城）人，祖父和父母都信仰白莲教，他也很早就成为一个虔诚的白莲教徒，相信白莲教所说的将会有弥勒佛降世来拯救世人，带领大家走向光明。他还向他人传播这种信仰，赢得了不少信徒，其中最重要的就是刘福通和杜遵道。

他们也在找机会起来造反。到了 1351 年时，机会来了。

这个机会又来自天灾。1344 年，黄河流域下起暴雨，一连下了二十多天，黄河水暴涨，平地水深两丈。冲垮了多处堤防，使得济宁、单州、定陶、巨野、郓城等大片地区遭受了严重的水灾，无数人因灾而死，活着的人流落四方，沦为乞丐。更有甚者，大水损坏了作为元朝重要税收来源之一的盐场，如果不加治理，朝廷的税收将剧减、损失惨重。

到了 1349 年冬，脱脱再次成为元顺帝的丞相，他下定决心要治理好黄河水患，为此特地向元顺帝上奏，请元顺帝让他来负责此事。元顺帝知道他这样做是为国为民，于是高兴地答应了他的要求，还让群臣一起来讨论这事。但群臣观点不一，各有各的看法，许多人还反对。这时候漕运使贾鲁站了出来，表示黄河必须治理。

贾鲁是水利专家，有丰富的治水经验，曾被派去考察黄河水患。他经过仔细分析，设计了两个治理之策，其中一个就是要疏通黄河故道，同时堵塞那些容易决堤的地方，使黄河重新东流。

虽然这个办法花费比较大，但却是最有效的，因此得到了脱脱的肯定。他把这个方案上奏元顺帝，元顺帝觉得很有道理，于是就这么决定下来。

1351 年，元顺帝正式下诏，任命贾鲁为工部尚书兼总治河防使，并发动汴梁、大名等十三路民工计十五万人，另有庐州等地的两万军队，一齐治理黄河。

工程从 4 月开始，到 7 月基本完工，8 月黄河水重归故道，9 月黄河之上就可以通航，到 11 月工程正式竣工。结果就是："河乃复故道，南汇于淮，又东入于海。"①

修好后的汴河水量充沛，成为南北漕运的干线，可通大船，黄河的

---

① 宋濂. 元史 [M]. 北京: 中华书局, 1976, 卷六十六.

水患大大减少，因此贾鲁的治水是很成功的。他向元顺帝汇报了治理的成果。元顺帝大喜，重赏了贾鲁和脱脱。

至于具体的开支，《元史》有比较详细的记载：

治理黄河所用物资总数如下：大的桩木二万七千，榆柳杂木六十六万六千……其他如木龙、蚕椽木、麦秸、扶桩、铁叉、铁吊、枝麻、搭火钩、汲水、贮水等都有明确的数目……总计花费中统钞一百八十四万五千六百三十六锭有余。①

不难看出这次治水的开支是非常清楚的，连用了多少根木头、多少颗钉子、多少个水桶都有精确的记录。这是一次利国利民的好事，而且工程效率之高令人叹为观止。即便今天，如此浩大的水利工程要在七个月完成恐怕也是相当困难的，堪称壮举！

贾鲁因此成为中国水利史上著名人物之一，大片多灾之地恢复了生机。那些地方的百姓为了纪念他，不仅将汴河改名贾鲁河，还把他曾经居住过的地方命名为贾鲁河村。

不仅百姓感激贾鲁之功，《元史》对他也有高度评价：

在这场治理黄河的工程中，朝廷不惜花费重金、给予高官厚赏，为民除害。脱脱能领会皇上的心意，不怕焦虑劳苦，不畏闲言碎语，为国家拯救黎民百姓。贾鲁能竭心尽智、巧妙设计，加上卓越的胆量与勇气，不怕辛苦，不畏嘲讽，以报答皇上和丞相的知人之明。这些都应该好好记录下来，使将来考证的时候有所依据。②

---

① 宋濂. 元史 [M]. 北京：中华书局，1976，卷六十六.
② 宋濂. 元史 [M]. 北京：中华书局，1976，卷六十六.

神秘的独眼石人

显然，这次治理黄河是一项利国利民的好事。但它产生了一个不好的结果，就是在工程进行时挖出了一座奇特的石像——只有一只眼睛，而当时正流传着一句童谣："石人一只眼，挑动黄河天下反。"①

挖出这样的石人之后，刘福通、杜遵道等人认为时机已到，造谣说老天要大家起来造反了！对于那些白莲教信徒来说，这就是弥勒佛要降世了，韩山童就是弥勒佛在人间的化身，要通过造反使大家走向光明。

从这里可以简单推论：脱脱和贾鲁的治黄工程导致起义爆发。由于这项工程开支巨大，有人以此为借口起义。

这种观点无疑是很有市场的，就是现在很多书中也都这么说，但《元史》早就对此进行了批判。元朝灭亡的原因是很复杂的，比如元朝的朝廷上下因循守旧，成天享受安逸，不考虑天下大事，使国家法纪败坏、民风日下，这样许多因素叠加起来才导致了元朝的败亡。这些都是长久以来就有的弊端，元朝的败亡是这些弊端一天天积累下来的后果，哪里是一个治理黄河的工程所产生的呢！如果硬要这样认为，那就是以成败论英雄，只看表象不看实质，这是不恰当的。可以这样想：假如贾鲁不治黄河，难道就不会有后来的天下大乱吗？这显然是不可能的。

《元史》特地说明进行批判就是为了避免后人产生这样的误解，把顺帝、贾鲁、脱脱治理黄河之事看成元朝败亡的原因。②

再来说韩山童和刘福通，其实很可能就是他们把石人预先埋在了开挖的地方。当石人被挖出来后，韩山童就将它当成起义的借口。甚至连"石

---

① 宋濂. 元史 [M]. 北京：中华书局，1976，卷六十六.
② 宋濂. 元史 [M]. 北京：中华书局，1976，卷六十六.

人一只眼，挑动黄河天下反"的童谣可能也是他们四处传播开来的。

这里可以联想一下《史记》中的记载：

陈胜、吴广先在一片布上写了"陈胜王"三个红字，放在一条鱼的肚子里。一个士卒买走鱼来吃，结果看到了这片布和上面的字，当然会感到奇怪。陈胜又偷偷叫吴广预先藏到宿营地的附近，当天晚上点上篝火，大家突然听到一只狐狸一样的声音在叫道："大楚兴，陈胜王。"[1]

从陈胜、吴广的旧例不难猜出，独眼石人和童谣的出现应该都是有预谋的。

当然两者的背景大不一样，陈胜、吴广是为了不被杀头而被迫起义，韩山童、刘福通则是借用了信仰的名义造反。

但不管怎样，这样的手法很管用，那时候的百姓没什么文化，又很迷信，很容易受骗，特别是当这些骗招与他们的处境或者心境相符合的时候，那简直就太容易上当了。

关于石人是韩山童自己埋进去的，《草木子》说得很清楚。

《草木子》是明人叶子奇所撰，他曾于洪武年间任巴陵县主簿，1378年遭牵连入狱。在狱中闲来无事，就把此前记得的和在狱中听到的一些事记录下来，出狱后集结成书，命名为《草木子》。书里记录了关于元朝及元末农民起义的许多事情，其中就包括韩山童埋石人的事：

韩山童等人便想出了一个鬼主意来骗人，他们偷偷凿了一个石人，只有一只眼睛，并在它的背后刻上"莫道石人一只眼，此物一出天下反"，然后预先在要开河道的地方埋好。[2]

韩山童等人预埋石人取得了很好的效果，石人被挖出来后，消息很快就传开了，这使得许多地方人心惶惶，无数人蠢蠢欲动，准备造反。

---

[1] 司马迁. 史记[M]. 北京：中华书局，2016，陈涉世家.
[2] 叶子奇. 草木子[M]. 上海：上海古籍出版社，2012，卷之三上.

造反的领袖当然就是韩山童。

拒绝镇压起义的元顺帝

史书记载，韩山童的祖父就是白莲教的领袖，因此被贬到广平永年县，就是今天的河北省邯郸市永年区一带。这对他当然没什么影响，他继续传播白莲教。到了韩山童一代，他更是宣布天下要大乱，弥勒佛将降生，他自己就是弥勒佛在凡间的代理人。江淮地区的大批民众相信了他。他的几个主要手下刘福通、杜遵道还利用当时许多汉人不服蒙古人统治、想要复辟宋朝的心理，宣称他是宋徽宗八世孙。

这些白莲教教徒还举行了正式的仪式，杀了一头黑牛、一匹白马，然后祭天拜地，准备正式起义。

但韩山童犯了一个错误，起义可是造反，是大罪，应该预先隐秘进行、突然宣布才对，他却这么大张旗鼓地进行，当地县官很快知道，于是派了一小支兵马过来镇压。韩山童可能没想到官军这么快就会来，被抓个措手不及，但他的妻子和儿子韩林儿以及刘福通都成功地逃走。

很快刘福通正式宣布起义，由于他们头裹红巾，被称为红巾军。不久红巾军就占据了大片土地，朝廷只得出兵镇压。

但此时镇压已经太晚了，因为起义已经风起云涌，形成燎原之势。

倘若回过头去看历史，本来局势是很难发展到这样难以挽回的局面的，元顺帝也有很多机会将这样的起义在爆发之前就扼杀在萌芽状态，但他并没有这样做。例如，他没有一开始就杀了韩山童的祖父或者把他流放到海南等偏远地方，而只把他"贬"到了河北邯郸这样的中原腹地，这样的"贬"是没有什么意义的，甚至算不上惩罚。

这也是元顺帝在面对元末农民大起义时与前后的中原王朝皇帝面对

农民起义时一个很不一样的地方，就是元顺帝似乎不认为起义是大逆不道的，要予以残酷镇压。相反，他在镇压起义时犹豫迟疑，从而导致战略性失败，终于使得义军迅速扩大，最终元朝灭亡。

这样的例子有很多。例如1346年，当时有一个义军首领叫李开务，他在会通河一带劫持商船。两淮运使宋文瓒上奏，指出会通河长千里，每年通过它运送到京城的粮食多达五百万石，李开务只有区区四十个人，却成功地劫持了多达三百艘商船，官兵却不去抓他们，这样下去很危险，宋文瓒建议派出一千兵马抓捕他们。

这个道理很明显，朝廷当然应该这么做，但元顺帝的回应是"不听"。[1]

1347年，这时候靠近大都的通州也有义军。监察御史上奏，通州与京城这么近，现在竟然也有盗贼了，应该多派军队镇压，将他们斩草除根，但元顺帝的回答竟然仍是"不听"。[2]

有些不可思议吧！元顺帝对这些义军太过仁慈了，仁慈得对国家不负责任。但这就是元顺帝的做法，这也是他怠政的主要表达方式。

实际上，这时候全国上下已经有多支义军。特别是在两淮或者说东南五省一带，义军沿着淮河到处抢掠，简直肆无忌惮，官府却不管。后来宋文瓒再次上奏，说要选择智勇双全的大将，并且给予足够的权力，让他们出面对付那些义军。这是极为重要的，因为东南五省（即今天的安徽、浙江、江苏等地）是元朝最重要的财赋来源，如果被义军占领，那么国家就危险了，元顺帝的回答依然是"不听"。[3]

由此可见，元顺帝对到处涌现的义军视而不见，即使镇压也不过是

---

[1] 宋濂. 元史[M]. 北京：中华书局，1976，卷四十一.
[2] 宋濂. 元史[M]. 北京：中华书局，1976，卷四十一.
[3] 宋濂. 元史[M]. 北京：中华书局，1976，卷四十一.

应付罢了,哪怕面对的是对朝廷财赋贡献最大的江浙等地也一样,好像完全不在意元朝的江山社稷。这简直匪夷所思。

正是元顺帝的这种态度,使得各地文武官员在镇压义军时三心二意。那些本来不准备起义的人看到后,觉得起义的代价简直是太小了,于是出现了越来越多的起义。

到了1351年,达到第一个起义高峰。刘福通领导下的红巾军成了最强大的一支义军,敲响了元朝的丧钟。

由于元顺帝对义军的态度,元末农民大起义有一个奇怪的现象,就是虽然义军声势浩大,但在义军与镇压义军的朝廷之间并没有发生流传战史的著名战斗,甚至大规模战役也看不到。

这个时期大规模的战役大多发生在义军之间。

第三十一章

福通败亡

> 时间：1351年　1355年　1356年　1357年　1359年　1361年　1362年　1363年
> 地点：颍州　亳州　太康　汴梁　安丰　山东　益都　瓜州渡
> 人物：刘福通　韩林儿　杜遵道　答失八都鲁　察罕帖木儿　田丰　王士诚
> 事件：刘福通攻克汴梁　察罕帖木儿大战红巾军　察罕帖木儿与刘福通之死

为了以简单明了的方式讲解这些义军和他们灭亡的经过，这里选取了五位代表性人物，分别是刘福通、张士诚、徐寿辉、陈友谅、朱元璋。

了解了这些，对相当复杂的元末农民大起义也就有比较清晰的认知了。

元末农民大起义的第一个重要领袖是刘福通。

攻克汴梁

前面说过，刘福通是韩山童的追随者。1351年，韩山童还没有来得及正式起义就被朝廷派来的人捕杀，但刘福通成功逃脱，他跑到了自己的家乡颍州（今安徽界首），正式起兵造反。他在这里本来就有大批追随者，很快集聚了数千兵马，占领了颍州。

此后，刘福通势力迅速壮大，他连克朱皋、罗山、真阳、确山等地，又进占了息州和光州，这时候距离他起兵不到半年，他已经拥有了十万大军。

此后他节节胜利，不断击败前来讨伐的元军。1353年还在要地亳州大败并杀死了元军大将八秃，占领了两淮大片地区。

虽然是刘福通领导了这些战争并取得了巨大胜利，但他并不认为这些是他自己的功劳，他仍把自己视为韩山童的追随者。到了1355年，他专门派人迎接韩林儿，立他为帝，号称小明王，并定都亳州，国号宋。又任用韩山童早期的追随者杜遵道为丞相，刘福通自己只是平章。

但不久义军内部发生变乱，原因与经过史书是这样记载的："遵道得宠专权，刘福通疾之，命甲士挝杀遵道，福通遂为丞相，后称太保。"[1]

此后刘福通继续大举进兵，攻城略地，占领了陕西河南大片地区。但不久之后，他在河南遇到了一个劲敌，就是河南行省平章政事答失八都鲁，他有一个儿子字罗帖木儿也是勇将。

一开始刘福通和他们有胜有败，在其中一次大战中，刘福通亲自上阵，和答失八都鲁对战数百回合，将他打下马来，被字罗帖木儿救走。元军见主将受伤，纷纷后撤。刘福通率军在后紧追，字罗帖木儿令部下先走，自己断后。这时候他连马都没有了，但毫不惊慌，张弓搭箭，箭无虚发，

---

[1] 宋濂. 元史[M]. 北京：中华书局，1976，卷四十四.

追在前面的红巾军都被杀死,不敢再追。孛罗帖木儿后来步行回到军营,已是深夜。

这场小失利并没有打垮答失八都鲁父子,此后他们继续与刘福通军大战,结果屡战屡胜,还在夹河攻破了刘福通的大寨。到了1356年底,他们已经逼近了重镇太康(今河南太康)。

这天晚上,他们料到红巾军会来劫营,预先做好了准备,果真如此。大队红巾军偷偷扑过来时,发现等待他们的是陷阱,大惊之下,转身就逃。答失八都鲁率军紧追,还点起了火把,一直追到太康城外。这时候天已亮,官军立即开始攻城。红巾军才败,惊魂未定,很快城就被攻破,损失惨重。"斩首数万,擒伪将军张敏、孙韩等九人,杀伪丞相王、罗二人。"[①]这里的"罗"是罗文素,他是韩山童最早的追随者之一,此战给刘福通以沉重的打击。

答失八都鲁父子本来是刘福通的大患,但他们在第二年就死了。起因是当时另一位元将达理麻失理被刘福通杀了,他统领的军队四散而逃,和他合军一处的答失八都鲁也抵挡不住,只得后撤。本来胜败乃兵家常事,但朝廷怀疑这是答失八都鲁的错,是他贻误了战机,不敢对敌,于是连续派出使者,强令他出战。使者这么多,义军当然会看到,于是他们写了一封信,声称答失八都鲁和他们私下讲和,不再作战,然后故意把信落在朝廷使者的必经之路上。使者看到,赶紧交给朝廷。答失八都鲁得知这个消息,竟然"一夕忧愤而死"[②]。

答失八都鲁一死,刘福通顿时形势大好。1357年6月,他兵分三路,一路由关先生、破头潘等率领,攻打山西、河北一带;另一路由白不信、李喜喜等率领,攻打关中;第三路由毛贵率领,攻打山东。刘福通自己

---

① 宋濂. 元史 [M]. 北京:中华书局,1976,卷一百四十二.
② 宋濂. 元史 [M]. 北京:中华书局,1976,卷一百四十二.

则率主力进攻宋朝的旧都汴京,现称汴梁。

各路一开始都取得了很大成功,刘福通率军顺利占领了汴梁,山东一路的毛贵更是势如破竹,不但占领了山东大部分地区,而且一路北上,到 1358 年 4 月,已经攻克了距大都很近的蓟州,大都震恐。红巾军因此声势大振。

察罕帖木儿之死

元顺帝这时候才感到害怕,赶紧下诏,要天下兵马来都城勤王。

元顺帝这次下诏带来了明显的效果,很快大批兵马开始向大都集中,同时红巾军在各处遭到越来越强硬的抵抗,于是开始由胜利走向失利。

例如,已死的答失八都鲁的儿子孛罗帖木儿就在卫辉击败了一支红巾军。在靠近大都的地方,刘哈剌不花也击败了毛贵,毛贵被迫南逃济南。

红巾军更强大的对手则是察罕帖木儿,他已成为红巾军的噩梦。

关于察罕帖木儿,《元史》是这样说的:

察罕帖木儿字廷瑞,家族是从北庭过来的。他的曾祖是阔阔台,元朝初年追随元军攻取河南。到了他的祖父乃蛮台、父阿鲁温,都在河南安家,是颍州沈丘人。察罕帖木儿从小学习努力,曾参加进士的科举考试,这时候他已经有名气了。他身高七尺,眉毛很长,盖过了眼睛,左脸上有三根毫毛,发怒时它们会竖起来。他年纪轻轻就气概非常,想要立功报国。[1]

如果把察罕帖木儿等蒙古名字改成汉名读起来似乎更加自然,为什么?因为讲他的故事和讲汉人将领是一样的。这说明察罕帖木儿已经是一个"新蒙古人"。察罕帖木儿的家族很早就移居黄河之南的中国内地,

---

[1] 宋濂. 元史[M]. 北京:中华书局,1976,卷一百四十一.

并且将这里当成新的家乡，籍贯也改变了，例如，察罕帖木儿的籍贯已经不是自己的出生地北庭而是颍州。他从小接受的教育也完全是中国传统式的，学的是四书五经，还考过进士，甚至在心态上也和中国古代的仁人志士一样，要有一番作为。简而言之，察罕帖木儿这样的"新蒙古人"实际上已经汉化，变成了"新汉人"。

察罕帖木儿以后的作为也完全证实了这一点。1351年，红巾军起义爆发，根据地就是地处江淮的颍州，他们在颍州一带攻城略地，杀死地方官长，所过之处破坏严重，几个月之内江淮几乎全部被红巾军占领。朝廷派兵来讨伐，但都失败了。这时候，"察罕帖木儿乃奋义起兵，沈丘之子弟从者数百人……事闻，朝廷授察罕帖木儿中顺大夫、汝宁府达鲁花赤。于是所在义士俱将兵来会，得万人，自成一军，屯沈丘，数与贼战，辄克捷"[1]。

后来红巾军向北发展，察罕帖木儿奉朝廷之命前往北方，与红巾军大战。他的军队战斗力远强于朝廷军队，面对红巾军几乎是每战必胜，极大地遏制了红巾军的攻势。后来江淮一带的三十万红巾军主力大举从汴梁西进，攻打察罕帖木儿驻军的中牟（今河南鹤壁）。察罕帖木儿兵力远少于红巾军，但他毫不畏惧，如史书所言：

察罕帖木儿向战士们发表演说，说明为什么要战斗，并且表明了这将是生死之战。他的阵前演说起到了很好的效果，战士们无不以一当百，殊死奋战。这时候狂风骤起，沙尘满天，察罕帖木儿见状，大喝一声，亲自统军杀向反贼的大阵中心，一顿猛击，反贼抵挡不住，迅速崩溃，四散奔逃。察罕帖木儿率军紧追，杀死了无数敌军，军威大振。[2]

这是1355年的事。此后察罕帖木儿率军攻向此前已经占领陕西大片

---

[1] 宋濂. 元史[M]. 北京：中华书局，1976，卷一百四十一.
[2] 宋濂. 元史[M]. 北京：中华书局，1976，卷一百四十一.

地区的红巾军。结果是这样的：察罕帖木儿率军攻入潼关，长驱直入，与反贼相遇时每战必胜，杀死了数以万计的敌军，收获巨大。反贼余党溃散。①

陕西特别是关中就此被察罕帖木儿轻松平定，这是 1357 年的事。

到了 1358 年，刘福通已经占领汴梁，他把都城迁到这里，在这里建筑宫殿，改用新的年号和国号，准备将这里作为都城与根据地，进而占领全国、灭亡元朝。此时红巾军的声势已经遍及全国，巴蜀、荆楚、江淮、齐鲁、辽海，西至甘肃，到处有人起兵，各地还互相呼应联合。②元朝的统治岌岌可危。

面对如此严峻的局面，朝廷把察罕帖木儿当成了救命稻草，不仅拜他为同知行枢密院事，还可以"便宜行事"，相当于把全国军队的领导权都交给他，还让他自己决定怎样作战，不用请示朝廷。这是朝廷能够给予一个将领最大的兵权。要是岳飞当初也有这样的权力，金国大概率就会被灭掉。

察罕帖木儿下定决心消灭红巾军，要达到这个目标就必须攻占它的都城汴梁。

1359 年，察罕帖木儿率大军东出，攻向汴梁。

他兵分两路：一路是秦兵，从陕西潼关出发；另一路是晋兵，越过太行山东出。两支大军越过黄河，相会于汴梁城下。

攻城开始之后，进展顺利，不久察罕帖木儿大军就团团包围了汴梁，并且绕城建了一堵长墙，想要将城中人活活困死。城中红巾军当然不会坐以待毙，多次出战，但每次都被打败，只得坚守不出。两个多月后，察罕帖木儿从派往城内的间谍处得知敌军粮食快要吃完了，士气已衰，

---

① 宋濂. 元史 [M]. 北京：中华书局，1976，卷一百四十一.
② 宋濂. 元史 [M]. 北京：中华书局，1976，卷一百四十一.

战斗力大减，于是派诸将从各个城门同时发起猛攻，终于攻破了城池。刘福通只带着韩林儿和几百残军从城中冲了出去，官军就此攻克了汴梁。

此战官军收获巨大，抓获了韩林儿的王后及其手下的家属妻儿数万、伪官五千，缴获符玺印章、奇珍异宝无数。同样重要的是，占领汴梁后，全城居民还有二十万，官军没有抢掠，市集照常开业。[1]纵观整个中国历史，当朝廷占领起义军的大城后，这样对待"反贼"的几乎闻所未闻。

察罕帖木儿乘胜进军，不久平定了整个河南，此后他"献捷京师，欢声动中外"[2]。

这是1359年9月的事。此后刘福通退守安丰，把这里当成新都和主要根据地。

安丰位于今天江苏省的中部、长江三角洲北翼，地处江淮之间，只是一座小城，所以察罕帖木儿不再关注，而是将目光投向了山东。官军只要占领了山东，就意味着红巾军实际上的灭亡。

但察罕帖木儿暂时没有行动，而是先顾好已经收复的陕西、河南等地，在这里整修军备，训练士卒，又大力发展农业，积聚粮草，准备一有机会就进攻山东。

到了1361年，察罕帖木儿得知山东的红巾军自相残杀，于是统领五万精兵大举东出，水陆并进，不久就到达东平。这里有大批红巾军，但在察罕帖木儿的打击之下，很快崩溃。

此后他向红巾军的两员大将田丰和王士诚提出了招降。田丰本是元朝官员，相当能干，后来投降红巾军。王士诚则是刘福通的大将，一度跟从关先生北伐，后来到了山东，与田丰合兵后声势大振。他在山东被称为"扫地王"，不再听从刘福通号令。察罕帖木儿认为他们俩反心不强，

---

[1] 宋濂. 元史 [M]. 北京：中华书局，1976，卷一百四十一.
[2] 宋濂. 元史 [M]. 北京：中华书局，1976，卷一百四十一.

可以招安，于是派人劝降，两人也相当爽快地同意了。

这样一来，察罕帖木儿在山东的进展更加顺利，势如破竹，许多地方都是望风而降，最后的大城只剩下益都。

益都城中的红巾军将士拒绝投降，拼命抵抗，但面对优势巨大的元军和几乎战无不胜的察罕帖木儿，如果不出意外，他们的抵抗维持不了多久。

但此时田丰和王士诚又反悔降元，他们偷偷派人与城中红巾军取得联系，商定了计划。

不久田丰派人来请察罕帖木儿视察他的部队，察罕帖木儿部下认为此事可疑，不能去，但察罕帖木儿认为自己对田丰推心置腹，田丰也会这样待他。于是察罕帖木儿只带着十来个轻装骑兵，就到了田丰军营里。等在这里的还有王士诚，他们突然发动袭击，察罕帖木儿哪里会想到有这样的事，很快就被杀死。

察罕帖木儿之死震惊了朝廷，讣告到了后，皇上震惊哀悼，从朝廷大臣到京师百姓，所有人不分男女老幼，没有不痛哭流涕的。[1]

这是1362年的事。

刘福通之死

察罕帖木儿之死可以说改变了整个局势，加速了元朝的灭亡。因为倘若察罕帖木儿不死，以他的能力与他军队的战力，当时的义军无论谁都不是他的对手，义军被消灭只是时间问题。

不过此时朝廷并非完全没有机会，因为察罕帖木儿的儿子扩廓帖木儿站了出来。

---

[1] 宋濂. 元史[M]. 北京：中华书局，1976，卷一百四十一.

扩廓帖木儿一直跟随父亲作战，很早就显示了出众的军事能力，成为父亲的得力干将。父亲去世后，他虽然还是一个年轻人，但已经成了父亲旧部的统帅，并且在1362年派大将关保大败刘福通。

正所谓墙倒众人推，此时的刘福通已是强弩之末，另一个起义领袖张士诚见其势弱，率军攻向他最后的根据地安丰。刘福通抵挡不住，只得放弃安丰。这时候又一个重要的红巾军将领朱元璋派人带着船只前来迎接他们，但就在瓜州渡过长江的时候，突然遇到大风浪，船只沉没，刘福通和韩林儿溺亡。

这是1363年的事。对此史书有这样的记载："朱镇抚具舟楫迎归建康。小明王与刘太保至瓜州渡，遇风浪掀舟没，刘太保、小明王俱亡。"[①]

当然，关于刘福通和韩林儿的死因有其他说法，这里且不多谈，因为不管原因是什么，他们的结局都是死亡。

[①] 权衡. 庚申外史[M]. 台北：广文书局，1968，卷下.

第三十二章

士诚自杀

> 时间：1352年　1354年　1355年　1356年　1364年　1367年
> 地点：泰州　高邮　杭州　常州　平江
> 人物：张士诚　李齐　磨盛昭　脱脱　达识帖木儿　杨完者　朱元璋　徐达　五太子　莫天佑
> 事件：残忍的张士诚　杭州城的遭遇　一个湘西土匪的冤死　张士诚夫妻之死

上章说到，刘福通和韩林儿不是死于元军，而是死于其他义军之手，一个是张士诚，另一个是朱元璋。

此时他们已经拥有了庞大的实力，动摇了元朝的根本。

这一章先讲张士诚。

残忍的张士诚

张士诚是泰州（今江苏泰州）人，原名张九四。他从小力气很大，为人稳重，不爱说话。他还有三个弟弟张士义、张士德、张士信，他们都以贩运私盐为业。贩私盐收益相当不错，张士诚本来是不准备造反的，但被逼反了。

一开始逼反他的不是官府，而是泰州的富人。他们看不起张士诚，经常欺侮他。后来张士诚忍无可忍，率领弟弟和朋友共十八人，揭竿而起。他们首先杀死了欺侮他最凶的那个富人，还烧了他的房子。

这时候是1352年，红巾军起义浪潮已经席卷元朝大片地区，因此张士诚的起义迅速得到了响应，很快他就拥有了一支超过万人的队伍。他率军攻打泰州，一开始泰州知府李齐想要招降他，张士诚也同意了。但不久后，元朝行省参知政事赵琏命令张士诚制造船只并送往淮泗。张士诚感觉这个赵琏不怀好意，不但没有去，而且趁夜进攻赵琏所在的兴化并杀了他，相当于再次造反。

此后张士诚率军攻占了高邮，势力更大。朝廷这时候正要用人，于是又说要赦免他，还派了一个叫磨盛昭的人去封张士诚为万户。但张士诚没有接受，还把磨盛昭关进了一艘船里。后来官军见张士诚不降，于是派军进攻高邮，接着发生了这样的事：张士诚叫磨盛昭出战官军，他坚决不从，张士诚就活剐了他。[①]

张士诚的残忍可见一斑。这可不是唯一的一次，剐了磨盛昭后，他又派人告诉朝廷只要李齐来就投降，于是朝廷真的派了李齐过来。接着就发生了这样的事：

李齐到了后，张士诚叫他下跪。李齐骂道："我的膝盖如铁坚强，哪能跪你这样的反贼？"张士诚大怒，叫人强按李齐跪下，但李齐仍站着骂，张士诚更加愤怒，令人把李齐拖倒在地，先把他的膝盖打碎，然

---

① 柯劭忞. 新元史[M]. 上海：上海古籍出版社，2018，卷二百二十五.

后活剐了他。①

朝廷见招降不成，于是派石普率军攻打张士诚。元军一开始取得了胜利，一直打到高邮城外。石普下令攻城，他的军中有千余名蒙古骑兵，元军本来已经攻入了高邮，但这些蒙古骑兵遇到激烈抵抗后竟然逃走了。由此可知，蒙古骑兵已经不复当年骁勇。蒙古人一逃，官军顿时大败，石普也被杀了。

1354年，张士诚正式建国，国号大周，并自称诚王，不久攻克了扬州和天长等地，声势更加浩大。

为了镇压张士诚，朝廷出动了罕见的大军，并由当时的丞相脱脱亲自率领，号称百万，军队旗帜绵延长达千里。不久官军就夺取了天长等地，直抵张士诚所在的高邮，并且很快占领了高邮的外城，张士诚危在旦夕。

但他突然转危为安，为什么呢？因为此时有人在元顺帝面前说脱脱的坏话，元顺帝听信谗言，竟然下令剥夺了脱脱的兵权。脱脱深得军心，他一走，军心大乱，结果就是这样：脱脱的部下一哄而散，张士诚得以重新振作起来。②

杀向江南

这时候，占据长江之南江阴一带的两位义军首领宗江三和朱英互相争斗，宗江三打不过，于是投降了朝廷。朝廷出兵攻打朱英，朱英抵挡不住，向张士诚求援，并且告诉张士诚江南之地有多么富庶。

张士诚一听觉得是个机会，于是派弟弟张士德率军南渡长江。很快就攻占了常熟，大败元军。此后张士德继续进军，不久就攻占了几乎整个吴中之地，相当于现在长江以南的江苏地区。这一带向来是中国最繁

---

① 毕沅. 续资治通鉴 [M]. 北京：中华书局，1999，卷二百一十一.
② 柯劭忞. 新元史 [M]. 上海：上海古籍出版社，2018，卷二百二十五.

荣富庶之地，从官府到民间都是如此。不仅钱粮无数，兵器盔甲也堆积如山，现在全归了张士诚。所有好房子都被张士诚的人马夺取，他自己则毁掉了当时著名的承天寺，将佛像砸碎，把寺院改建成宫殿，称为"万岁阁"。

此后张士诚继续进军，顺利占领了常州，接着南下向浙江一带发起进攻，攻占了湖州、松江等地，并派张士德进军杭州。

当时统辖江浙行省的是达识帖木儿，他打仗不行，很快就被张士德打败，放弃了杭州。这是1355年的事。

杭州自古就是中国最富庶的城市之一。占领杭州后，张士德放纵手下大肆搜刮，杭州百姓苦不堪言。[①]

张士诚的军队不但抢劫钱财，而且大肆强奸民女，与当初元军占领杭州时的秋毫无犯，两相比较，令人唏嘘！

虽然纵容部下抢掠百姓，和忽必烈大不一样，但张士诚有一点和忽必烈相似，就是"好士"，也就是尊重儒士，任用他们为官。因此，当时一些有名的儒士如郭良弼、董绶等都为他效劳。但也有忠于元朝、坚决拒绝投降的，例如，有一个叫杨乘的宁愿自杀也不愿意为张士诚效力。这是因为在当时许多儒士眼中元朝才是正统，这些义军只是朝廷的叛逆，他们既然忠于朝廷，当然不愿意为叛逆效劳，甚至宁死不从。

这也说明在许多士人眼中，元朝已经是正统的、合法的中国王朝，和此前的宋朝没有两样。

但张士诚的军队在杭州没有待多久，一个元军强将杀了过来，就是杨完者。他大败张士德，加上杭州城内百姓的反抗，张士德被迫率军从杭州撤退。

---

① 柯劭忞. 新元史[M]. 上海：上海古籍出版社，2018，卷二百二十五.

来自湘西的土匪

关于杨完者,史书有这么一段记载:

鄂勒哲十分凶悍,抢人家的财产妇女,他的部曲也十分骄横,因此民间有歌谣道:"我就是死了也不怨恨泰州张士诚,即使活着也不感谢宝庆杨完者。"[1]

这里的"鄂勒哲"就是杨完者。杨完者是湘西宝庆(今湖南邵阳)人,和父亲从湖南的苗族等少数民族那里招募了一支军队,前往勤王,后来父亲死了,他便成了这支军队的统帅。杨完者极为骁勇善战,但毕竟是来自湘西的蛮族,因此部下缺乏纪律,喜欢抢掠,这和张士诚是一样的。至于上面这首民间歌谣应该是当时有人杜撰出来的,目的是对张士诚歌功颂德。后面会说到,张士诚后来投降了元朝,为了使自己有资格称王,便叫人对他歌功颂德,当时最简单方便的传播消息或者谣言的办法就是民谣了。前面"石人一只眼,挑动黄河天下反"就是这样,都是某些人为了自己的利益而编造出来的,不能当真,就如今天网络上常有的假消息一样。

这是1356年的事。此后张士诚又遇到了大麻烦,就是未来的大明建国者朱元璋。

朱元璋也在两淮一带发展,此时已经拥有强大的实力。他自从占领镇江后就和张士诚的地盘相邻,不久两军之间便有了争斗。朱元璋派名将徐达攻打常州,不久徐达用计捕获了张士德。

张士德不仅是张士诚的亲弟弟,还是他手下最主要的大将。为了使朱元璋释放弟弟,张士诚愿意每年向朱元璋进贡粮食二十万石、金五百

---

[1] 毕沅. 续资治通鉴[M]. 北京:中华书局,1999,卷第二百一十三.

两、银三百斤，但朱元璋狮子大开口，要粮五十万石。这要价实在太高了，张士诚拿不出来，于是拒绝。后来张士德绝食而死，张士诚不只是死了一个兄弟，更是少了最得力的大将，实力大损。

徐达率军猛攻常州，张士诚眼看守不住，便想了一个办法，就是派使者找到达识帖木儿和杨完者，表示要投降。达识帖木儿认为张士诚不可靠，反复无常，想要拒绝，但杨完者执意接受。这时候的达识帖木儿全靠杨完者，只得答应。张士诚接着便向他们提出条件，说要让他们封他为王。这当然不是达识帖木儿能够答应的，后来经过讨价还价，封张士诚当了太尉。

张士诚虽然投降了，但实际上并不服从朝廷，和过去一样当他的土皇帝。

后来朝廷派了纽的该前去安抚张士诚，对他晓以利害。张士诚对纽的该非常佩服，于是对朝廷做了一个大贡献，就是把大批粮食运往大都。对此，《元史》有不少记载：1360年5月，"张士诚海运粮十一万石至京师"[①]；1361年3月，"张士诚海运粮一十一万石至京师"[②]。

由于当时元朝已经危机四伏，朝廷的粮草供应极为困难，张士诚送来的这些粮草简直成了当时朝廷乃至百姓的救命稻草。张士诚看到自己对朝廷如此重要，很快就自我膨胀，再次提出要达识帖木儿封自己为王。

达识帖木儿虽然得到了元顺帝的旨意可以自主封赏各种官爵，但太尉已经是他能封的最大官了，他自己都不是王，怎么能给别人封王！但他也不敢直接拒绝，怕张士诚翻脸，于是装模作样给朝廷上书，请求封张士诚为王。这样的奏章呈上去之后如泥牛入海，根本没有回音。于是张士诚干脆自称吴王。

---

① 宋濂. 元史 [M]. 北京：中华书局，1976，卷四十五.
② 宋濂. 元史 [M]. 北京：中华书局，1976，卷四十六.

这时候朱元璋也已经自称吴王，于是天下就有了两个吴王。

张士诚之所以敢自己称王，而达识帖木儿却拿他没办法，是因为达识帖木儿杀了杨完者，这对张士诚极为有利，但对元朝却是为害巨大的。

前面说过，杨完者是湖南苗人部队的首领，他率领这支军队多次大败张士诚，后来又是他力主接受了张士诚的投降，张士诚畏之如虎，视为心腹大患。由于杨完者性情嚣张，不把自己的官长达识帖木儿放在眼里，所以达识帖木儿也恨他。于是两人合谋要除掉杨完者。

达识帖木儿先公开声称要派张士诚去攻打建德，那里距杭州城不远。当时杨完者正驻军杭州城外，当张士诚军靠近自己营地时，他并不提防，毕竟张士诚名义上和他一样都是朝廷的人，达识帖木儿又已经告诉他张士诚是要去攻打建德的。但张士诚军突然发起进攻，杨完者军猝不及防，很快就全军崩溃。杨完者知道时已经无可奈何，绝望之下和弟弟都自杀了。

杨完者的军队一朝而灭，死者中还包括他的大将曾华。与杨完者亲统的军队抢掠百姓不一样，曾华的部下对百姓秋毫无犯。关于他，《新元史》中有这样的记载：

完者部将曾华，武冈人，镇守浦阳（杭州附近的一个县），他严格约束部众，在四个城门布置守兵，除非得到军令，否则士兵不准外出。不久杨完者令曾华回到杭州，他在一个晚上就离开了，离开时根本听不到人与马发出的声音，后来浦阳人思念他，在县城里为他立了碑。[①]

至于杨完者，他的军队抢掠百姓，他也为人嚣张。这和他自己及其军队的出身是相关的，毕竟他们是一直以来生活在湘西山地的山民，生来就比较野蛮暴躁，有一种湘西土匪的习性，很难拿他们和正规军相比。但他们作战勇敢，为元朝立下了大功，却这么不明不白地死了，确实相

---

① 柯劭忞. 新元史[M]. 上海：上海古籍出版社，2018，卷二百二十一.

当冤枉。所以史书中说:"杨完者虽暴恣,然死非其罪,君子悯焉。"[①]

这是1363年的事。杀了杨完者、灭了他的军队后,张士诚很快就赶跑元军,重新占领了杭州,这才有了后来自己称王的事。

没了杨完者这个威胁后,张士诚开始针对达识帖木儿,不久他竟然罢了自己的上级达识帖木儿的官,让弟弟张士信代替他,最后逼迫达识帖木儿自杀。

达识帖木儿是自取灭亡。试想,倘若杨完者还在,张士诚敢这么嚣张吗?杨完者虽然为人嚣张,但一直支持达识帖木儿,是他的一大支柱,杀死杨完者无异于自掘坟墓,是愚蠢的做法。

实际上,杀杨完者不管是对达识帖木儿来说还是对张士诚来说,都是个愚蠢的决定。因为他们都有一个共同的大敌,就是朱元璋。此时朱元璋的实力已经超越了张士诚,杀了杨完者等于砍了自己一条胳膊,结果就是自找死路。

张士诚夫妻之死

到了1364年,张士诚和朱元璋之间再次爆发大战。朱元璋派大将李文忠攻打张士诚,第二年派名将徐达、常遇春率大军二十万讨伐张士诚。朱元璋公开历数了张士诚的八大罪状,一路势如破竹,多次击败张士信,后来张士诚亲自率军来战,也大败。

1365年11月,朱元璋军包围了杭州,不久张士诚的养子五太子和大将朱暹也投降了。

这个五太子很特别。他本姓梁,个子虽小,但十分强壮,是真正的"短小精悍",能平地跃起一丈余。元代的一丈相当于今天的3.2米左右,而现在的世界跳高纪录只有2.45米,所以如果古代有一个跳高世界冠军的

[①] 柯劭忞. 新元史[M]. 上海:上海古籍出版社,2018,卷二百二十一.

话，就非五太子莫属了。这个五太子不但跳得高，还擅长游泳，真是古代中国的奇人之一，是被历史埋没的体育天才！

五太子和朱暹的投降使张士诚丧失了大批兵马，可以说是致命的打击。不久杭州举城投降，绍兴、嘉兴等地也纷纷投降，张士诚最后困守的平江就成了孤城。

这时候有人劝张士诚投降，说只要他投降，朱元璋肯定厚待他，他不失为万户侯，这样的结局也是不错的。但张士诚不听，因为他已经下定决心，宁死不降。

1367年9月，朱元璋军攻破平江。张士诚对他的正妻刘氏说："我若是死了，你怎么办？"刘氏明白他的意思，对他说："你放心，我不会辜负你的。"她命人把许多柴火堆在一座木楼下，接着，把张士诚的一群小妾赶到楼上，派养子辰保纵火烧楼，然后自己上吊死了。① 真是愚昧又残暴。

至于张士诚，他先上吊自杀，但被部下阻止了。后来他被徐达抓住，关在一艘船中。虽然徐达再三保证朱元璋会善待他，但张士诚意已决，终于找到一个机会上吊而死，享年四十七岁。

张士诚这样做也许是明智的。因为倘若他投降，等待他的也许是万户侯，但也可能是被活剐。他的一个部下莫天佑就是如此。莫天佑作战勇敢凶悍，张士诚死后，他经人劝说投降，但由于此前多次杀掉劝降的使者，结果他先被戴上枷锁送到金陵，然后在集市被公开活剐！②

要知道莫天佑只是一员将领，张士诚则是被朱元璋公开宣布了八大罪状的王，倘若投降，更可能的结果是同样被千刀万剐而死。

这是1367年的事。

---

① 柯劭忞.新元史[M].上海：上海古籍出版社，2018，卷二百二十五.
② 柯劭忞.新元史[M].上海：上海古籍出版社，2018，卷二百二十五.

第三十三章

因帅成帝

> 时间：1351年　1353年　1356年　1360年
> 地点：蕲州　武昌　沔阳　重庆　延安　龙兴　江州
> 人物：徐寿辉　彭莹玉　卜颜铁木儿　俞述祖　倪文俊　宽彻普化　明玉珍　陈友谅
> 事件：靠长得好当上皇帝　残害百姓　卜颜铁木儿大败徐寿辉　明玉珍的传奇人生

张士诚死后，我们再来看第三个元末起义的领袖人物徐寿辉。

靠长得好当上皇帝

徐寿辉是蕲州（今湖北黄冈）人，他本来是一个普通的布贩子，并没有造反的想法，而是被彭莹玉推举出来的。彭莹玉本是袁州慈化寺的一个和尚，同时也是当地白莲教的教首，后与弟子组织信徒发动起义。彭莹玉之所以推举徐寿辉为义军领袖，主要有两个原因：

第一个原因是徐寿辉天生异象，如《新元史》所言："寿辉浴于池，莹玉之徒见其有赤光，异之。十一年八月，乃拥寿辉为主。"①

第二个原因见于《续资治通鉴》："寿辉体貌魁岸，木强无他能，以贩布为业……遂起兵为乱。以寿辉貌异于众，乃推以为主。"②

总之，徐寿辉靠着天生的帅气就成为义军领袖、一代枭雄，后来还真的称帝，堪称奇迹。

徐寿辉的义军和刘福通的一样，以宗教为号召。《元史》载："以妖术阴谋聚众，遂举兵为乱，以红巾为号。"③

因此徐寿辉的部队也被称为红巾军，但实际上和刘福通根本就是两路人马，互不相关。

徐寿辉和刘福通起义的时间差不多，都是1351年，而且也很快就夺州占县，拥有数万人马。为什么他们可以这样简单地形成庞大势力呢？这时候的义军又是一支什么样的队伍呢？史书中有一段简单而精彩的描述：

当时的官军大多数非常懦弱，不能打仗，因此各地许多无赖子弟趁机闹事，然后起兵造反，没多久就能聚众数万。他们身着短衣，脚穿草鞋，把有木齿的耙子、削尖的竹子作为武器，又割一段红布包在头上。一时间，田野乡间到处一片赤红。④

起义不久，徐寿辉就自称"秋皇帝"，国名"天完"，就是在"大元"上面各加一个盖子，意思是要把元朝死死压住。

到第二年徐寿辉的军队已经取得了极大成功，他从家乡蕲州出发，

---

① 柯劭忞. 新元史 [M]. 上海：上海古籍出版社, 2018, 卷二百二十六.
② 毕沅. 续资治通鉴 [M]. 北京：中华书局, 1999, 卷第二百一十.
③ 宋濂. 元史 [M]. 北京：中华书局, 1976, 卷四十二.
④ 毕沅. 续资治通鉴 [M]. 北京：中华书局, 1999, 卷第二百一十.

占领了蕲州、黄州、襄阳、汉阳、武昌等湖北的大部分地区。湖北号称九省通衢，是中国南北东西的交会之处，属于交通要地，而且所在的江汉平原自古就是富庶之地，所谓"湖广熟，天下足"。占领这块宝地，为徐寿辉的下一步扩张奠定了牢固的基础。

徐寿辉之所以能取得成功，一个重要原因就是元军的内讧与腐化。例如，当时的湖广行省平章星吉听闻有一个老将郑万户懂军事，于是令他募兵守武昌。徐寿辉听说后，心生一计，派了一千多人去武昌，声称要投降。星吉知道这是诈降，便派郑万户在半路设下伏兵，抓获了其中的六百人。他没有杀这些人，只是给他们戴上枷锁送往武昌。这时候朝廷却突然来了诏令，要征星吉为司农，并派了一个和尚来代替他。这个和尚是贪官，义军派人送了许多银子给他，他竟然把这些人就地放了。不仅如此，和尚还听从他们的要求把善战的郑万户关了起来。此后当徐寿辉派军来进攻武昌时，这些人就在武昌城内作为内应，使得义军顺利占领了武昌这个重镇。

攻占武昌之后，义军声势大起。此后各地遇到义军时，许多官员纷纷投降，不做抵抗，使义军势力迅速扩大。

不过徐寿辉也遇到过忠于朝廷的官员。例如，当他的部将曾法兴攻占安陆的时候，抓住了当地知府，这知府有一个很古怪的名字叫"丑驴"。丑驴忠于朝廷，坚决不肯投降。曾法兴很欣赏他的忠心，就放了他。不过他没有庆幸自己死里逃生，而是回家后和妻子一起上吊自杀。

曾法兴这样做诚然是令人佩服的，但徐寿辉就不一样了。1352年他在攻打沔阳时，抓住了俞述祖。俞述祖曾入过翰林院，当过国史院的编修官，很有才学。他的遭遇就惨了：俞述祖被俘后，反贼们把他绑到伪王徐寿辉的住所，徐寿辉想引诱他投降，但俞述祖骂个不停，徐寿辉大怒，就把他肢解了。①

肢解和活剐差不多，可见徐寿辉的残忍。占领湖北后，徐寿辉接着东下进攻江西，很快就占领了除抚州以外的几乎整个江西之地。

但这时候他的老巢湖北出了问题。原来，当徐寿辉率军东下时，彭莹玉负责镇守湖北，由于他残暴异常，每占领一个地方都要大肆杀戮，激起了百姓的反抗。一个叫咬住的人趁机起兵，不久攻克了重镇襄阳，官军也趁势进攻，俘虏了彭莹玉。彭莹玉的下场是这样的：官军抓住了彭莹玉，把他杀了并且砍成了肉酱。由于彭莹玉攻城略地时大肆杀戮，所以他被杀时天下人人称快。②

因残害百姓陷入危机

这时候已经是 1353 年，虽然丢失了湖北不少地盘，但徐寿辉在东方战线取得了成功。占领江西后，他继续东进，占领了安徽大部，又越过安徽占领了江苏大片土地，甚至攻入了浙江西部，占领了杭州。

但此后徐寿辉受到元军的猛烈反击，被迫退却，大片地方得而复失，徐寿辉逐渐陷入困境。

之所以如此，一个重要的原因是徐寿辉和彭莹玉一样，到处烧杀抢掠。

本来，徐寿辉起兵的时候，元朝官军由于久不习战，胆小怯懦，因此被轻易打败，徐寿辉占领了大片土地，百姓也很支持他们。但他们并没有因此善待百姓，反而肆意烧杀抢掠，结果就是：各地许多爱民有志之士起而反抗，主动帮助朝廷对抗反贼，因此徐寿辉在攻占杭州后很快又失守了，势力开始走向衰弱。③

---

① 宋濂. 元史 [M]. 北京：中华书局，1976，卷一百九十五.
② 柯劭忞. 新元史 [M]. 上海：上海古籍出版社，2018，卷二百二十六.
③ 柯劭忞. 新元史 [M]. 上海：上海古籍出版社，2018，卷二百二十六.

简而言之，徐寿辉作为农民起义军反而不善待百姓，这使他失去了基础，因此走向衰落。除了这个，另一个重要原因是他遇到了朝廷派来的强将卜颜铁木儿。

卜颜铁木儿是蒙古人，也是一员老将，武宗、仁宗、英宗时代一直是皇帝侍卫，后来被派去管理江浙行省。1352年，当徐寿辉进军江浙并夺取大片土地后，朝廷派卜颜铁木儿为统帅征讨。当时他手中并无多少兵马，于是招募壮健百姓为兵，得到了三千人，都是骁勇之士，另外还有战舰三百艘。

卜颜铁木儿向徐寿辉发起反击，在丁家洲大败敌军，收复了铜陵、池州等地。但其他地方的元军纷纷失利，特别是重镇安庆被包围，他们派人向卜颜铁木儿求援。卜颜铁木儿手下的将领看到敌军势大，建议不救。但卜颜铁木儿说安庆人在英勇奋战，他身为总帅怎能不救，还指出多支官军崩溃的主要原因是缺乏粮草兵器，并不是不肯作战，于是大开官仓，把里面所有东西都拿出来奖给军士。得到这样的消息后，各地溃兵纷纷投奔而来，于是卜颜铁木儿兵力大增，很快就解了安庆之围。

第二年，当徐寿辉军再来攻打池州时，卜颜铁木儿再次率军大胜。他打仗时非常果断，敌军一来就马上趁其立足未稳发起进攻。这一招十分有效，一再取胜。此后卜颜铁木儿军在水陆两路都节节胜利，到1353年底已经攻占了蕲州。这里可是徐寿辉的都城，元军不仅攻占了城池，还抓获了他的几乎所有大小官员，共四百多人，徐寿辉只身逃脱。

这样一来徐寿辉元气大伤，似乎很快就要被彻底消灭。但他的运气很好，或者说元朝的朝廷无能并且运气太差。

占领徐寿辉的都城后，朝廷以为徐寿辉彻底完了，于是下令诸将班师，不再主动出击。此后元军总帅脱脱令卜颜铁木儿负责镇守长江，牢牢地控制长江水道。只要卜颜铁木儿活着，徐寿辉就很难在长江一带有所作为。

然而这时候他已经很老，到 1356 年就去世了。

徐寿辉最大的敌人就此消失，他很快重振旗鼓，收复了此前丢失的大部分地区，包括武昌、汉阳等。

这时徐寿辉最主要的大将是倪文俊，正是他率军收复了武汉、汉阳等地。当他向武昌发起进攻时，镇守武昌的是宽彻普化。宽彻普化率军出征的时候还要带着自己的三个儿子接待奴、佛家奴、报恩奴，甚至让自己的妻妾乘船跟着。这样的将领怎能率兵打好仗？他甚至对于沿途的河水深浅都不清楚，到了汉川时，由于水浅船大，便搁浅了，动弹不得，结果就是：倪文俊趁机发起火攻，把他的船全烧了，三个儿子全都死了，妻妾都成了俘虏，只有宽彻普化自己逃往陕西去了。[1]

此后倪文俊把徐寿辉接到汉阳，在那里重新建都。这样一来倪文俊就当上了丞相，实际上掌握了所有权力，徐寿辉则被完全架空。

这是 1356 年的事。此后倪文俊不断进兵，攻克了包括岳阳、常德等湖南北部大片地区。

明玉珍传奇

此外，徐寿辉手下的另一位大将明玉珍还占领了另一大片地区，就是重庆。

明玉珍应该是徐寿辉手下结局最好的大将。他是随州人，虽然家里祖祖辈辈都是农民，但他外表性格不一般，身长八尺，元代一尺约等于现在的 0.32 米，那他就有 2.56 米高，这应该是不大可能的，但他肯定是个大高个。而且他双目重瞳，这在历史上是鲜有的，在他之前仅有楚霸王项羽、前秦大将吕光、南唐后主李煜是这样，因此重瞳是大富大贵之相。

---

[1] 宋濂. 元史 [M]. 北京：中华书局，1976，卷一百十七.

明玉珍不但身材高大、有重瞳，而且为人讲信义，因此在家乡一带深得民心。徐寿辉起兵后，他也跟着起兵，并且投奔徐寿辉。徐寿辉封他为元帅，隶属于倪文俊，负责镇守沔阳。

后来他与前来讨伐的官军在洞庭湖大战，被飞箭射中右眼，成了独眼龙。此后他带领万余人和几十艘兵船，溯长江而上。

这时候另一支义军青巾军正在攻打蜀地，有一支以杨汉为首的忠于朝廷的义勇军与之对抗。这时候元朝的左丞相鄂勒哲图镇守重庆，竟然想以设宴款待为借口杀了杨汉，杨汉发觉后成功逃走。他顺长江而下，到了巫峡，遇到明玉珍。明玉珍没有为难他，他便把自己的遭遇告诉了明玉珍，并且说可以助他夺取重庆。明玉珍一开始还犹豫不决，一个手下告诉他："我们打重庆，如果成功了就可以占据蜀地，如果失败了回来就是，有什么损失呢？"[1]明玉珍一听有道理，便真的去攻打重庆。在熟悉蜀地的杨汉的帮助下竟然顺利占领了重庆，赶跑了鄂勒哲图。

入城后明玉珍没有像其他许多义军首领一样放纵士兵烧杀抢掠，而是对百姓秋毫无犯，连市场都照常开放，好像根本没有打仗一样，这样的结果就是整个蜀地纷纷投降。"父老迎入城，玉珍禁侵掠，市肆晏然，降者相继。"[2]不久之后，明玉珍就控制了整个蜀地。蜀地有天府之国之称，是帝王之基。

明玉珍一开始并没有想要叛离徐寿辉，但后来徐寿辉被谋杀了，他便独立建国，国号"大夏"。他此后谨守本土，还奉弥勒教即白莲教为国教，平平安安地当了六年皇帝，直到1366年才去世。

此后他的儿子明升继位。朱元璋称帝后，明升被击败并投降，朱元璋没有杀他，而是把他和他的族人流放到朝鲜半岛。当时统治朝鲜的高

---

[1] 毕沅. 续资治通鉴 [M]. 北京：中华书局，1999，卷第二百一十四.

[2] 毕沅. 续资治通鉴 [M]. 北京：中华书局，1999，卷第二百一十四.

丽恭愍王善待他，把西北部叫延安的一片土地交给了他。此后他的子孙在这里繁衍生息，形成了延安明氏，成为现在朝鲜和韩国一个独特的大家族，后裔有六七万之多。

有意思的是，1982年明玉珍的坟墓"睿陵"被发掘，出土了一块"玄宫之碑"，其中记载的内容和韩国明氏后裔族谱中所记载的几乎完全吻合，由此可知韩国明氏的确出自明玉珍，并非传说。

再来看徐寿辉，他虽有明玉珍这样的良将，但也有彭莹玉这样的残暴之将，并且这样的残暴之将还居多，如欧普祥。黄冈人欧普祥是已故徐寿辉的将领，他生性残暴，所过之处都会烧光、杀光、抢光。①

还有，徐寿辉虽然一直是名义上的义军领袖，甚至当上了皇帝，但实际上从一开始就只是个傀儡，统兵打仗的主将并不是他，以前是彭莹玉，后来是倪文俊。倪文俊掌握大权之后并不满足，想要杀了徐寿辉篡位，但没有成功，此后他率军逃往黄州。这时候另一个元末起义中的著名人物出现，就是陈友谅。

陈友谅袭杀了倪文俊，又率军攻占了龙兴（今江西南昌）、安庆等地。徐寿辉想迁都到这两个地方之一，但陈友谅不答应。此后徐寿辉就带着自己的少数兵马到了江州，即今天的江西省九江市。陈友谅装着欢迎的样子出来迎接，徐寿辉刚率人进入城门，他立马关门，把徐寿辉带来的人杀光，只留下徐寿辉。徐寿辉从此完全成了傀儡。

但陈友谅并不就此满足，第二年就派人用一个大铁锤砸烂了徐寿辉的脑袋。这是1360年的事。徐寿辉此前不明不白地被捧成皇帝，现在又不明不白地被杀掉，真是活得不明不白的一生！

---

① 毕沅．续资治通鉴[M]．北京：中华书局，1999，卷第二百一十六．

第三十四章

天亡友谅

> 时间：1357年　1358年　1359年　1360年　1363年
> 地点：沔阳　安庆　信州　江东桥　江州　洪都　鄱阳湖
> 人物：陈友谅　徐寿辉　倪文俊　余阙　王奉国　伯颜不花的斤　蔡诚
> 　　　蒋广　朱元璋
> 事件：风水先生的预言　安庆之战　信州之战　鄱阳湖之战　陈友谅之死

上章说到徐寿辉被陈友谅杀死，陈友谅就此成了这支义军的领袖，后来甚至有一统天下的架势。

风水先生的预言

陈友谅是沔阳（今湖北仙桃）人，但祖父不姓陈而姓谢，后来当了陈姓人家的上门女婿，于是儿子便姓陈了。他父亲是一个渔民，小有资产，便让他读了几天书，但他文化水平有限，只是"略通文义"。后来陈友谅在县里谋了个小差使，但算不上官，只是吏，也就是普通办事员。

陈友谅对自己的生活和差使都很不满意，后来一个算命的给他家看了风水，说他祖父的坟墓是风水宝地，会保佑他将来大富大贵。陈友谅一听，心中窃喜。但他清楚凭自己现有的地位想正常地通向大富大贵是不可能的，当时天下开始大乱，与沔阳相距不远的徐寿辉已经举起了造反大旗，于是陈友谅也跃跃欲试，想要加入造反队伍。他的父亲说："你为什么要干这种会导致我们灭族的事？"陈友谅说："这是算命先生的话要应验了！"于是就投奔了徐寿辉。①

一开始陈友谅在倪文俊手下，由于他粗通文墨，在基本上都是文盲的义军中算是个文化人，因此当上了文书管理官，但他很快又显示了带兵打仗的能力，就被任命为元帅，成为徐寿辉军主要的将领之一。

前面说过，1357年陈友谅杀了控制徐寿辉的倪文俊，从而自己掌控了徐寿辉。

成了徐寿辉军队的实际统帅之后，陈友谅凭借带兵打仗的强大实力，率军屡战屡胜，其中包括比较有名的安庆与信州之战。

精通《周易》的武将

1358年初，陈友谅和大将赵普胜率军进攻安庆。负责保卫安庆的是名将余阙，他毫不畏惧，拼命奋战，击退了敌军。

此后双方的血战日夜不停，但局势慢慢变得对守城者不利，因为义军一方不断有援兵到来，大批义军将安庆包围得水泄不通，有如无数的蚂蚁环绕着一头巨兽，而安庆没有一兵一卒的外援。

到了这一天，义军四面猛攻，其中西门的攻势最猛烈。余阙亲自负责保卫这里，只见他马都不骑，手握长戈，身先士卒，与敌人浴血奋战，

---

① 毕沅．续资治通鉴[M]．北京：中华书局，1999，卷第二百一十．

但终于还是没有守住，大批义军攻进了城池。关于余阙最后的时光，史书有这样的记载：

余阙率领一支孤军血战，杀死了无数敌人，自己也负伤十多处。到了中午，城池被攻克了，火光四起，他知道大势已去，就挥刀自杀，尸体堕入一口清水塘中。妻子耶卜氏，儿子德生，女儿福童，都投井而死。①

不但余阙全家死了，安庆城中的许多大小官员也死了。《续资治通鉴》中还记载了有具体姓名的十八人，有的是蒙古人，如和硕布哈、乌图缦等，但大部分是汉人，如李宗可、纪守仁、陈彬、金承宗等。

有许多普通市民也自杀了，有的是跑上城墙后跳下去摔死，有的则是自焚而死，这样的死者数以千计。

这些人宁死也不愿意生活在义军的统治下，原因无非前面说到的害怕义军烧杀抢掠，特别是妇女害怕被强暴，因此宁愿选择死亡。

还有，安庆城中的军民之所以顽强抵抗，与余阙共生死，和余阙的高尚品德是分不开的。例如，他从来不拿官压人，总是与部下百姓同甘共苦，因此深受爱戴。当他生病的时候，手下将士纷纷祈求老天，愿意将他的病转移到自己身上。当他战斗在第一线时，敌人的利箭飞石如雨般射来，有士兵用盾牌为他遮挡，余阙拒绝了，说："你们自己也是一条命，为什么要来帮我挡枪！"这使战士们感动万分，自然愿意为他拼命奋战！

虽然战斗极为勇猛，但余阙并不是纯粹的一介武夫，他还很有学问，特别精通《周易》，可以为之作注，还可以为士子们讲解。他讲经时会让军士们在门外听，以使他们懂得忠君孝亲的大义。

安庆之战前，本来朝廷已经让余阙入翰林院，但他说现在国家处于

---

① 毕沅.续资治通鉴[M].北京：中华书局，1999，卷第二百一十四.

危难之中,更需要他临阵作战,因此推拒了。就这样,他战死安庆!

官军与义军之间最惨烈的战斗

安庆之战后,陈友谅的下一次大战是信州之战。

信州,就是今天的江西省上饶市。1359年初,陈友谅派大将王奉国率二十万大军攻打信州。元将伯颜不花的斤从衢州率兵赶来救援,两军在城东遭遇,一场大战之后,官军击退了义军。

但义军只是暂时撤退,不久大批义军源源不断地前来,他们环绕整个城池建筑了高大坚固的木栅栏,要使信州成为瓮中之鳖,并且发起了越来越猛烈的进攻。

信州军民死战不退。后来陈友谅派人劝降伯颜不花的斤,但他斩钉截铁地说:"我的头可断,投降是不可能的!"

王奉国大怒,攻城越发猛烈,城中军民日夜与敌军鏖战,后来粮食吃尽了,箭也射完了,但依然士气高昂。

就这样一直到了4月,陈友谅又派人来劝降,伯颜不花的斤照样斩钉截铁地说:"城在我在,城亡我亡!"[①]

这时候的信州城内是这样的情形:城中的粮食早已经吃完了,军民只能吃草、树的嫩叶、茶叶、纸张;后来这些东西都吃光了,就把用皮革制成的靴底煮烂了吃;后来这些也吃完了,于是就抓老鼠、捕野鸟来吃,甚至杀了没有战斗力的老人和孩子来吃。[②]

这样的情形当然不可能持久,在陈友谅军日夜不停的攻打下,城墙终于被攻破。

---

① 宋濂. 元史 [M]. 北京:中华书局, 1976, 卷一百九十五.
② 宋濂. 元史 [M]. 北京:中华书局, 1976, 卷一百九十五.

伯颜不花的斤看着大批红巾军涌入城中，城中如一片血红，绝望之下自杀而死。他的部将有的投降了，但也有和他一样宁死不降的。例如有一个叫蔡诚的，他先杀了自己的妻子和孩子，然后力战至死。另一个叫蒋广的，他奋力和敌军展开巷战，后来体力不支被抓。

王奉国看到蒋广如此勇猛，想要他投降，但蒋广骂道："我宁愿为忠于朝廷而死，也不愿意向你这样的人投降而求生！你们只是一帮土匪强盗，我能向你们这样的人屈服吗？"他的话语明显有蔑视全体义军之意，他们不由得大怒，把蒋广绑在一根木桩子上，然后活剐了他！但蒋广面对如此残酷的死亡毫不畏惧，至死都在骂不绝口。[①]

这就是信州之战，它是整个元朝农民起义中官军与义军之间最残酷的一战。但残酷的不是官军而是义军，是官军英勇奋战，最后壮烈牺牲，这样的历史场景让人唏嘘不已。

虽然许多地方的军民也和安庆、信州的一样拼命抵抗，但在陈友谅军的强力打击之下节节败退，陈友谅占领了大片地区。他这时候几乎完全控制了徐寿辉，但他仍不满意，1360年谋杀了徐寿辉，自己称帝，国号大汉。这些前面已经说过。

此后陈友谅的势力越来越大，占领了湖北、湖南、江西、安徽等大片地区。在当时的几支义军中，无论土地还是人口或者军队，他都是最多的，也可以说是最强大的。他越来越自信，于是想要继续东进，打下整个江南之地。

此时他的东面就是朱元璋的领地。这时候的朱元璋虽然兵力没有陈友谅强盛，但有一群非常厉害的谋士，如著名的刘伯温。

正是刘伯温给朱元璋出了一个好主意。朱元璋有一个将领叫康茂才，

---

① 宋濂. 元史[M]. 北京：中华书局，1976，卷一百九十五.

很早以前就和陈友谅相识。刘伯温就让康茂才写一封信给陈友谅,说要投降。陈友谅一见是旧相识来投,这时候又正是志得意满的时候,便认为康茂才是因为自己强大才来投降的,于是率大批水军东下,到了金陵附近一个叫江东桥的地方。康茂才原定在这里和他会合。陈友谅大喊"老康、老康",但喊破了喉咙也没有人应。他这才发觉上当了,但他自恃兵多,并不害怕,直扑不远处的龙湾,就是今天南京的大胜关。他派兵马万人上岸,建立了营寨,准备趁机进攻金陵。

但就在此时,一声炮响,朱元璋的大批兵马围了过来,把岸上的陈友谅军团团包围,发起猛攻。陈友谅军措手不及,很快大败,于是退到船上。此时河水突然消退,陈友谅军的船很大,立马就搁浅在河床上,再也不能动。朱元璋军趁机发起猛攻,大批火箭飞射而下,许多陈友谅军的士兵跳入河中逃生,河水虽然行不了大船,但足有一个人深,无数人被活活淹死。陈友谅的部将纷纷投降,他自己几乎是只身逃走,损失惨重。

此后朱元璋不断取得胜利,率大军直抵陈友谅的老巢江州(今江西九江)。

陈友谅这时候已经是惊弓之鸟,稍作抵抗后就匆匆带着自己的妻小逃往武昌。江州一失,江西其他地方纷纷望风而降。也有些地方不愿意投降,于是投降了朱元璋的陈友谅军与没有投降的成了敌人,发生了惨烈的大战,如史书所言:"群盗附友谅者,树白帜号为白军;降于吴者,则易红帜,号为红军;日夜相攻,死亡无算。"[①]

这时候已经是1363年,陈友谅看到江西大部分地方都投降了朱元璋。为了收复江西,他举全部兵力,甚至随船载上自己的妻儿以及朝中百官,大举攻向已经被朱元璋军占领的龙兴,接着就发生了史上有名的攻城战

---

① 柯劭忞. 新元史 [M]. 上海:上海古籍出版社, 2018, 卷二百二十六.

之一——洪都保卫战。洪都是龙兴的另一个名字，关于这场战争的详情后面讲朱元璋时再说。

即使倾巢而动，经过近三个月的狂猛进攻，陈友谅也没有攻下龙兴，只得撤往鄱阳湖。

史上规模最大的水战

朱元璋哪肯放过陈友谅，立即尾随追到鄱阳湖，于是两军在这里发生了中国历史上著名的水战——鄱阳湖之战。

当时的陈友谅军号称六十万，实际上也差不多，朱元璋军有二十万，两军共达八十万，因此鄱阳湖之战被认为是近代以前世界上规模最大的水战。

这时候已经是 1363 年 7 月。两军先在鄱阳湖中的一个小岛康郎山附近遭遇，随即发生大战。两军船上大批战士发出如雷般呐喊，无数船只相撞，发出震天巨响。双方船上还有大炮，这些炮是有引信的，要先点燃引信，然后发射出硕大的炮弹，炮弹射出的声音如雷鸣一般。

这样的大战从上午一直持续到下午，这时候陈友谅一方正值顺风，于是拿出秘密武器——火把，只见无数火把纷纷抛向朱元璋军战舰。但就在此时，风向突然变了，那些火把竟然被风吹了回来，反而投到了陈友谅军自己的船上。船是木制的，帆是布做的，本来就最怕火，于是熊熊大火很快就吞没了陈友谅的战船。只见宽阔的鄱阳湖，仿佛是一片火海，湖水被大火映得通红。

这只是战争的开始，不久两军再次展开战斗，这次朱元璋的大将徐达主动采用火攻，烧毁了陈友谅军的一些战船，但陈军死伤并不惨重。接下去的战斗也是互有胜负，且陈友谅军的战船多又大，两船相撞总是朱元璋军吃亏，因此朱元璋忧心忡忡，问刘伯温能不能赢，刘伯温表示一定会赢。

又过了几天，两军再次大战，这一天连太阳都如血般可怕，果然朱元璋一方取得胜利，陈友谅的两个弟弟战死。

但双方仍没有分出最后的胜负，两军在鄱阳湖相持了二十来天。

此后陈友谅军发起了主动进攻，他本来就位于上游，进攻时战船是顺流而下，自然居于优势，陈友谅军的战船直冲朱元璋军，大炮齐射，一片巨响，威力惊人。只见多枚炮弹击中了朱元璋的船，将之击毁，陈友谅军将士以为朱元璋已死，不由得欢呼起来。

不久，朱元璋一方便有人过来投降。陈友谅认为朱元璋已死，投降也是合情合理的，于是亲自出来接见。随着降兵渐行渐近，只见一支利箭破空而来，陈友谅完全想不到会有这样的事，他的部下也反应不及，利箭竟然射中了陈友谅的眼睛，而且余势不减，最后穿透了他的脑袋，陈友谅当场死亡。

原来这是朱元璋的计谋。前面当他的船被毁时，他并没有在船上，所以没什么事。当听到那些人高呼万岁、说他死了时，他灵机一动，便干脆装死，并使出诈降之计，果然一举杀死了陈友谅。

陈友谅一死，他的大军顿时群龙无首，在朱元璋军的猛攻之下，几乎全军覆没。这仍是1363年的事。

从上面的述说中可以看到，这次鄱阳湖水战虽然朱元璋取得了决定性的胜利，但并不是因为朱元璋和刘伯温预先有多么高明的战略，甚至如果单从战法战略上讲，陈友谅并不亚于朱元璋，他的失败只是因为运气不好，例如此前放火烧船时风向突然改变。朱元璋则相反，运气很好。试想如果当时他在船上，肯定死了，那么战争的结果将完全相反。但他恰巧不在船上，因此不但没有死，而且趁机使出了诈降计，结果一举杀死了陈友谅，从而在与陈友谅的战争中取得了决定性的胜利。

所以陈友谅不是被朱元璋杀死的，而是死于运气差或者说天意。如《续资治通鉴》所言："友谅兵败身丧，何则？天命所在，人力无如之何。"①

不过《续资治通鉴》也提出了另一种解释：

吴王的江西行省将陈友谅的镂金床呈上来，吴王看了后，对侍臣说："这个与孟昶的七宝溺器有什么两样！他的一张床就做得如此精巧，其他的东西不难想象。陈友谅父子如此穷奢极侈，怎能不亡！"当即命令毁了这个东西。②

这里的"吴王"就是朱元璋。朱元璋指出，陈友谅之所以亡国是因为和孟昶一样，生活太过奢侈。

这也是许多中国农民起义的一个很大的局限。起义领袖们称王称帝后，立即奢侈起来，甚至比他们要推翻的帝王还要奢侈，于是他们的起义也就失去了原有的基础与意义，从而走向失败与毁灭。

但也有例外，朱元璋称王之后并没有过奢侈的生活，而是保留了勤俭朴素的农民本色，从而取得了最后的胜利。

---

① 毕沅. 续资治通鉴 [M]. 北京：中华书局，1999，卷第二百一十九.
② 毕沅. 续资治通鉴 [M]. 北京：中华书局，1999，卷第二百一十七.

第三十五章

元璋崛起

时间：1348年　1351年　1352年　1356年　1358年　1360年　1362年　1367年

地点：濠州　皇觉寺　六合　和州　牛渚矶　应天府　洪都

人物：朱元璋　郭子兴　孙德崖　脱脱　常遇春　方国珍　陈友谅　察罕帖木儿　张士诚

事件：从和尚到大将　从江北打到江南　大战陈友谅　洪都保卫战　消灭张士诚

在中国历代开国皇帝中，朱元璋是出身最低微的一个。

此前，从遥远的夏朝算起，至商、周、秦、汉、唐、宋、元等诸朝，开国帝王有一个共同点，就是出身好。例如夏王启是当时部落联盟首领大禹的儿子，商朝、周朝和秦朝的建立者都是一方诸侯，汉朝的建立者刘邦出身要低些，但也是亭长，属于"基层干部"。唐朝的建立者李渊原来就贵为国公，宋朝的建立者赵匡胤的父亲赵弘殷是后周统军大将，元朝的建立者忽必烈的父亲则是成吉思汗的幼子拖雷。

如此等等，除了汉高祖刘邦，哪个出身不是大富大贵？后来清朝的建立者皇太极的父亲努尔哈赤则是后金大汗。

所以，纵观整个中国历史，各王朝的开国皇帝中，朱元璋的出身几乎是最低微的，是地道的平民百姓、穷苦人家，这是朱元璋以及明朝第一个鲜明的特点。

关于朱元璋的生平详情在下卷讲明朝的历史时再说，这里只简单说下。

从和尚到大将

朱元璋 1328 年出生于濠州（今安徽凤阳），他的父亲生了四个孩子，朱元璋是最小的一个。

朱元璋十七岁时家乡遇上了大蝗灾，父母哥哥都被饿死，他成了孤儿。为了活命，他去凤阳当地的皇觉寺当和尚，到处化缘了三年。

1348 年朱元璋回到皇觉寺，这时候他已经二十岁，基本上还是一个文盲。此后他就待在皇觉寺，开始努力学习文化知识。"复入皇觉寺，始知立志勤学。"这句话是十分重要的。因为这解决了一个大问题，就是朱元璋出身如此低微，小时候应该没上过学，但从后面朱元璋的许多事迹与功业来看，都不是一个目不识丁的人能办到的，但他办到了，他日常的言行也说明他是有一定文化修养的。这些都与他在皇觉寺的学习有关，虽然只有短短的三年时间，但他勤学苦练，成果丰硕，对他的未来产生了巨大影响。

到了 1351 年，刘福通、徐寿辉等纷纷起兵，拉开了元末农民起义的大幕。

1352年，又一支起义军诞生，领袖是郭子兴和孙德崖，他们在濠州起兵。这时候朱元璋二十四岁，他一开始想要躲开，但走前算了一卦，发现无论躲开还是留在皇觉寺都不吉利，剩下的选择就是参加义军了。他又算了一卦，发现大吉，于是高高兴兴地就近跑去投奔郭子兴。

郭子兴看到朱元璋相貌奇特非凡，便把他留在身边当亲兵。不久朱元璋就成了军官，领兵作战。神奇的是，虽然朱元璋从来没有当兵的经验，应该也没有读过兵书战策，但战无不胜。郭子兴非常高兴，于是把自己的养女马氏嫁给了朱元璋。

这时候郭子兴并没有多少兵力，即使在濠州，当地比他强大的义军也有不少。朱元璋知道这样下去不是办法，于是和几个最好的手下，以徐达、汤和、费聚等为首，一共二十四个人，往南到了定远，设计在这里获得三千兵马。

至此，朱元璋第一次拥有了真正属于自己的军队。不久他通过奇袭打败了元将张知院，收编了他的两万兵马，朱元璋也一战成名。

这是1353年左右的事。这时候朱元璋只拥有一支两万多人的小部队，是当时众多义军中的一支，比他强大的义军多的是，例如刘福通和张士诚，这年张士诚已经在高邮称王。

在朱元璋的谋划下，郭子兴派兵占领了和州（今安徽和县）。这里是长江南北之间的要冲，大大增强了郭子兴的势力。郭子兴高兴之余，任命朱元璋为全军统帅。

成为统帅后，朱元璋做的第一件事就是搜查全军，把从将领到军士抓来的所有女子都送回家。百姓们当然非常高兴且感恩，成了朱元璋忠实的支持者。

占领和州后，郭子兴声势大振，朝廷才开始注意他，并派大军十万前来攻打，但被朱元璋打退。

这是 1355 年的事。不久之后郭子兴病死，朱元璋成了军队的实际统帅。

从江北到江南

这时候朱元璋的势力已经到达长江北岸。他想要南渡长江，在那里谋取地盘，但苦于没有水军。

正当此时，在巢湖中拥有上千艘船只的元水军统帅廖永安率军归附朱元璋。朱元璋大喜，不久就率军到达了长江北岸的牛渚矶。

牛渚矶是一块巨大的礁石，元军就驻扎在上面，这里离岸还有三丈多，相当于现在的十米左右，大船难以靠近。这时候朱元璋的大将常遇春带着一艘小船如飞而至，只见他挥舞着长枪往前冲去，敌军抓住了他的长枪，常遇春竟然顺势把敌人作为支点、长枪作为撑杆高高跃起，就像现代的撑杆跳一样，跳上了礁石，大喊着扑向元军。元军哪见过如此神勇之人，吓得转身就逃，于是朱元璋军顺利占领了牛渚矶。

听说牛渚矶丢失，驻扎在采石矶的元军军心大乱，很快不战而溃，朱元璋顺利渡过长江。

直到这时，朱元璋的众将仍没有多大理想，只想在江南弄些粮食回到和州去。但朱元璋深知一旦离开，江南之地从此就和他无关了。于是，朱元璋下令砍断了所有船只的缆绳，让它们在急流中顺水漂走。[1]

这和楚霸王的破釜沉舟有异曲同工之妙，但楚霸王是被迫如此，朱元璋则是主动为之。从这个角度上说，楚霸王体现的是勇气，朱元璋体现的则是智慧。

此后朱元璋占领了与采石矶相近的太平路。占领这里后，他没有像

---

[1] 张廷玉，等. 明史 [M]. 北京：中华书局，1974，本纪第一.

其他义军一样到处抢掠,而是张贴榜文,严禁士兵抢掠,违者杀无赦。有士兵违反了,真的被公开处斩,于是其他人再也不敢乱来。

这时候朱元璋既没有称王,也没有称帝。此前他占地不广,还没有什么影响,但占领太平路这样的肥沃之地后就不同了,得有一个正式的名分,于是朱元璋就改太平路为太平府,下设"太平兴国元帅府",自己当了元帅。这与其他义军占领一点土地后赶紧称王甚至称帝大不一样。

当时太平府四周都是元军,大批元军在蛮子海牙等的统领下前来攻打朱元璋,但都被他一一击败。他又率军进攻集庆,降服了元军三万多人。元军投降后,怕朱元璋会杀了他们。为了赢得元军将士的信任,朱元璋采取了一个大胆的措施:他在这些降兵中选择了五百名身强力壮者当自己的亲兵侍卫,晚上就守在他身边,然后他一觉睡到天亮。看到朱元璋这样信任他们,这些降兵都心甘情愿地归附了,使朱元璋势力大增。

此后朱元璋改集庆路为应天府,将这里作为自己的根据地。应天府就是今天的南京一带,是六朝古都,一向有王者之气。占据这里为他以后一统天下奠定了牢固的基础。

1356年,朱元璋被奉为吴国公,他的军队就是吴军。

此时朱元璋的地位并不稳固,江南一带不仅有元军,张士诚和徐寿辉也占据了大片土地,整体实力比朱元璋强大得多。朱元璋采取的办法是稳扎稳打,他不断派兵攻取沿长江南北各地,如镇江、常州、常熟、江阴、池州、扬州等,都是富饶之地。朱元璋势力越来越壮大,前途一片光明。

与他形成鲜明对照的是刘福通。前面说过,刘福通的红巾军虽然首先大举起义,但起义之后到处抢掠,使得百姓怨声载道,后来被察罕帖木儿打败。

方国珍也是元末起义大军中的一支,控制了浙江东部。他和张士诚一样表面上投降元朝，实际上自立。1358年，朱元璋开始攻打方国珍，颇为顺利，相当轻松地攻取了浙东和苏北的许多地方，这样一来就与另一个强敌陈友谅的地盘相邻。

大战陈友谅

1360年，朱元璋和陈友谅之间爆发了战争。

前面说过，陈友谅杀了徐寿辉之后，占领了今天江西、湖南、湖北等大片富饶之地，兵多将广粮足，实力远强于朱元璋，他又主动向张士诚示好，两人合力对付朱元璋。

朱元璋此前与元朝作战，从来没打过大仗，往往是很快就轻松击败元军，渡长江和攻占集庆这样的大城时也是这样。大批元军将士还投降了朱元璋，这样一来双方当然没有什么深仇大恨。但朱元璋和张士诚、陈友谅就不一样了，虽然他们同为汉人与义军首领，但势同水火，打了不少惨烈的大仗。

这是元末农民起义一个异常鲜明的特点，也是中国历朝历代从来没有过的，就是一个朝廷被农民起义军灭亡，但朝廷和义军之间少有大仗，打得最激烈残酷的却是各支义军之间。

朱元璋与陈友谅、张士诚之间的战斗前面大致已经讲过，这里只述说一些前面没有详细提到的战事。

朱元璋和陈友谅发生大战后，一开始朱元璋处于劣势，被陈友谅占领了太平府。后来陈友谅更与张士诚合兵对付朱元璋，兵力大大超过朱元璋，他们甚至一起派兵攻打朱元璋的首府应天府，应天府形势十分紧张。但朱元璋找到了一个好办法，就是前面讲过的利用陈友谅的旧相识康茂才诈降的事。陈友谅果然中计，大败身死。张士诚看到军力更强的陈友谅兵败，再也不敢出头。朱元璋一战而败两大强敌，由此从劣势转为占有决定性的优势，不可谓不高明。

到了1361年，朱元璋又采用了一个高招。

当时朝廷派察罕帖木儿平叛。前面说过，察罕帖木儿一路势如破竹，大败红巾军，轻松平定了几乎整个山东。而且察罕帖木儿军纪严明，和朱元璋一样对百姓秋毫无犯，深得军心和民心。面对如此强大的对手，朱元璋没有选择硬拼，而是和他站到了一起，如史书所言：太祖"遣使于元平章察罕帖木儿。时察罕平山东，降田丰，军声大振，故太祖与通好"①。

当时山东只有益都（今山东青州）激烈抵抗察罕帖木儿，朱元璋甚至亲自率军与之配合。

正因为有了朝廷有意无意的配合，所以朱元璋在攻打张士诚和陈友谅时相当得心应手，很快就打得陈友谅节节败退，占领了江西、湖北等大片地方，到1362年时已经占领了陈友谅的重镇龙兴，也就是洪都。

正是在这里发生了一场大战，即洪都保卫战。

洪都战略地位十分重要，陈友谅得知洪都被占后，大怒，"甲士六十万，载其妻孥百官，倾国而出"②。

赣江流经洪都，北接鄱阳湖。陈友谅的大军全是水军，从武昌南下，经过长江入鄱阳湖，再进入赣江就到了洪都城外，大军很快发起了猛烈的进攻。

陈军的战船很大，应该是当时世界上最大的战船之一，船上有战楼，高达十多丈，相当于现在的三十多米。这样的战船有很多，连绵数十里，船上满是旌旗枪盾，看上去有如一座大山。③

当时水势高涨，陈军战船直接驶到洪都城外，大批军士将洪都围得

---

① 张廷玉，等. 明史 [M]. 北京：中华书局，1974，本纪第一.
② 柯劭忞. 新元史 [M]. 上海：上海古籍出版社，2018，卷二百二十六.
③ 张廷玉，等. 明史 [M]. 北京：中华书局，1974，本纪第一.

水泄不通，多达百层，船上的战楼之高足可以与城墙相平。这样的场景在世界水战史上都少见，但吴军毫不畏惧，他们在朱元璋的侄子朱文正的统领下积极防卫，城中百姓也大力支援，防住了陈友谅的一波又一波猛攻。

双方激烈的战斗持续了多日，朱文正感到越来越吃力，只得紧急派使者去向朱元璋求救。

这个使者叫张大舍。他坐着一艘小渔船，深夜从水中的小城门潜出去，晚上前行白天藏起来，半个月之后才抵达金陵。朱元璋详细问明战况后，要张大舍回去告诉他的主帅再坚守一个月，一个月后他就前来支援。张大舍随后赶回洪都，但半路上被陈友谅的人抓住了。接着发生了这样的事：

张大舍被陈友谅抓住了。陈友谅令他去引诱城中人投降，张大舍假装答应。到了城下，他就大喊道："我是张大舍。已经见到了主上，他要大家坚守，救兵马上就要到了！"反贼大怒，一枪刺死了他。[①]

张大舍的话极大地鼓舞了城中的将士，他们同仇敌忾，拼命抵抗，抵挡住了十倍以上敌军的进攻。援军到来后，迫使陈友谅军匆匆撤退，吴军也取得了洪都保卫战的胜利。

这是1363年的事，此战也成为中国历史上最有名的以少胜多的守城战战例之一。

此后陈友谅率军经鄱阳湖北退，但此时已经由不得他，因为朱元璋率军在鄱阳湖挡住了他。两军之间再次展开大战，就是鄱阳湖之战。

鄱阳湖之战的经过与结果前面已经说过，陈友谅不仅再次大败，自己也被杀死。

---

① 张廷玉，等. 明史[M]. 北京：中华书局，1974，列传第二十一.

消灭张士诚

朱元璋平定了陈友谅之后,就意味着消灭了义军中最强大的对手,他感叹说:"友谅亡,天下不难定也。"① 这说明此时的朱元璋已经有了平定天下之心。

但这时候朱元璋还只是称吴公,他的手下尤其是李善长极力劝他称王。

于是,到了1364年,朱元璋终于称王,就是吴王。此前一年,张士诚已经自称吴王,因此就有了两个吴王。之所以这样,主要是因为他们所占领的土地是过去的吴地,即今天的江苏、浙江、安徽一带。

接下去朱元璋要消灭的另一个对手就是张士诚。

朱元璋和张士诚之间展开多次大战。1364年11月,朱元璋攻克杭州,张士诚的败局已经不可避免。

1366年,朱元璋继续打击张士诚,攻克了濠州等地,他的父亲去世后就被安葬在濠州,朱元璋特地前往扫墓,和父老乡亲开怀畅饮,颇有点刘邦称帝后回家的感觉,席间他对父老说了这样一番话:吾去乡十有余年,艰难百战,乃得归省坟墓,与父老子弟复相见。今苦不得久留欢聚为乐。父老幸教子弟孝悌力田,毋远贾,滨淮郡县尚苦寇掠,父老善自爱。②

朱元璋先用"艰难百战"四字简单而形象地告诉了乡亲们自己这些年的不容易,接着叮嘱他们三点:一是要孝顺父母、友爱兄弟;二是不要去经商,而是要努力种田;三是不要去沿海地带,因为那里还有许多

---

① 张廷玉,等. 明史[M]. 北京:中华书局,1974,本纪第一.
② 张廷玉,等. 明史[M]. 北京:中华书局,1974,本纪第一.

土匪抢掠。总之，大家要自尊自爱，过上美好生活。

到了 1367 年，张士诚已经穷途末路，最后全家自杀。这些前面已经说过。

消灭张士诚后，朱元璋已经平定了大部分江南之地，拥有了强大的实力，他的下一个目标就是一统天下。

第三十六章

建立大明

> 时间：1367年　1368年　1368年9月14日
> 地点：福建　广西　温州　紫金山　大都
> 人物：朱元璋　徐达　常遇春　胡廷瑞　杨璟　方国珍　李善长　元顺帝
> 事件：朱元璋统一天下　建立明朝　元朝亡国

消灭张士诚后，朱元璋实力大增，他的下一个目标就是一统天下。

明朝是怎样建立的

这时候天下还没有归属朱元璋的主要有四大块，分别是元朝廷仍据有的淮河以北（即传统上的中原之地）、四川、两广、福建。其中四川是明玉珍建立的大夏，这时候明玉珍已死，儿子明升在位，由于路远道险，且明升安于自保，朱元璋暂时没有理他，先向其他三块发动了进攻。

1367年，朱元璋派出三路大军：第一路以徐达为征虏大将军、常遇春为副将军，统军二十五万，越过淮河，北取中原；第二路以胡廷瑞为征南将军、何文辉为副将军，攻取福建；第三路由湖广行省平章杨璟、左丞周德兴率领，攻取广西。

当时控制福建一带的是方国珍，他不是朱元璋的对手，朱元璋军不久就攻克温州，方国珍先是逃往海上，但朱元璋军穷追不舍。1367年底方国珍投降，到第二年初，整个福建被平定。

其他两路也取得了很大进展，统一天下的形势一片大好。

这时候以李善长为首的臣下便劝朱元璋称帝。实际上，早在朱元璋称吴王时他们就再三劝他称帝了，但被朱元璋一再拒绝，如史书所载：

吴王的右相国李善长等劝吴王赶紧称帝，吴王没有答应。李善长等又反复力劝，吴王道："我曾经嘲笑陈友谅，抢到了一些土地后就妄自称王称帝，结果就是灭亡，我要重蹈他的覆辙吗？如果我有这样的天命，迟早会这样，哪用得着这样心急火燎呢？"[1]

这样的话诚然是有道理的，也有力地说明了朱元璋胸怀的宽大与目光的远大。

如今，他灭了陈友谅、张士诚、方国珍，取得了一半天下，而且一统天下的前景已经明朗，臣下们又开始恳请他称帝。

到了1367年底，有一座新宫建成。朱元璋到了新宫之后，发出了一道诏书。关于这道诏书，《皇明本纪》里记载有这样的话：

中国人民的君王是由上天决定的，自从宋朝的国运结束，上天就把天命给了"真人"成吉思汗，他崛起于沙漠之中，后来一统天下，成为中国之主。自他之后，他的子孙世世为君，长达百余年。到现在他们的天命运势已经到头，天下豪杰并起，争夺元帝的土地与人民。现在多亏

---

[1] 毕沅.续资治通鉴[M].北京：中华书局，1999，卷第二百二十.

上天赐予我李善长、徐达这样的优秀臣子，他们辅助我平定了群雄，使广大百姓可以不用再受战争蹂躏，全心耕作于田野之中。现在我的土地周长已达两万里之广，众臣都对我说："我们很担心天下无君，百姓无主。"因此一定要推举我为帝。为了天下百姓，我不敢推辞，但也不敢不先告诉皇天后土。我将在明年的正月四日，于紫金山之南设坛祭天，昭告皇天后土，希望我朱元璋成为皇天后土赏识的那个人。如果我朱元璋可以成为万民之主，在我祭天之日，希望上天与诸位神祇都亲自光临，当天的天气也能万里晴空，清风轻拂，使人心旷神怡。如果不可以，请降下大风和异常之天气，使我清楚无有天命。①

史上第一次见到了"中国人民"这样的词汇。朱元璋在这里说得很好，说明他为自己的称帝做好了充分准备。而且也可以相信他的手下如李善长等是懂得一些天文气象知识的，所选择的祭天之日天气肯定会很好，至少不会有大风大雨等坏天气，不至于像当初陈友谅匆匆称帝时突降暴雨。

到了预定的那一天，朱元璋真的在紫金山之南设坛祭天，告于皇天后土，正式登基称帝，如《明史》所言：洪武元年春正月乙亥，祀天地于南郊，即皇帝位。定有天下之号曰明，建元洪武。②朱元璋所建的国号为明，年号是洪武。这是1368年初的事。

为什么叫"明"朝？

这里有一个问题，朱元璋为什么要以"明"为国号？这个"明"是怎么来的？

---

① 《玄览堂丛书续集》第一册，扬州：江苏广陵古籍刻印社，1987，皇明本纪。
② 张廷玉，等. 明史[M]. 北京：中华书局，1974，本纪第二。

可以说明朝与过去历朝的名字都不一样，过去的朝代名称都是有明确来源的。例如，夏来自禹和启所属的氏族夏后氏，商也来自汤所属的商部落，秦来自古老的秦国，汉则因刘邦被项羽封为汉王，唐是因李渊原被封为唐公。宋朝名称来由比较复杂，赵匡胤原来的主要职位是归德节度使，驻在宋州（今河南商丘一带），因此宋州也可以说是他的立身之地。之所以叫宋州，是因为这里早在西周时期就是宋国故地，宋国地位很高，始封君是商王帝乙的庶长子、帝辛的庶兄微子启，位列三恪，是等级最高的五个诸侯国之一。简而言之，宋历史悠久、地位崇高，又与赵匡胤有关，因此他才定国号为"宋"。元朝则是起源于《易》之"大哉乾元"。元朝土地辽阔，称霸天下，建立了亘古未有的巨大帝国，以大为傲，因此称自己的王朝为元朝。

明朝却不一样，无论是朱元璋还是正史从来没有说明明朝名称的来由。一个比较有名的说法是与明教有关。金庸的名作《倚天屠龙记》第四十章"不识张郎是张郎"就是以元末农民起义为背景的，也采用了这种说法。其中有这样一个情节，明教教主张无忌将诸葛亮的《武穆遗书》传给朱元璋的大将徐达：

此后徐达果然用兵如神，连败元军，最后统兵北伐，直将蒙古人赶至塞外，威震漠北，建立一代功业。自此中原英雄倾心归附明教，张无忌号令到处，无不凛遵。明教数百年来一直为人所不齿，被目为妖魔淫邪，经此一番天翻地覆的大变，竟成为中原群雄之首，克成大汉子孙中兴的大业。其后朱元璋虽起异心，迭施奸谋而登帝位，但助他打下江山的都是明教中人，是以国号不得不称一个"明"字。明朝自洪武元年戊申至崇祯十七年甲申，二百七十七年的天下，均从明教而来。

金庸在书中把朱元璋描述成奸猾之人，用卑鄙手段把本来属于明教教主张无忌的天下抢到了手，但由于帮助他打下江山的人都是明教中人，所以建国后，不得不把明教之"明"奉为国名，以获得明教教众的拥护。这样的情节当然是瞎编的，但明朝的"明"的确可能与明教有关。我们不要忘了是刘福通最早领导红巾军起义的，不过他并不认为这些都是他自己的功劳，他仍把自己视为韩山童的追随者。

关于韩山童前面已经说过，他的祖父和父母都信仰白莲教，他也很早就成为一个虔诚的白莲教徒，相信白莲教所说的将会有弥勒佛降世来拯救世人，带领大家走向光明。这个相信有弥勒佛降世来拯救世人的基本信仰就来自明教（摩尼教），当时的白莲教徒同样可以称为明教徒。正因为如此，1355 年刘福通派人迎接韩山童的儿子韩林儿，立他为帝，号称"小明王"，其中就有一个与明教相关的"明"字。

郭子兴一开始领导起义时尊奉的是小明王，他的义军称为红巾军。朱元璋后来也是继承了郭子兴兵马而起义的，所以朱元璋照理来说也是小明王的手下，这是他之后要接小明王去江南的缘故。最后韩林儿死了，他便成了红巾军的新领袖。

所以他建国时以"明"为国号也是可以理解的。但明教和中国的正统文化并不兼容，在当时的中国并不是光明正大的宗教，信奉它的主要是底层百姓，如果公开以明教为国号来源肯定会遭到儒士们以及上层阶级的激烈反对，因此他不公开说明原因也是可以理解的。

灭元一统

登基称帝、建立明朝后，朱元璋随即向元朝展开了大规模的进攻，以图灭亡元朝，一统天下。

他派出多路大军大举北上，一路势如破竹。为了更快地平定天下、赢得民心，他还向徐达等统军北伐的大将下达了这样的诏书，并诏告天下：

中原百姓很久以来就因为天下群雄并起而蒙受苦难，到处是流离失所的人。因此我派军北征，以救民于水火之中。元帝的祖宗对人民有功德，但他的子孙不再体恤百姓困苦，因此老天厌弃他们了。君主固然是有罪的，但百姓是无辜的。前代群雄起义的时候，大肆屠杀百姓，这种虐杀百姓的行为是有违天意的，我实在于心不忍，因此才要北征。我已经下令诸将，当他们攻克城池的时候，不得放火抢掠、胡乱杀人，即便是元朝的皇室宗亲也要保证他们的安全。这样才可以在上报答上天的恩德，在下符合人民的期望，这也就是我讨伐罪人、安定人民的心愿。如果有谁敢不服从我这样的命令，一定严惩不贷！①

朱元璋在这里指出，广大中原百姓一直为元末各农民起义军之间的相互争斗所苦，被他们残酷虐杀，因此他才要派军北上，一统天下。虽然元朝已经失去了天命，但朱元璋对元朝的宗室可以说毫无怨恨，明令保护他们，如同保护其他普通百姓一样。

正因为朱元璋下达了上述指令，他的军队所到之处几乎没有遇到什么抵抗，一路势如破竹、兵不血刃，就这么轻轻松松地占领了整个北方。

可以说古往今来所有统一天下的战争中，朱元璋是打得比较轻松的皇帝之一，几乎不费吹灰之力。这可以从《明史》中清楚地看出来。书中是这样描述朱元璋称帝后一统天下的战争的：

壬辰，胡廷瑞攻克了建宁。庚子，派邓愈为征戍将军，攻取了南阳以北的州郡……癸丑，常遇春攻克了东昌，山东平定。甲寅，杨璟攻克了宝庆……壬申，周德兴攻克全州。丁酉，邓愈攻克南阳。己亥，徐达进攻汴梁，左君弼投降……戊申，徐达、常遇春大破元兵于洛水之北，接着包围了河南。梁王阿鲁温投降，河南平定……五月己卯，廖永忠南下梧州，浔、贵、容、郁林各州都投降了……甲辰，海南、海北诸道都

---

① 张廷玉，等. 明史[M]. 北京：中华书局，1974，本纪第二.

投降了……庚午，徐达进入元都，查封府库和图书籍册，并且派兵守住宫门，禁止士卒抢掠施暴。①

这里述说的是从 1368 年 2 月朱元璋登基后发动统一天下的战争到 9 月占领元朝的首都大都为止的战事，前后只持续了 7 个月，他就完成了一统天下、灭亡元朝的大业。

古代主要是步兵作战，这样的速度可以说就是步兵行军的速度。也就是说，明军每到一地，元军都是闻风而降，几乎不做抵抗。特别是当明军到了都城大都，并不是攻入而是"进入"，也就是说，元军没有抵抗就放弃了大都，这也标志着元朝的灭亡。

《元史》上是这么记载元朝灭亡的：

皇上（元顺帝）把后宫妃子、皇太子、皇太子妃召集过来，商议放弃大都北行，以避免和明军作战。失列门及知枢密院事黑厮、宦者伯颜不花等劝谏他不要这样做，伯颜不花痛哭道："天下是世祖忽必烈留下来的天下，陛下应当拼命死守才是，怎么能够放弃呢！我们这些臣下愿意率军民以及王宫卫士出城抵抗，为陛下固守京城。"但元顺帝没有答应。当天深夜，他就打开健德门奔向北方了。

八月庚午，大明军队进入京城，大元亡国。②

听说明军攻来后，元顺帝根本没有抵抗的打算，他把后宫和王子公主等召集到一起，准备放弃大都北行，以避免和明军作战。虽然有大臣劝谏他不要这样，说只要他守在京城里，由他们去作战，但元顺帝拒绝了。他当天就带着后宫、太子、公主以及近臣等离开大都北去。几天之后明军就抵达了大都，发现迎接他们的是没有防卫的大都。

大都这座马可·波罗笔下当时全世界最繁荣的大城就这么轻而易举

---

① 张廷玉，等. 明史[M]. 北京：中华书局，1974，本纪第二.
② 宋濂. 元史[M]. 北京：中华书局，1976，卷四十七.

地回到了汉人王朝手中。

元顺帝其实不叫顺帝,他正式的庙号是惠宗,但朱元璋认为他能顺应天命、不做抵抗便放弃大都,于是给了他"顺帝"这个谥号。

元顺帝放弃大都之后,元朝也就灭亡了。

第三十七章

彻底灭亡

> 时间：1370年　1372年　1381年　1382年　1387年　1388年　1400年
> 地点：应昌　定西　沈儿峪　野马川　哈拉和林　灰山　曲靖　捕鱼儿海
> 人物：朱元璋　元顺帝　扩廓帖木儿　徐达　元天元帝　脱火赤　梁王　也速迭儿　鬼力赤
> 事件：朱元璋六次讨伐北元　明军第一次大败　明军收复云南之战　北元的彻底覆灭

　　元顺帝虽然退出了大都，但并没有被俘，他依旧控制着辽阔的土地，不仅包括蒙古大草原，还包括从今天中国往北的俄罗斯大片地区，以及甘肃、陕西甚至山西西部，云南也依然尊元朝号令。由于这时元顺帝的领土主要存在于北方蒙古人世居和发祥之地，因此被称为北元。对这些土地朱元璋当然不能放弃，尤其是甘肃、陕西、山西等传统上的中国本土之地，元朝的名将扩廓帖木儿、李思齐、张思道等也手握数十万重兵驻扎在这些地方，实力非同小可。

元顺帝之死

面对北元如此辽阔的土地与强大的兵力,要怎样攻略呢?朱元璋早就做好了打算。

实际上,早在他攻打大都之前他就做好了整体的规划,就是不先往西北打陕西、山西等地,而是先往北与东北,占领河南、山东等地,接着直捣元朝的心脏——大都,灭亡元朝,此后再攻打陕西、山西等地。

至于为什么要这样,朱元璋也说明了原因。扩廓帖木儿、李思齐、张思道都是身经百战的强将,如果占领大都,赶走元顺帝,相当于灭亡了元朝,他们就会战心全无,明军就可以不战而克。反之,如果元朝未灭,他们一定会拼命抵抗,不容易击败,甚至"胜负未可知也"[1]。

由此可见,朱元璋确实深谋远虑,相当了不起。以后的战事也真如他所料。占领大都、元顺帝北逃后,其余地方的元军士气全无,在明军的打击之下,包括扩廓帖木儿、李思齐、张思道在内都纷纷败逃,明军轻松地占领了山西与陕西,李思齐甚至投降了。

但元顺帝仍在,他驻扎于应昌府(位于今天内蒙古自治区东部的赤峰市一带),将这里作为临时首都。这里距北平(明军占领大都后改名北平)骑马不过两三天的距离。

为了彻底消灭元朝,朱元璋决定大举北伐,这就是明军对北元的第一次北伐。

当时北元还有两支比较强大的力量,一支是扩廓帖木儿的势力,另一支就是元顺帝的势力。朱元璋决定兵分两路,分别发起攻击。

当时扩廓帖木儿在定西,拥有最强大的元军残余兵力。朱元璋派徐达率主力从陕西潼关出发,直捣定西。不久明军就在定西北面的沈儿峪

---

[1] 张廷玉,等.明史[M].北京:中华书局,1974,本纪第三.

与元军相遇，发生了大战。

这应该算是自朱元璋灭元以来最大、最激烈的战事了。元军与明军隔着一条山沟对峙，一天之内几次交锋。扩廓帖木儿看到正面冲击打不垮明军，于是抄小路绕到明军阵地的东南方，发起突袭。负责在这里镇守的是胡德济，他缺乏临阵应变的能力，见敌军突然来袭，惊慌失措，他的部下当然更是，眼看就要崩溃。幸亏徐达得知消息，迅速率军来援，打退了偷袭的元军。胡德济临阵失措，本应处斩，但他是功臣之子，徐达没有杀他，而是给他戴上枷锁送到了京城，但斩了他几个表现得惊慌失措的部下。

第二天，徐达再次率军与扩廓帖木儿展开大战，昨天的战事极大地激发了明军将士的战斗意志，他们向元军发起了更加猛烈的进攻。元军终于抵挡不住，崩溃了。这一仗元军损失惨重。明军俘获了郯王、文济王及国公、平章以下文武官员一千八百六十多人，将士八万四千五百余人，马匹骆驼及其他牲畜数以万计。扩廓帖木儿只带着妻子儿女等少数几人逃往和林去了。①

简而言之，徐达一战就消灭了元军两支残余主力军之一。这是1370年春天的事。

当徐达进攻扩廓帖木儿时，另一路明军在李文忠与冯胜的统领下，北出居庸关，直捣元顺帝所在的应昌。但在他们到达应昌之前，元顺帝突患痢疾去世了，这种病在今天没什么大不了，但在当时就是致命的。

元顺帝享年五十岁，当了三十六年皇帝。元顺帝去世后太子爱猷识理答腊继位，就是元昭宗。

不久之后，明军到达应昌。本来就已经成为惊弓之鸟的元军哪里抵

---

① 张廷玉，等. 明史[M]. 北京：中华书局，1974，列传第十三.

挡得住？元军很快崩溃，明军顺利占领应昌，元昭宗只带着少数近臣逃走，其余的人都成了明军俘虏，包括皇孙买的里八剌及后妃等，还有不少从大都带来的奇珍异宝也成了明军的战利品。

朱元璋没有为难这些俘虏，而是善待他们，还封买的里八剌为崇礼侯。这是一个正规的封号，不是常用来封那些亡国君王的像归德侯、重昏侯之类带有侮辱性的封号。这也说明朱元璋的确对元朝没有什么恶意，之所以要讨伐北元只是为了一统天下、消除后患。

不止于此，他还给已经驾崩的元惠宗以"顺帝"的谥号。这也是一种肯定。因为元顺帝本来可以保卫大都，和明军大战一场，但他没有，而是主动撤退，将一座几乎完好的都城拱手让出，这既是对对手的尊重，也是爱护百姓的表现，因此朱元璋对他的这种行为予以高度肯定，称赞他能够"顺天应命"。

这就是"元顺帝"一名的来由，如元史所言："大明皇帝以帝知顺天命，退避而去，特加其号曰顺帝。"[①]

明军对北元的第一次北伐，不仅击溃了扩廓帖木儿，还攻占了应昌，这次北伐可以说大获全胜。

朱元璋的第一次大败

虽然如此，但北元并未投降，元昭宗依然在位，扩廓帖木儿后来又拥有了相当强大的兵力，他在漠北一带继续对抗明军，朱元璋曾几次派使者送信，想要招安他，但都被他拒绝。

于是，到了1372年，朱元璋发动了第二次北伐。

第二次北伐朱元璋战前也做了很好的部署，总兵力达十五万，分三路，

[①] 宋濂. 元史[M]. 北京：中华书局，1976，卷四十七.

以中路为正，东、西两路为副，三路并进。中路由徐达为统帅，出雁门关，攻和林。中路虽然是主力，但事先商定是缓慢进军，目的是诱使北元军主力南下深入，然后东西两路则急进，从背后包抄。只要做到了就可以全歼元军主力。

徐达的中路军先锋为蓝玉。徐达出雁门关后就在野马川（今天蒙古的克鲁伦河）击败了扩廓帖木儿。本来不应该急速追击的，但徐达有些轻视对手，认为不过如此，于是一路猛追，深入大漠，一个月左右后又在今天蒙古国的首都乌兰巴托附近再败扩廓帖木儿军，貌似取得了大胜。但这样一来，中路军已经孤军深入，完全违背了原来的战略规划。

也许这正是扩廓帖木儿的战略计划，诱敌深入然后聚而歼之。见徐达真的孤军深入，于是1372年5月，在岭北蒙古的旧都哈拉和林，扩廓帖木儿率军向明军发起了总攻，明军很快大败，仅被杀的将士就达数万。[1] 这是朱元璋自从起兵以来的第一次大败。

失败的原因主要有两个：一是明军没有遵循既定的作战规划，孤军深入，犯了兵家大忌；二是他们的对手是扩廓帖木儿。这时候的扩廓帖木儿已经是北元的擎天柱，整个北元局势全有赖于他的支撑，而他也为此尽心尽力，终于获得成功，挽救了北元。

实际上朱元璋本人是一直很重视扩廓帖木儿的。《明史》载，有一天朱元璋大会诸将，他问道："天下奇男子谁也？"部下都对他说："常遇春将不过万人，横行无敌，真奇男子。"太祖笑着回答道："遇春虽人杰，吾得而臣之，吾不能臣王保保，其人奇男子也。"[2] 王保保就是扩廓帖木儿的汉名。

---

[1] 张廷玉，等．明史[M]．北京：中华书局，1974，列传第十二．
[2] 张廷玉，等．明史[M]．北京：中华书局，1974，列传第十二．

此次北伐的中路军大败,其他东西两路又怎样了呢?

西路军相对来说比较顺利,傅友德和冯胜是西路军的统帅,傅友德先率领数千骑兵西出甘肃一带,不久在西凉(今甘肃武威)击败了北元军,又在永昌大败另一支北元军。两军会师后在扫林山(今甘肃酒泉一带)大败北元军,到6月份已经攻到了亦集乃路(今内蒙古额济纳旗),一再击败北元军。虽然西路军取得了胜利,但这毕竟不是主力军,不能弥补主力军大败的损失,后来也撤退回国。

至于东路军,由李文忠统率,一开始也取得了一些胜利,在今天蒙古国首都乌兰巴托一带与元军大战,虽然击败了敌人,但自己损失也很大,加上此时中路军已经败退,大批元军蜂拥而来,只得退兵。

这样一来,三路明军都退回国内。由于中路军大败,这次北伐整体也失败了。这是1372年的事,也是朱元璋从军以来最大的失败。

1378年,北元昭宗去世,他的弟弟继位,就是元天元帝。

虽然朱元璋一直想要他们投降,以彻底灭亡元朝,但他们坚决拒绝。不但如此,北元大将脱火赤还多次率军侵扰明朝边境。于是,到了1380年,朱元璋发动了第三次北伐。

不过这次北伐的规模小得多,统帅是沐英。他率军从陕西出发,渡过黄河,越过贺兰山,又横跨大漠,终于到达脱火赤的驻地附近。

虽然万里而来,但他没有盲目进攻,而是先悄悄埋伏起来,到了晚上,再把兵力分成四部分,从四面同时攻入,并且亲自带着铁骑直扑脱火赤的中军大帐。元军完全没有防备,很快就崩溃了,几乎没有抵抗就全军投降,如史书所载:沐英"擒脱火赤及知院爱足等,获其全部以归"[①]。

第三次北伐以明军获全胜而结束。

---

① 张廷玉,等. 明史 [M]. 北京:中华书局,1974,列传第十四.

但这次北伐依然没有对北元造成沉重打击,北元军在乃儿不花等的统领下继续对抗明军。

于是朱元璋决定趁热打铁,1381年又派徐达为统帅、汤和等为副将,进行第四次北伐。

他们率军北上,越过黄河,到了灰山(今内蒙古宁城一带),遇到了乃儿不花率领的元军。明军发起猛攻,元军看到突然扑来的明军,惊慌失措,很快大败。此后明军又数次大败元军,最后胜利班师,第四次北伐又以明军大胜结束。

元朝最后的忠臣

第四次北伐的同时,朱元璋还派沐英、蓝玉、傅有德率大军进攻仍在北元控制之下的云南,并且在这里进行了此前明元之间少有的大规模血战。

这时候控制云南的是元朝的梁王,他派大将达里麻率军十多万在曲靖抵挡明军。曲靖前面有一条河叫白石江,由东向西流过,是防守曲靖的天然屏障。云南多雾,沐英就趁着雾浓直扑白石江,等雾散时已经冲到了白石江北岸。

达里麻军在南岸,他根本没有料到明军会来得这么快,当雾散时,突然见到对岸刀枪剑戟如林,不禁大惊失色。傅有德想直接渡江,但沐英说:"我们是远道而来的疲惫之师,如果就这么匆匆渡江,很难成功,反而可能被敌军压制。"[1] 于是先命诸军在江岸边摆出阵势,声势浩大,并且装出马上要渡江的样子,使对岸元军全力防备。

这时候沐英另外派出一支奇兵悄悄到了下游,渡过了江,潜行到元

---

[1] 谷应泰. 明史纪事本末 [M]. 北京:中华书局,1977,卷十二.

军后面的山谷中，插了许多旗帜，好像人马众多的样子，然后每人拿出预先准备好的一个铜号角吹了起来。元军突然听到身后大山中传来敌军的号角声，本来就已是惊弓之鸟，这下更是惊慌失措，军中一片慌乱。这时候沐英突然下令开始渡江，并且派出早就准备好的善于游泳的军士先冲过江去，他们手握长刀冲向敌军，大砍大杀，元军抵挡不住，纷纷后退，于是后面的大部队趁机跟上，胜利过江。

全师过江后，两军大战。这时候沐英又派出一队精锐铁骑冲向敌军，顿时冲乱了元军本来就有些散乱的阵形。元军很快大败，达里麻也被活捉。

此后，明军长驱直入。虽然大势已去，但梁王宁死不降，带着妻子自杀殉国。他和扩廓帖木儿可以算是元朝最后的忠臣了，《明史》说他们"皆元之忠臣也"[1]。

这是1382年的事。至此，除了北部大漠蒙古原来的起源之地，元朝的重要领土基本上都归于明朝。

到了1387年，此时扩廓帖木儿已死，北元的大将只剩纳哈出。他是成吉思汗手下大将木华黎的后代，率军镇守在金山（即今天的辽宁一带），有二十万兵马，可以说是北元仅存的一支大军。

这时候徐达已经去世，朱元璋派蓝玉和傅友德统军二十万前往征讨。具体的战事就不多说了，简而言之，没有经过多少抵抗纳哈出就投降了。明军收获巨大，得到了他的部众二十余万，牛羊马匹骆驼辎重绵延百余里。[2]

朱元璋见北元此后再无大军，很快就派出以蓝玉为统帅、王弼为副手的十五万大军，发动了第六次北伐，想彻底征服北元。

大军一路北上，后来得到谍报，说元天元帝正在捕鱼儿海附近。

---

[1] 张廷玉，等.明史[M].北京：中华书局，1974，列传第十二.
[2] 张廷玉，等.明史[M].北京：中华书局，1974，列传第十七.

捕鱼儿海就是今天的贝尔湖，位于内蒙古的东北、呼伦贝尔大草原西南部边缘，是现在中国与蒙古之间的一个界湖，与呼伦湖为姊妹湖。

得到消息后，蓝玉率明军抄小路直扑捕鱼儿海，后来到了一个叫百眼井的地方，这里距捕鱼儿海不过几十里，但没有看到元军，蓝玉就想退兵，但王弼不同意，他说："我们统领十多万大军，深入漠北，如果没有什么收获就退兵，还有脸去向陛下复命吗？"[1]蓝玉一听，觉得有理，于是先令军士们吃饭，并且要求做饭前先在地下挖个大洞挡住烟火，以免敌人见到。到了晚上，明军趁着夜色扑向捕鱼儿海。

元军哪想得到在这么远的地方还有明军会来进攻呢！根本没有防备，加上当时有大风沙，大地一片雾茫茫的样子，元军根本没有看到敌军正在扑来，等看见时敌军已近在眼前，只得仓皇迎战，哪里打得过如狼似虎的明军铁骑？元军很快就惨败，太尉蛮子等被杀，元天元帝只带着太子天保奴和几十个人逃走，其余王室成员包括元天元帝的次子地保奴都成了俘虏。男女俘虏近八万人，各种牲畜十多万头，还有堆积如山的兵器盔甲，更有无数的奇珍异宝。总之，元朝皇家百年所积现在几乎全成了明军的战利品。

这就是捕鱼儿海之战。奏报传到京师，朱元璋大喜，对蓝玉大加褒奖，甚至把他比作汉代的卫青、唐朝的李靖。这是蓝玉人生的巅峰，但也为他未来的悲惨结局埋下了伏笔，这是后话。

这是1388年春天的事。经此一战，北元元气大伤，此后朱元璋知道北元已经构不成威胁，于是就没有再次北伐。

---

[1] 张廷玉，等. 明史 [M]. 北京：中华书局，1974，列传第二百一十五.

彻底灭亡

此后，北元的确不会对明朝构成威胁，但另一个威胁仍旧存在，就是蒙古。

话说元天元帝逃走时，带走了太子和皇帝宝玺，有了这两样，元朝的香火就不会断绝。

元天元帝本来打算和他的丞相咬住在蒙古故都哈拉和林会合，但到了位于今天外蒙古东北部的土拉河时，遭遇了一个大敌。他也是蒙古人，叫也速迭儿，是拖雷幼子阿里不哥的后裔。当初阿里不哥在和忽必烈争位时失败，一向不服，现在他的后代看到元帝成了丧家之犬，感到机会来了，结果就是："也速迭儿率军突然冲了过来，抓住元天元帝并绞死了他，还杀了天保奴。"[①]

这是1388年底的事。元天元帝一死，他的许多臣下看到也速迭儿如此凶残，纷纷向明军投降，北元慢慢走入绝境。后面再传的几世，皇帝都被杀掉了，渐渐就没了帝号。

后来一个叫鬼力赤的继位后称可汗，不再称皇帝，这标志着元朝的正式灭亡，接下来就叫鞑靼了。如《明史》所言："有鬼力赤者篡立，称可汗，去国号，遂称鞑靼云。"[②]

这是1400年左右的事，这一年也可以看作元朝的彻底灭亡之年。

自忽必烈1271年正式建立元朝，已经过去约一百三十年。如果从1206年成吉思汗称大汗，建立大蒙古国算起，已经过去近两百年。

遥想百年之前，蒙古人三次西征、灭亡西夏与南宋是何等威风，建立了世界上堪称前无古人、后无来者的庞大帝国，但不过百余年之后就灰飞烟灭。

---

① 张廷玉，等. 明史[M]. 北京：中华书局，1974，列传第二百一十五．
② 张廷玉，等. 明史[M]. 北京：中华书局，1974，列传第二百一十五．